사회학총서 6

인구와 보건의 사회학

-건강한 사회를 위하여-

계봉오 · 김중백 · 김현식
이민아 · 이상림 · 조영태

다산출판사

인사말

정진성(서울대/한국사회학회장)

사회학은 언론, 행정, 사법, 기업, 복지, 시민사회 분야 전반에 골고루 필요한 지식을 교육하여 취업 분야가 넓을 뿐만 아니라 사회과학 여러 분과학문에 가장 유용한 이론의 공급원이기도 합니다. 최근 법학전문대학원을 비롯하여 여러 새로운 형태의 대학원이 설립되면서, 학부 교육과정에서 사회학이 갖고 있는 종합성과 논리성, 이론적 강점이 새롭게 주목받기 시작했습니다. 더욱이 엄청난 속도의 과학기술 발전과 글로벌리제이션의 진전으로 사회가 더 이상 하나의 분과학문으로 설명할 수 없는 복합적 양상으로 변화하는 상황에서, 사회학의 종합성과 유연성이 학문 간의 융복합을 추동하는 역할을 할 수 있다는 점도 새롭게 조명되기 시작했습니다. 다만 실용적이고 전문화되어 가는 세태에서 '사회'라는 개념이 추상적이고 모호하게 인식되고 있기 때문에, 사회학을 공부하는 학생들에게, 그리고 일반인들에게도 사회학의 개념과 위상을 명확히 정립하여 인식하도록 할 필요가 있다는 것이 사회학총서 기획의 기본 취지입니다.

2011년 6월 사회학회 총회에서 2013년 회장이 선출되고, 곧바로 구성된 새로운 회장단은 사회학총서를 만들자는 데 뜻을 모았습니다. 2011년 회장단에서 '21세기 사회학혁신 특별위원회'를 만들어서 사회학의 영역과 커리큘럼을 조사했으며, 2012년 회장단은 일본에서 사회학총서가 두 차례에 걸쳐 발간되었고 최근 중국사회학회도 총서 발간에 관심을 기울이고 있는 것을 확인하고 한국사회학회에서도 총서작업을 시도하면 좋겠다는 의지를 보인 바 있습니다.

총서 기획은 사회학회 내에서 활동하고 있는 20여 개의 분과학회를 기반으로 이루어졌습니다. 1990년대 후반부터 사회학의 규모가 늘어나면서 여러 분과학회가 속속 만들어졌는데, 이 분과학회들이 전·후기 사회학대회의 발표 세션 구성의 주체가 되고 있습니다. 대부분의 분과학회들은 그 분야의 전반적인 내용을 체계적으로 보여주는 저술의 필요성을 인지하고 있었으며, 사회학회 차원에서 각 분야를 아우르는 총서를 기획하는 데에 매우 적극적인 의사를 표명했습니다. 이미 개설서를 출판한 문화사회학회, 비판사회학회 등을 제외한 16개 분과학회가 2012년 11월에 1차 기획회의를 가지고 총서의 기본적인 가이드라인을 결정했습니다. 총서는 각 사회학 영역의 내용과 방법론 등을 포괄하며 사회학 학부 고학년과 대학원 신입생 수준의 학생들이 그 분야 사회학에 대해 전문지식을 습득할 수 있는 수준과 방식으로 집필하는 것으로 의견을 모았습니다.

총서작업 과정에서 사회학회는 전 분과학회가 참여하는 학술회의를 열었습니다. 모든 분과학회가 발표와 토론에 참여하여 총서 추진과정에서 실제로 집필의 한 부분이 이루어지고 집필의 추진력도 받을 수 있도록 한 것입니다. 4월에 '복지'를 주제로 하여 8개의 학회가 참여하는 심포지엄을 개최했고, 5월에는 '경제민주화' 대토론회를 7개 학회의 참여로 진행했습니다. 각 분과학회들은 매우 성실하고 진지하게 발표원고를 준비하여, 복지와 경제민주화와 같은 사회 전체에 큰 영향을 미치는 문제에 대해서 기존의 좁은 학문의 울타리를 넘어 융복합의 분석을 주도할 수 있는 사회학의 강점을 최대한으로 발휘했습니다.

사회학총서는 사회학의 학문적 특성과 내용을 확실히 할 뿐만 아니라, 각 분과학회가 총서작업을 통해 학문적 수준과 결속력을 높일 것으로 기대합니다. 나아가 분과학회 상호 간의 학문적 교류와 신뢰를 강화하여 한국사회학회 전체의 정체성과 참여도를 높이고 결과적으로 한국사회학 전체의 수준을 높일 것이라고 믿습니다. 특히 서구의 학문적 업적에 기대온 과거의 관행에서 크게 벗어나 한국사회의 맥락에서 학자들의 문제의식과 시각, 문제해결의 방식을 정립할 수 있는 효과적인 계기가 될 것으로 생각됩니다.

그간에 각 학회장들의 회합이 계속 이어졌고, 6월 전기사회학대회에서는 총서 집필 현황을 서로 점검하는 공동 세션이 열렸으며, 이제 12월 사회학대회에서는 출판기념회를 계획하고 있습니다. 현재, 함께 시작한 16개 학회(몇 개는 개인들의 집필로 이루어지고 있음) 전체가 실제로 12월 사회학회에서 출판된 책을 가질 수 있기를 기대합니다만, 혹시 미처 끝내지 못한 학회는 다음 해를 기약하면 될 것입니다. 또 여러 다른 분과학회나 개인학자들이 속속 총서 작업에 합류하여 사회학총서가 점점 더 완성된 모습을 갖추게 되기를 기원합니다.

집필에 참여하신 사회학회 여러분들께 감사드리며, 총서의 기획으로부터 실무에 이르는 전체 과정을 책임져 주신 강정한 교수와 총서의 출판을 선뜻 맡아주신 다산출판사 분들께 진심으로 고마움을 전합니다.

아무쪼록 수준 높은 책들이 출판되어, 한국사회학의 발전에 큰 기여를 하게 되기를 기대합니다.

발간사

송호근(사회학총서 발간위원장)

한국사회학회에서 처음 시도하는 총서 발간을 진심으로 환영하고 축하한다. 그동안 학회 차원에서, 그리고 뜻있는 사회학자들 간에 총서 발간의 필요성이 심심치 않게 제기된 바 있고, 영역별로 총서 형태의 연구서를 이미 발행한 분과학회가 더러 있지만, 사회학회 차원에서 총서 발간이라는 대사업을 시작한 것은 처음 있는 일이다. 그런 의미에서 조금 늦은 감이 없지 않지만, 20세기 한국사회의 발전상을 바탕으로 21세기 세계화와 더불어 진행되는 한국사회의 변화상을 각 분과별로 정리, 조망해 보는 일은 그야말로 한국사회학의 토대를 다지는 기초 작업이다. 21세기 한국사회는 더 이상 일국경계에 한정된 사회가 아니라 전 지구적 차원의 변화와 맞물린 다국적 · 혼합적 변동의 중심에 놓여 있으며, 그에 따라 20세기 사회학 패러다임으로는 포착되지 않는 신종의 변동 요인들이 대거 집중되거나 자체 생산되고 있다고 봐도 과언이 아니다. 신종 요인들의 유입과 동화과정, 자체 생산되는 신요인들의 본질을 파악하려면 새로운 이론과 분석방법이 필요하다. 고전사회학의 기본 원리와 20세기 사회학 패러다임을 기초로 하되 구본신참, 신구절충의 정신으로 글로벌화의 와중에 있는 한국사회의 변동원리를 포착하고 정립하는 것이 절실한 과제이다. 총서 발간의 가장 중요한 의미는 바로 여기에 있다.

돌이켜보건대, 한국사회학은 사회변동의 척후역할을 담당하던 '호황의 시대' 를 지나 사회적 수요가 현격히 줄어든 '위축의 시대' 를 맞고 있다. 누구나 사회학적 지혜를 필요로 했던 '격동의 시대' 에 오늘날의 수요위기를 예측하고 적절한 대비책을 준비해야 했다는 뒤늦은 반성이 총서를 발간하게 된 주요한 계기일 것이다. 사회학은 수요 위기와 함께 정체성 위기라는 이중적 위기에 당면하고 있다. 인접학문으로 주제와 쟁점이 이관되는 자연스런 학문분화, 산업화와 민주화가 어느 정도 정착함에 따라 변동론적 비전이 상대적으로 설득력을 잃는 현상, 그리고 무엇보다 사회학 내부에서 진행된 과잉전문화로 연구자와 대중이 분리되는 현상 등이 대중독자와 지지기반을 약화시킨 요인들로 보인다. 이는 사회과학 전반에서 목격되는 일반적 모습인데 사회학에서 그 중첩효과가 극대화되었다. 아카데미아에서 사회학의 위상을 회복하는 일, 대중독자들로부터 사랑과 신뢰를 회복하는 일이 무엇보다 절실한 요즘, '풍요한 사회' 의 내부 역학을 파헤치고 시민과 시민사회, 그리고 국가권력의 양지와 음지를 날카로운 분석기제와 생생한 언어로 조명하는 것은 사회학의 정체성을 살려내고자 하는 이 시대 사회학자들의 가장 중대한 과제라고 생각한다.

총서발간이 바로 그 작업의 기초를 마련할 것으로 기대한다. 21세기 한국사회의 변동역학과 인과법칙, 그리고 시민생활을 관할하는 객관적 법칙을 밝혀내는 작업이야말로 미시적 지식생산에 함몰된 아카데미아의 근시안적 연구경향을 극복하고 시민사회를 이끌 집단적 지혜와 교양을 증진하는 지름길이기 때문이다. 21세기 사회학이 바로 그 일을 담당해야 한다. 이는 정체성 위기에 처한 사회과학 일반의 지식저변을 넓혀 그 기초를 다지는 공동체적 과업의 첫걸음이라 할 수 있다. 이런 의미에서 총서 발간에 참여하는 집필진들은 사회과학의 공익함양과 공공성 증대라는 시대적 요구를 실천하는 사회학 전사라 해도 과언이 아니다.

총서 발간을 통해 사회학이 새로 태어나고 현재와 미래의 연구과제와 원리를 새롭게 갱신할 수 있기를 기대한다. 21세기 한국사회는 사회학과 더불어 숨 쉬고 사회학과 더불어 진화해 나갈 것을 희망한다. 사회학은 언제나 시민들이 발 딛고 있는 삶의 현장에서 시작해서 새로운 기획을 들고 다시 현장으로 돌아오는 실천적 학문이다. 시민들의 생생한 삶을 생동력 있는 이론과 신선한 언어로 퍼 올리는 것이야말로 21세기 사회학의 정체성을 구축하는 기본 원리다. 집필진들의 열정과 헌신을 기대한다.

기획의 글

이민아(중앙대학교 사회학과)

인구와 보건은 엄밀히 말하자면 서로 다른 분야이다. 인구는 사회학 분과 내 전통적인 주제인 만큼 그 역사가 오래되었고 많은 분석적 연구들이 수행된 반면 보건, 건강사회학은 상대적으로 새로운 분야이며 특히 한국사회, 한국인의 건강과 보건에 대한 사회학적 연구는 아직까지 그리 많이 축적되어 있다고 할 수 없다. 더욱이 인구는 인구구성과 변동 등 거시적인 현황과 흐름을 포착하는 데 주요 초점이 맞춰져 있다면 보건은 사회 환경과 구조의 영향을 고려하면서도 그 속에서 건강과 관련된, 상대적으로 미시적인 측면에 관심을 기울인다고 할 수 있다.

그런데 이러한 차이에도 불구하고 인구와 보건을 사회학 총서 시리즈의 하나로 함께 묶어 기획하게 된 것은 인구와 보건이 긴밀한 연관을 갖고 있는 주제이며 함께 한국인의 삶과 미래에 매우 중요한 의미를 가질 수 있는 분야라는 판단 때문이었다. 인구와 보건은 한국사회의 현재 모습을 파악하고 지속가능성과 건강성을 가늠케 해 줄 학문분야이며 그러한 만큼 앞으로 연구자들의 적극적인 연구활동과 탐구가 필요한 주제이다.

많은 사회학자들이 현재 한국사회가 다양한 위기상황에 봉착해 있다고 말한다. 실제로 한국인들은 일자리의 불안정성으로 대표되는 위기와 그로 인한 불안의 일상화를 경험하고 있다. 현재 한국사회에서의 삶은 너무도 팍팍하고 어렵다. 대중매체는 연일 끔찍한 사건들로 도배되고 있다. 끊이지 않는 자살사건과 무차별 분노범죄, 심각한 청년실업률과 갑과 을로 대변되는 약자의 고통 등 계속 보도되는 우울한 사건들은 한국사회가 여러 가지 심각한 문제를 배태하고 있으며 이것이 수면 위로 무차별적으로 터져 나오고 있음을 말해 준다.

이러한 한국의 상황은 세계화와 경제위기로 대변되는 사회적 · 구조적 환경과 떨어뜨려 설명될 수 없을 것이다. 세계화가 여러 긍정적인 측면들을 낳은 것도 사실이지만 동시에 세계화는 경제위기의 일상적 잠재가능성, 비정규직의 확대, 경쟁체제의 확산, 실업률의 증가 등 한국인의 삶에 근본적인 변화와 불안을 야기하는 여러 가지 문제를 낳았다. 이에 2000년대 들어서 더욱 가속화된 노동시장의 유연화와 계층 양극화 현상은 현재 한국인의 삶을 더욱 어렵게 하고 있다. 이러한 어려움은 근본적으로 한국사회가 맞이할 미래의 모습과 연동되며 그 미래의 모습을 가늠케 하는 현상으로 재생산의 위기와 건강불평등의 심화가능성을 들 수 있다. 이 두 가지의 문제는 바로 한국사회의 지속가능성과 한국인의 삶 자체에 대한 위기를 가늠하는 가장 중요한 지표가 될 수 있다.

잘 알려진 바와 같이, 현재 한국은 저출산, 고령화로 요약되는 인구 재생산의 위기상황에 봉착해 있다. 통계청 자료에 의하면, 한국의 합계출산율(TFR)은 1997년에 1.54, 2003년에 1.19, 2009년에 1.15를 기록하였다. 반면, 한국인의 평균수명은 급격히 증가해 왔다. 1985년 기준 68.44세였던 평균수명은 1995년 75.77세, 2003년 77.46세로 증가하였고 2007년에는 78.6세를 기록하였으니 그 증가속도가 매우 빨랐음을 알 수 있다. 이러한 저출산과 평균수명의 증가는 자연스럽게 한국사회의 고령화를 낳았고 이는 재생산의 위기로 확산되었다. 저출산과 고령화는 노동력 감소와 그로 인한 경제성장 둔화 등을 초래할 것이라는 점에서 반드시 해결해야 할 문제라고 인식되기도 하지만 문제는 단지 경제성장이 아니다. 저출산, 고령화는 사회구조적인 환경, 즉 노동시장의 유연화와 양극화의 흐름 속에서 이해되어야 한다. 일례로 재생산의 위기는 노인부양부담을 더욱 증가시켜 젊은 세대 및 중장년층 세대의 고통을 가중시키며 이로 인해 세대갈등마저 유발할 수 있다.

또한 이러한 상황은 세대 내 건강불평등 현상의 심화와도 연관된다. 건강불평등은 노인인구 내에서 가장 심각하게 나타날 수 있다. 사실, 평균수명의 연장이 반드시 건강한 삶을 의미하는 것은 아니다. 오래 산다는 것은 인간에게 축복이며 오랜 인류의 꿈이기도 하지만 동시에 사회적 환경이 받쳐주지 않을 때는 고통이 될 수 있다. 인간이 질병이나 그로 인한 고통, 삶의 질의 저하를 경험하면서 오래 산다는 것이 반드시 축복이 될 수는 없기 때문이다. 이러한 상황은 건강문제를 겪고 있는 노인 당사자뿐 아니라 노인부양을 감당해야 하는 젊은 세대와 한국사회에 부담을 증가시킬 수 있어 한국사회 전체의 문제로 확장된다. 실제로 WHO의 보고에 따르면, 한국인이 평균수명은 2007년 기준 78.6세이지만 병 없이 건강하게 사는 건강수명은 71.3세이며 이는 일본 76세, 스위스 75세, 독일 73세 등 다른 선진국에 비해 짧은 편임을 알 수 있다. 더구나 노인부양의 부담이 가족에게 치중되어 있는 한국사회에서 노인건강문제는 심각한 사회문제가 될 수 있다.

이러한 노인건강의 문제는 사실상 노인의 계층적 지위에 따라 차별적으로 나타나므로 가난한 노인이 더 질병으로 인해 고통받고 건강하지 못한 상태에서 오래 살며 이에 따라 낮은 수준의 삶의 질을 경험하게 된다고 할 수 있다. 더불어 낮은 계층의 노인의 경우 계층적 지위의 되물림 현상으로 인해 자녀세대 역시 낮은 계층에 머무를 가능성이 있어 노인부양과 빈곤의 문제가 낮은 계층에 더 큰 위험을 유발하고 세대를 통해 전승될 가능성이 있다. 여기에 계층적 지위와 생애과정 동안의 경험이 노년기에 건강문제로 발현될 가능성이 있어 낮은 계층의 젊은 세대 및 중장년층 세대의 건강문제와 이로 인한 건강불평등은 그들의 노년기에 더욱 커질 수 있다. 그러므로 건강불평등 문제는 사실상 모든 세대를 아우르는 문제가 되며 젊은 세대, 중장년층이 어떠한 건강불평등을 겪고 있으며 이것이 노년기에 어떻게 확장될 수 있는가는 매우 중요한 사회학적 쟁점이다.

이러한 맥락에서 저출산, 고령화 그리고 건강불평등의 문제는 한국사회의 미래와 지속가능성에 대한 의문을 제기하게 한다. 한국사회의 재생산위기 그리고 일자리 불안정, 양극화의 확산과 그 궤를 같이하는 건강불평등의 문제는 한국사회가 어디로 흘러갈 것이며 한국인의 삶은 어떻게 될 것인지에 대한 심도 있는 질문과 성찰이 필요하다는 사실을 말해 준다.

이러한 현실하에서 사회학의 적극적인 개입이 필요하며 인구와 보건에 대한 이해와 탐구가 이를 위한 첫걸음이 될 수 있다. 재생산의 위기와 건강불평등에 적절히 대처하고 해결방안을 모색하는 것이 반드시 필요하며, 이는 궁극적으로 한국사회 구성원 전체의 삶의 질과 행복을 높이는 길이 될 수 있다.

이 책은 인구와 보건에 대한 사회학적 접근을 제시함으로써 한국의 지속가능성과 사회적 차원의 건강성을 다루고자 한다. 이를 통해 한국사회의 재생산위기와 건강불평등에 대처하며 개선의 방향을 모색할 수 있는 시야를 제공하길 희망한다. 더불어 인구와 보건에 대한 새로운 사회학적 관심과 연구를 파생시킬 수 있길 기대한다.

차 례

제1부 인 구

제2부 보 건

제 1 부

인 구

제 1 장

출산과 재생산

| 계봉오(국민대학교 사회학과) |

1. 도입 : 출산력 이해의 중요성

출산은 개인 및 가족 수준에서 생애과정의 가장 중요한 사건 중의 하나이며, 사회적으로는 새로운 구성원이 사회에 들어오게 되는 기본적인 과정이다. 출산은 부부 혹은 남녀 커플의 행위의 결과이며, 이들의 삶에 여러 가지 형태(경제활동, 가족 내 성별 역할분담 등)로 영향을 미친다. 동시에, 출산은 도덕적 규범, 경제상황 등 사회적 조건과 영향을 주고받는 사회적 행위이다(권태환 · 김두섭, 2002: 95-97). 인구학에서 출산연구는 사망연구와 더불어 핵심 연구분야인데, 이는 출산과 사망이 인구성장을 결정하는 기본적인 요인이기 때문이다. 역사적으로 보면, 출산율은 산업화 혹은 인구변천(demographic transition) 이전의 오랜 기간 동안 안정적으로 유지되어 왔으며, 이 기간 동안에 인구성장의 주된 결정요인은 사망률의 변화였다(리비-바치, 2009). 인구변천 이후(특히 20세기 이후) 사망률은 대체로 안정적으로 감소추세를 보이고 있는 반면(Lee and Carter, 1992; Li and Lee, 2005), 출산율은 시기에 따라 그 변동폭이 상대적으로 크다(Foster, 1990). 이는 인구변천 이후에 출산율 변화가 인구성장에 미치는 상대적인 영향이 증가해 왔음을 함의한다. 또한, 출산율 변화는 인구고령화(population aging)에 직접적인 영향을 미친다. 인구고령화는 연령구조의 변화에 따른 고령인구 비율의 증가로 정의할 수 있는데(Martin, 2011), 이는 출산율 및 사망률 감소의 결과이다. 앞서 지적했듯이, 사망률은 안정적인 변화추세를 보여주고 있기 때문에, 향후 인구고령화의 추세는 출산율의 변화에 의해서 결정될 것이라고 예상할 수 있다. 따라서 출산연구는 앞으로의 인구변화를 이해하는 데 있어서 매우 중요하다고 할 수 있다.

이 장은 다음과 같이 구성되어 있다. 2절에서는 인구학연구의 기본적인 개념인 율(rate), 확률(probability), 연령-기간-코호트 분석(age-period-cohort analysis)을 정리한다. 3절에서는 출산력연구의 기본적인 측정치들을 소개한다. 4절에서는 출산 및 출산력 변천 이론들을 소개한다. 5절에서는 차별출산력 및 출산과 여성의 경제활동 간의 관계에 관한 논의들을 소개한다. 마지막으로, 6절에서는 앞의 내용들을 간략히 정리하고 향후 한국 출산연구와 관련된 제언을 제시한다.

2. 기본개념

1) 율과 확률

인구학은 출산, 사망, 이동 등 인구학적 행위들이 시간에 따라 어떻게 변화하며, 사회적 · 자연적 조건과 어떻게 상호작용하는지를 연구한다(권태환 · 김두섭 2002). 이때 다음과 같은 두 가지 요소를 명확히 이해하는 것이 필요하다. 첫째, 인구학적인 연구에서는 각각의 행위가 일어나는 가능성을 수량화하는 것이 중요한데, 이때 두 가지 개념을 주로 사용한다. 하나는 율(rate)이고 다른 하나는 확률(probability)이다. 율은 사건(event)수를 노출기간(exposure)으로 나눈 값인데, 인구학적 방법론의 근간을 이루는 개념이다. 예를 들어, 1년간 출산율(annual fertility rate)은 1년 동안의 출생아 수를 1년 동안 출산가능성(risk)에 노출된 기간의 총합으로 나눈 값이다. 가임기 여성이 출산하기 때문에, 노출기간은 당해 연도 가임기 여성(15~44세 혹은 15~49세 여성)의 연앙인구(person-years lived)로 측정한다. 따라서 1년간 출산율은 당해 연도 가임기 여성들이 어떤 속도로 출산했는지를 나타낸다. 다른 한편으로, 확률은 사건수를 시작시점의 사람수로 나눈 값이다. 예를 들어, 1년 출산확률(annual fertility probability)은 당해 연도 출생아 수를 연초의 가임기 여성수로 나눈 값이다. 출산율은 이론적으로 1보다 큰 값을 가질 수 있지만, 출산확률은 반드시 0과 1 사이의 값을 갖는다. 비현실적이기는 하지만, 한 인구집단에 100명의 가임기 여성이 있고, 이들이 모두 연초에 출산을 하고, 당해 연도에는 출산의 가능성(risk)에서 제외된 경우를 생각해 보자. 이때 총노출기간의 합은 100년보다 작은 값을 가지지만, 사건수는 100이 된다. 이 경우 연간 출산율은 1보다 큰 값을 갖지만, 출산확률은 1이다. 이와 같이 율과 확률은 유사하지만 구별되는 개념이다. 인구학적인 자료들은 율의 형태로 제공되는 것이 일반적이지만 확률의 형태로 제공되는 경우도 있기 때문에, 자료분석에 앞서 자료의 성격을 명확히 파악하는 것이 필요하다.

2) 연령-기간-코호트 분석(Age-Period-Cohort Analysis)

다음으로, 시간의 차원을 명확히 이해하는 것이 중요하다. 인구학에서는 연령(age), 기간(period), 출생코호트(birth cohort)라는 세 가지 차원의 시간을 고려한다. 첫째, 연령은 인구학에서 가장 기본적인 시간 차원이다. 출산과 사망은 자연현상의 일부이며, 연령은 직접적으로 이에 영향을 미친다. 생물학적 생식력(fecundity)은 연령에 따라 변화하며, 이는 출산에 직접적인 영향을 미친다. 출산에 대한 연령의 영향은 생물학적인 것에 국한되지는 않는데, 이는 출산에 영향을 미치는 사회적인 규범(결혼적령기 등)이 연령에 따라 조직되는 경우가 많기 때문이다. 둘째, 기간은 특정 인구행위가 일어나는 시점을 의미한다. 예를 들어, 한국의 2012년 합계출산율(Total Fertility Rate: TFR)은 1.30명으로 보고되었는데, 이는 2011년의 1.24명보다 높은 수치이고 1997년의 1.52보다는 낮은 수치이다(통계청, 2013). 이러한 수치들은 출산력수준이 기간에 따라서 어떻게 변화했는지를 보여준다. 연령과 마찬가지로 기간도 인구행위에 영향을 미친다. 출산과 관련해서 보면, 특정 연도에 경기가 악화되어 젊은 부부들의 경제적 안정성이 떨어진다면, 이는 출산율 하락으로 연결될 수 있다. 이와 반대로, 특정 연도에 출산장려금이 넉넉하게 지급된다면, 출산율 증가로 연결될 수 있을 것이다. 마지막으로, 출생코호트는 같은 시점에 태어난 인구집단을 지칭한다. 같은 출생코호트의 구성원들은 많은 사회적인 경험을 공유한다. 이들은 비슷한 시기에 학교교육을 받고, 노동시장 및 혼인시장에 진입한다. 이들의 공유된 경험은 출산에 영향을 미칠 것으로 예상된다. 예를 들어, 교육수준의 확대는 일반적으로 혼인의 지연을 수반하는데(Park, Lee, and Jo, 2013), 이는 출생코호트 간 출산율 변화에 영향을 미친다. 이와 같이 인구학적인 행위들은 연령, 기간, 출생코호트라는 세 가지 시간 차원에서 변화하기 때문에, 이를 명확히 하고 이들의 관계를 정확히 파악하는 것이 필요하다.

노만 라이더(Ryder, 1965)는 출생코호트 간의 변화가 진정한 사회변화를 의미한다고 주장하면서, 출생코호트 간 비교연구를 인구학의 핵심적인 영역으로 제시했다. 경험적인 연구들을 살펴보면, 출생코호트 간의 변화가 사망력 변화를 잘 설명하는 것으로 나타나지만 (Yang, 2008), 출산과 관련해서는 기간 변화가 출생코호트 간 변화보다 중요한 것으로 나타나고 있다(Foster, 1990; Kye, 2012; Ní Brolchaín, 1992; Pullum, 1980). 경험적인 연구에서 중요한 쟁점은 연령, 기간, 출생코호트 간의 상호의존성이다. 연령, 기간, 출생코호트 중 하나를 알게 되면, 다른 하나는 자동적으로 알게 된다. 예를 들어, 1990년생은 2013년에 만 23세이다. 따라서 이 세 가지 요소가 인구학적인 행위에 미치는 영향을 분리해서 추정하는 데 큰 어려움이 따른다. 기존 연구들은 동질성 제약(equality constraints)을 부과하는 방법(Fienberg and Mason, 1979, 1985), 내재적 추정치(intrinsic estimators) 방법(Yang, 2008; Yang, Fu, and Land, 2004), 연령, 기간, 출생코호트의 매개효과(mediated effects)를 이용하는 방법(O'Brien, 2000; O' Brien, Hudson, and Stockard, 2008) 등을 이용해서 이 문제를 해결해 왔다. 노발 글랜(Glenn,

2005)은 개별 연구주제에 대한 깊이 있는 이해가 이러한 기술적(technical) 해결책들을 활용하는 데 필수적임을 강조했다.

3. 출산력 기본 측정치들

1) 조출생률과 기간 합계출산율

출산력연구에서 가장 많이 사용되는 측정치들은 조출생률(Crude Birth Rate), 일반출산율(General Fertility Rate), 연령별 출산율(Age-Specific Fertility Rate), 합계출산율(Total Fertility Rate) 등이다. 첫째, 조출생률은 해당 연도의 출생자수를 총연앙인구로 나눠준 값이다. 조출생률의 분모에는 출산의 가능성이 전혀 없는 집단(남성, 어린이, 노인 등)이 포함되어 있고 인구의 연령구성에 의해서 영향을 받는다는 단점이 있지만, 조출생률은 조사망률(Crude Death Rate)과 함께 인구의 자연성장률(Natural Increase Rate)을 추정하는 데 쓰인다. 둘째, 일반출산율은 해당 연도의 출생자수를 가임기 여성의 연앙인구로 나눠준 값이다. 조출생률과 달리 일반출산율은 출산 가능성이 있는 가임기 여성으로 분모를 한정한다는 장점이 있다. 셋째, 연령별 출산율은 모의 연령별 출생자수를 해당 연령 여성의 연앙인구로 나눠준 값이다. 연령별 출산율은 연령에 따른 출산율 차이를 고려한다는 장점이 있다. 마지막으로 합계출산율은 연령별 출산율의 총합이다. 합계출산율은 어떤 집단이 가임기 동안 해당 연령별 출산율을 경험한다고 가정할 때 낳을 것으로 기대되는 자녀수의 합이다. 많은 경우, 기간별 합계출산율을 계산하게 되는데, 이때 해석상에 주의가 요구된다. 우선, 기간 합계출산율은 해당 가임기 여성의 평균자녀수를 나타내지 않는다. 예를 들어, 2013년 한국의 기간 합계출산율은 1.30으로 나타났는데, 이 수치가 2013년 현재 한국의 가임기 여성이 평균 1.30명의 자녀를 출산한다는 것을 의미하지는 않는다. 기간 합계출산율은 해당 기간의 연령별 출산율이 장기간(가임기 동안) 지속되었을 때 여성들이 낳을 것으로 기대되는 자녀수의 평균이기 때문이다. 즉, 기간 합계출산율은 해당 기간의 출산력수준을 나타내는 유용한 지표이지만, 해당 인구집단의 평균자녀수와는 다른 것을 측정한다. [그림 1]은 한국의 조출생률과 기간 합계출산율의 추이를 보여준다. 1970년에는 인구 1,000명당 31.2명의 출생자가 태어났던 반면, 2012년에는 이 수치가 9.6명으로 줄어들었고, 합계출산율 또한 이 기간 동안 4.53명에서 1.30명으로 감소했음을 확인할 수 있다. 두 측정치는 대체로 유사한 추이를 보여주고 있는데, 이는 인구의 연령구성이 단기적으로는 크게 변하지 않았음에 기인한다.

[그림 1] 한국의 조출생률과 기간 합계출산율(1970~2012)

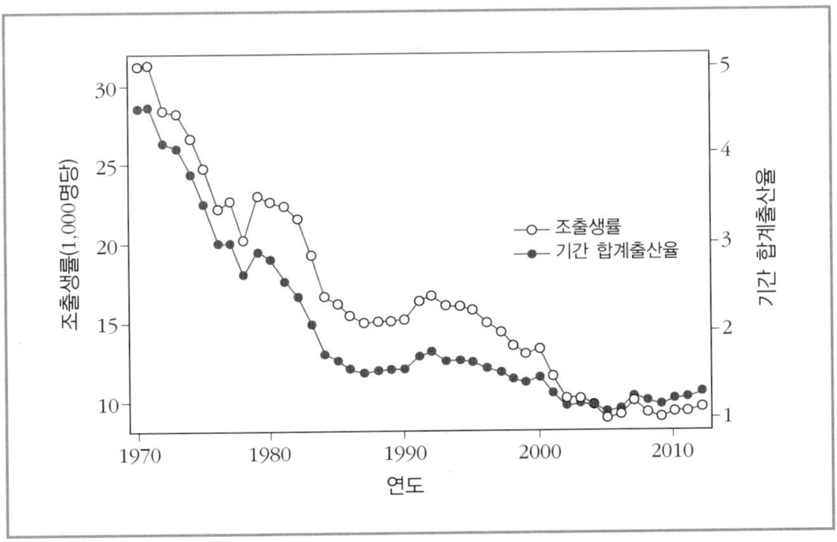

자료 : 통계청(2013).

2) 연령별 출산율

[그림 2]는 한국의 연령별 출산율 변화추이를 보여준다. 2000년과 비교해서 2005년에 출산율이 급감했음을 확인할 수 있는데, 특히 25~29세 여성의 출산율이 크게 하락했음을 볼 수 있다. 한편, 2010년에는 30세 이상의 집단에서 출산율이 상승했음을 볼 수 있다. 2005년과 비교해서 25~29세 여성의 출산율에는 큰 변화가 없었지만, 30~34세 여성의 출산율이 큰 폭으로 상승했음을 볼 수 있다. 이는 혼인의 지연 등에 따른 변화라고 해석할 수 있겠다.

[그림 2] 한국의 연령별 출산율(2000~2010)

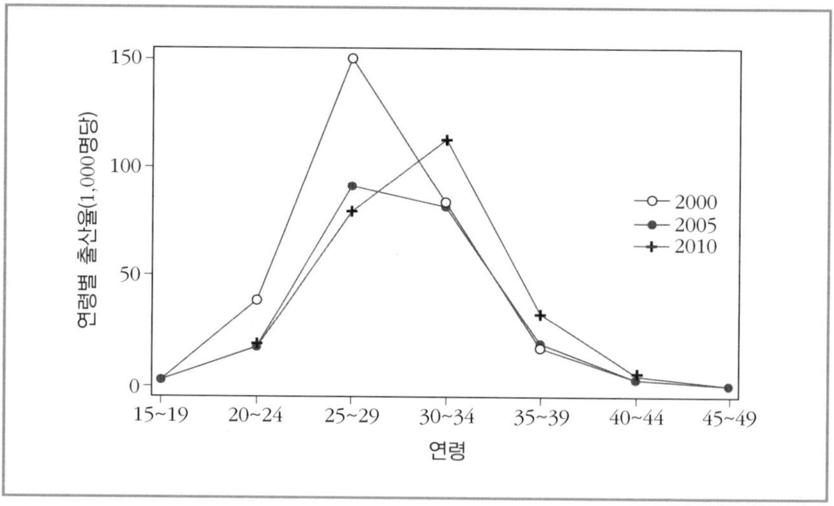

자료 : 통계청(2013).

[그림 2]에서 우리는 2005년 25~29세 여성의 출산율이 2000년보다 급감했고, 2010년에 30~34세 여성의 출산율이 상승했음을 확인했다. 그런데 2010년 30~34세 여성은 2005년 25~29세 여성과 동일한 출생코호트

에 속한다. 이는 1976~80년에 출생한 이들 여성들의 출산율수준 자체(quantum of fertility)가 감소했다기보다는 이들의 출산시기(tempo of fertility)가 지연되었음을 강하게 시사한다. 앞서 살펴본 기간 합계출산율은 이러한 출산시기 변화에 민감하게 반응하는 약점을 지닌다. 즉 코호트 관점에서 볼 때, 출산감소가 아닌 출산지연이 합계출산율의 감소로 나타나는 약점을 지닌다. 이러한 약점을 보완하기 위한 측정치로 보정 합계출산율(adjusted Total Fertility Rate) (Bongaarts and Feeney, 1998), 코호트 평균출산력(Average Cohort Fertility) (Schoen, 2004) 등이 제시되었다. 보정 합계출산율과 코호트 평균출산력은 기간 합계출산율을 시기 보정요인(timing adjustment factor)으로 나눠준 값이다. 보정 합계출산율은 출산순위별 출산연령의 변화를, 코호트 평균출산력은 가임기 여성의 총출생자 중 해당 기간에 출생한 숫자의 비율의 합을 각각 시기 보정요인으로 사용하고 있다.[1] 일반적으로 이러한 대안적인 측정치들은 기간 합계출산율에 비해서 보다 완만한 변화추이를 보여주는데, 이는 출산지연 효과를 통제했기 때문이다.

3) 재생산

출산과 관련되지만 구분되는 재생산(reproduction)에 대해서 살펴보도록 하자. 출산이 새로운 구성원이 사회에 유입되는 과정을 의미한다면, 재생산은 기존의 사회성원이 다른 성원으로 대체(replacement)되는 과정을 의미한다. 전통적으로 인구학적 연구들은 여성을 출산 및 재생산의 주체로 한정해 왔기 때문에, 재생산 측정치 역시 여성에 초점을 맞춰서 사용되어 왔다. 재생산 측정치로는 총재생산율(Gross Reproduction Rate)과 순재생산율(Net Reproduction Rate)이 일반적으로 사용된다. 첫째, 총재생산율은 한

---

1) 각각의 시기 보정요인에 대한 보다 자세한 설명은 Bongaarts and Feeney(1998)와 Schoen (2004)을 참고하시오.

여성이 출산하는 여아의 수를 의미한다. 따라서 이는 연령별 여아출산율(age-specific maternity rate)의 합으로 구할 수 있다. 통상적으로는 합계출산율을 2.05로 나눠줌으로써 구한다. 이는 출생 시 성비가 1.05라는 가정에 근거한다. 둘째, 순재생산율은 가임기 여성의 사망률을 고려한 측정치이다. 모든 여성이 출생 시부터 가임기가 끝날 때까지 생존하는 것은 아니기 때문에, 실제 평균 여아 출생자수는 총재생산율이 나타내는 것보다 작을 수밖에 없다. 순재생산율이 1이라는 것은 당해 연도의 사망 및 출산 수준이 장기적으로 지속되는 경우, 여성 1명이 여아 1명을 재생산한다는 것을 의미하고, 이는 인구의 크기가 증가도 감소도 하지 않음을 의미한다. 순재생산율이 1보다 큰 경우에는 인구증가를, 1보다 작은 경우에는 인구감소를 함의한다. 그렇지만, 이는 사망 및 출산이 일정한 수준에서 유지된다는 가정하에서만 성립된다. 경험적으로는 사망 및 출산 수준이 계속적으로 변화하기 때문에 이와 같은 관계를 현실에서 확인할 수 있는 경우는 매우 예외적이라고 할 수 있겠다. 일례로, 미국의 경우 1985년의 순재생산율은 0.88이지만 자연증가율은 1,000명당 7.01명으로 나타났다(Palmore and Gardner, 1994: 102).[2] 즉 순재생산율은 인구감소를 함의하지만, 실제 인구는 증가한 것으로 나타났다.

4. 출산이론 및 출산율 변화

출산의 결정요인들과 출산율 변화에 대해서는 다양한 논의들이 제시되어 왔다. 이 절에서는 구성요인 분석방법(proximate determinant approach),

2) 순재생산율의 계산방법은 생명표(life table)에 나타난 수치들에 대한 이해를 전제로 하기 때문에 지면관계상 생략하도록 한다. 순재생산율 계산에 대한 자세한 설명은 Preston, Heuveline and Guillot(2001)과 권태환 · 김두섭(2002)을 참고하시오.

경제학적 접근, 출산력 변천(fertility transition)이론, 20세기 출산율 변화추이 등에 대해서 살펴보도록 한다.

1) 구성요인 분석방법

구성요인 분석방법은 출산에 직접적인 영향을 미치는 요소들에 주목한다. 출산에 직접적인 영향을 미치는 요소들은 노출요인(exposure factors), 의도적인 출산통제 요인(deliberate fertility control factors), 자연출산력 요인(natural fertility factors) 등으로 구분할 수 있다(Bongaarts, 1978). 노출요인은 성관계 가능성에 미치는 요인을 의미한다. 일반적으로 혼인율(proportion married)이 가장 중요한 노출요인으로 간주된다. 예를 들어, 유배우출산율이 동일한 두 사회가 있다고 가정할 때, 이들 간의 출산수준의 차이는 혼인율의 차이에 의해서 설명된다. 전근대 유럽사회의 경우에는 상대적으로 낮은 혼인율과 높은 유배우출산율이 결합되었고(리비-바치, 2009), 동아시아 국가들은 상대적으로 높은 혼인율과 낮은 유배우출산율이 결합되었던 것(Bengtsson, Campbell, and Lee, 2004)으로 나타나고 있다. 의도적인 출산통제 요인은 피임과 인공유산 등을 포함한다. 피임과 인공유산이 실행될 경우, 출산율은 낮아진다. 마지막으로 자연출산력 요인은 모유수유에 따른 자연피임, 성관계 빈도, 불임, 자연유산, 가임기간(duration of fertile period) 등을 포함한다. 자연출산력 요인들은 건강상태 및 사회문화적 요인들에 의해서 결정된다. 근접요인 접근법을 활용한 봉가르트의 연구는 1960년대 한국의 출산력 하락에 혼인율의 하락, 피임 및 인공유산의 증가가 중요한 영향을 미쳤음을 보여주었다(Bongaarts, 1978). 또한, 이철희(2012)의 연구는 1990년대 이후 한국 합계출산율 하락이 유배우출산율의 변화가 아니라 유배우자 비율의 감소에 의해서 거의 전적으로 설명됨을 보여주었다.

2) 경제학적 접근

경제학적 접근은 이스털린(Easterlin, 1975)의 모형이 대표적이라고 할 수 있다. 이 접근은 기본적으로 자녀의 출산을 수요와 공급, 그리고 비용의 함수로 이해한다. 이때 자녀의 수요는 자녀의 효용(utility)에 의해서 결정되는데, 자녀의 효용은 이론적으로 경제적 · 심리적 효용을 포함한다. 자녀의 공급은 기본적으로 자연출산력에 의해서 결정되며, 비용은 피임 등의 출산억제 비용을 의미한다. 이 접근을 활용한 대표적인 연구로는 이스털린과 크림스(Easterlin and Crimmins, 1985), 제저보이(Jejeebhoy, 1995) 등이 있으며, 국민호(Kuk, 1988)는 이 모형을 1970~80년대 수집된 한국자료에 적용해서 출산력이 사회적 규범, 여성의 교육수준, 초혼연령, 노동시장 참여 등에 의해서 영향을 받고 있음을 보여주었다.

3) 출산력 변천

출산력 변천(fertility transition)과 관련해서 인구변천이론(demographic transition theory)은 사망률의 하락을 출산율 하락의 선행조건으로 제시했다(Notestein, 1945). 이는 사망력, 특히 영유아 사망력의 하락으로 자녀들의 생존가능성이 증대하고, 이것이 출산율 하락에 영향을 미쳤기 때문이다. 프린스턴 유럽 출산력 연구(The Princeton European Fertility Project)(Coale and Watkins, 1986)는 유럽의 출산력 변천과정을 역사인구학적 자료를 활용하여 실증적으로 보여주었는데, 출산력 하락의 시점은 지역별 · 국가별로 차이가 있으며, 사망률의 하락 없이도 출산율이 하락한 경우가 있음을 보여주었다. 메이슨(Mason, 1997)은 이러한 실증적인 결론이 출산력 변천을 지나치게 짧은 시간단위를 사용해서 분석했기 때문에 나온 결과이며, 장기적인 안목에서 살펴보았을 때는 사망률 하락이 출산율 하락의 선행조건임을 논증했다. 경제학적인 접근은 근대화에 따른 자녀에 대한 수요의 감소 및 출산통제 비용의 하락이 출산율 하락을 가져왔다고 주장한다. 여성의 교육수준의 확대 및 경제활동 참가 등이 출산의 기회비용을 증가시키고 수요를 감소시키며, 신뢰할 만한 피임방법의 확대 등으로 출산통제의 비용이 감소했음을 지적하고 있다(Becker, 1960; Schultz, 1973). 다른 한편으로, 새로운 관념의 전파(ideational changes by diffusion)를 강조하는 접근은 산아 제한이라는 관념이 같은 언어를 사용하는 지역을 중심으로 전파되었고, 이것이 객관적인 인구학적 · 사회경제적 요인과는 독립적으로 출산력 변천에 영향을 미쳤음을 지적하고 있다(Cleland and Wilson, 1987; Coale and Watkins, 1986). 마지막으로, 국가의 역할을 강조하는 접근이 있다. 이러한 접근은 특히 1960년대 이후 개발도상국가들의 경험을 설명하는 데 유용한데, 국가는 의무교육의 확대(자녀교육 비용의 증가), 여성에 적합한 일자리 창출(출산의 기회비용 증가), 가족계획정책의 실행(출산통제 비용의 하락) 등을 통해서 출산력 변천에 영향을 미쳤다(Kirk, 1996). 배은경(2012)은 한국의 출산력 변천과정에 국가가 적극적으로 개입한 과정을 기술하고 있다. 요약하면, 출산력 변천은 사망력의 하락, 자녀 수요의 감소, 출산통제 비용의 감소, 출산통제 이념의 전파, 국가의 개입 등을 통해서 이루어졌다고 할 수 있다. 권태환 · 김태헌 · 김두섭 · 전광희 · 은기수(1997)의 연구는 한국 출산력 변천의 과정을 구성요인 분석방법을 활용하여 살펴보았고, 김원년(Kim, 1982)은 경제학적인 모형을 활용해서 한국 출산력 변천과정을 분석했다.

4) 20세기 출산력 변화

출산력 변천을 완결한 20세기 이후 서구사회의 출산율은 비선형적인 변화를 경험했다. 라이더(Ryder, 1986)와 모건(Morgan, 1996)은 미국의 출생코호트 출산율이 감소하다가 증가했음을 보여주었다. 모건(Morgan, 1996)은 또한 기간효과(period effects)가 이러한 비선형적 추이에 영향을 미쳤음을 보여주었다. 포스터(Foster, 1990)는 이러한 비선형적 변화가 미국뿐만 아니라 다른 서구국가들에서도 관찰되고 있음을 보여주었다. 이러한 추이는 전쟁, 경제상황의 변동 등에 의해서 출산율이 크게 영향을 받음을 시사하고 있다. 연령-기간-코호트 모형을 한국자료에 적용한 계봉오(Kye, 2012)의 연구 역시 기간효과가 한국의 출산율 변화를 출생코호트 효과보다 더 잘 설명하고 있음을 보여주고 있다.

5. 차별출산력

1절에서 지적했듯이, 출산은 경제적 · 사회문화적 요인들에 의해서 영향을 받는다. 한 사회의 인구는 이질적인 집단들로 구성되어 있으며 이들의 경제적 · 사회문화적 조건들이 다르기 때문에, 각 집단 간에 출산력의 차이가 나타나게 된다. 이를 차별출산력(differential fertility)이라 부른다. 사회경제적 지위에 따른 차별출산력의 형태는 19세기 중반을 전후로 역전되었다. 즉, 이전에는 사회경제적 지위가 높은 집단이 더 높은 수준의 출산율을 보여주었는데, 19세기 중반 이후에는 반대의 경향이 나타나고 있다(Skirbekk, 2008: 153 Figure 1). 근대화 · 산업화와 더불어 자녀의 수요에 대한 사회경제적 차이가 역전된 것이 그 원인이라 할 수 있겠다. 차별출산력 연구는 두 가지 면에서 중요하다고 할 수 있다. 첫째, 차별출산력 연구는 출산율을 측정 및 추정하는 데 도움을 준다. 즉, 각 집단별로 출산력 수준을 분석함으로써 출산율을 보다 정확히 이해하는 데 도움을 줄 수 있다. 둘째, 차별출산력은 사회불평등의 재생산에 영향을 미친다. 기존 연구에 따르면, 형제자매의 수가 지적 수준에 부정적인 영향을 미치는 것으로 나타난다(Guo and VanWey, 1999). 이는 차별출산력에 의한 가족 크기의 차이가 개인의 사회적 성취에 영향을 미칠 수 있음을 시사한다. 이 절에서는 차별출산력에 관한 논의를 소개하고, 차별출산력과 사회불평등의 재생산의 관계를 살펴보도록 한다.

1) 소득, 교육, 경제활동과 차별출산력

김두섭(2007)은 다양한 요인들에 따른 차별출산력 논의를 소개하고 있다. 이 중 소득, 교육, 여성의 경제활동 참가에 따른 차별출산력에 대해서 살펴보도록 한다. 첫째, 소득과 출산수준의 관계는 3차 곡선의 관계를 갖는다(김두섭, 2007: 36, 그림 2-4). 가임력은 소득수준이 증가함에 따라 증가하는 경향을 나타내지만 어느 정도 소득수준 이상에서는 일정한 수준으로 유지된다. 반면에, 저소득층에서 소득이 증가할 경우, 부양능력 향상에 따라 자녀에 대한 수요가 증가하지만, 일정 소득수준을 넘어서면 자녀 부양부담 증가, 기회비용의 증가 등으로 인해 수요가 감소하는 경향을 보여주며, 고소득집단에서는 자녀수요가 다시 상승한다. 이는 고소득집단의 자녀수요가 경제적 요인들에 의해 영향을 덜 받기 때문이라고 할 수 있다. 일제시기 제주도의 호적자료를 분석한 김건태와 박현준(Kim and Park, 2009)에 따르면, 큰 규모의 토지를 소유한 집단이 그렇지 않은 집단보다 출산시기가 빠른 것으로 나타났다. 당시에 토지규모가 경제력의 중요한 지표이고, 출산시기가 빠를수록 출산율이 높다는 점을 감안할 때, 이 결과는 출산력 변천 이전에 소득이 출산에 긍정적인 영향을 미쳤음을 시사한다. 둘째, 여성의 교육수준과 출산력은 일반적으로 부의 상관관계를 맺는 것으로 나타나고 있다. 이는 학교교육이 현대적인 가치관의 형성에 기여하며, 교육수준의 향상이 자녀에 대한 수요를 감소시키기 때문이다. 반대의 인과관계도 생각할 수 있는데, 이는 교육수준 향상이 생식건강(reproductive health)을 향상시키는 효과가 있기 때문이다. 봉가르트(Bongaarts, 2003)는 개발도상국의 출산력 변천과정에서 교육수준과 출산율 간의 부의 상관관계가 지속적으로 관찰되고 있음을 보여주었다. 셋째, 여성의 경제활동 참가는 일반적으로 출산율에 부정적인 영향을 미치는 것으로 나타난다. 힐즈만과 버트(Hilgeman and Butts, 2009)는 20개 산업화 국가의 비교연구에서 여성의 고용이 출산에 부정적인 영향을 미침을 보여주었고, 부딕(Budig, 2003)은 미국의 경우 고용이 출산에 부정적 영향을 미친다는 비슷한 결론을 도출하였다. 한국의 경우에도 일하지 않는 여성의 출생아수가 일하는 여성보다 높은 것으로 나타나고 있다(김두섭, 2007).

2) 차별출산력과 사회불평등

현대사회에서는 대체로 사회경제적 지위와 출산력이 부의 상관관계를 보여준다. 또한 앞서 지적했듯이 형제자매수와 교육성취 간에 부의 상관관계가 나타난다(Guo and VanWey, 1999). 이러한 두 가지 경향을 고려하면, 현대사회에서 차별출산력은 세대 간 사회이동에 부정적인 영향을 미칠 수 있음을 추론할 수 있다. 즉, 사회경제적 지위의 세대 간 전이(intergenerational transmission)가 차별출산력으로 인해서 강화될 수 있음을 시사한다. 이는 또한 차별출산력이 사회구성원의 평균적인 교육수준이나 지적 능력에 부정적인 영향을 미칠 수 있음을 시사한다. 즉, 낮은 계층 출신의 자녀들의 수가 높은 계층 출신의 자녀들보다 빠르게 증가하고, 이는 인구학적인 퇴행(population dysgenesis)을 야기할 수 있기 때문이다(Herrnstein and Murray, 1994). 경험적인 연구들은 이러한 우려는 비현실적임을 보여주는데(Fischer, Jankowski, Lucas, Swidler, and Voss, 1996; Kye, 2011; Mare, 1997), 이는 현대사회에서 세대 간 사회경제적 지위의 전이와 차별출산력의 수준이 인구학적 퇴행을 야기할 정도로 강하지 않기 때문이다.

6. 향후 연구과제

1장에서는 율과 확률의 비교, 연령-기간-출생코호트 간의 관계 등 인구학에서 사용되는 기본적인 방법론적인 개념들을 소개하고, 출산력의 측정치, 출산에 대한 이론적 논의 및 차별출산력에 대해서 살펴보았다. 이 과정에서 기존의 연구성과들을 간략히 검토했다. 6절에서는 향후 출산연구와 관련된 두 가지 연구주제들을 제시하도록 한다.

첫째, 출산 관련 정책의 효과를 실증적으로 검증하는 연구들이 보다 활발히 진행되어야 할 것이다. 앞서 지적했듯이, 출산율의 하락은 사망률의 감소와 더불어 한국 인구고령화의 원인이며, 이를 해결하기 위한 다양한 정책적 시도가 이루어지고 있다. 지역별로 차이가 존재하지만 출산장려금 지급, 보육비 지원, 육아수당 지급 등의 정책이 실행되고 있으며, 또한 일과 가정의 양립에 도움이 되는 다양한 정책적인 시도들이 이루어지고 있다. 그런데 이러한 다양한 정책들의 효과성에 대한 과학적인 검증은 그리 활발하지 않은 실정이다.[3] 따라서 향후 출산 관련 정책의 효과를 실증적으로 검증 및 평가하는 연구가 보다 활발히 진행되어야 할 것으로 판단된다.

둘째, 출산의 사회적 의미를 충실히 고려하는 연구가 진행되어야 할 것이다. 배은경(2012)의 연구에서 확인할 수 있듯이, 1960년대 이후 한국의 출산정책은 인구억제 혹은 출산력 증대라는 목적에 지나치게 집중해 왔기 때문에, 이러한 정책들이 출산의 주체인 여성 혹은 가족의 삶에 미치는 영향을 간과해 온 측면이 있다. 1절에서 지적했듯이, 출산은 생물학적인 증식을 넘어서는 사회적인 행위이고, 개인 및 가족의 삶을 근본적으로 변화시키는 사건이다. 따라서 현재 요구되는 출산율 증대정책은 반드시 출산이 개인 및 가족생활에서 갖는 함의를 충분히 고려해야 할 것이다. 또한, 출산

3) 예외적인 연구로는 성낙일 · 박선권(2012)을 들 수 있는데, 이 연구는 지역별 보육시설의 차이가 출산율 차이로 이어지고 있음을 보여주고 있다.

의 사회적 의미에 대한 보다 충실한 고찰에 기반한 인구학적인 연구가 앞으로 보다 필요할 것으로 판단된다.

제 2 장

혼인과 이혼

| 계봉오(국민대학교 사회학과) |

1. 도입 : 가족형성, 가족해체, 인구변화

통계청은 2013년 2월 혼인상태 생명표를 발표했다(통계청, 2013). 2010년의 혼인상태별 사망률 및 혼인상태 변동률이 유지된다는 가정하에, 남자의 21%, 여자의 15%가 미혼상태로 사망할 것으로 추정되었다. 또한, 혼인이 사망이 아니라 이혼으로 종료할 확률은 남녀 모두 25%인 것으로 나타났다. 마지막으로, 25세 미혼 남자는 평균 16년, 25세 미혼 여성은 평균 14년을 미혼으로 보낼 것으로 추정되었다. 이러한 결과는 한국사회의 비혼자 및 만혼자 비중이 매우 높으며, 혼인의 불안정성 또한 매우 높다는 것을 시사하고 있다. [그림 1]은 한국의 혼인자수, 이혼자수, 조혼인율 및 조이혼율 추이(1970~2012)를 보여주고 있다. 혼인자수 및 조혼인율은 1970년대에 증가하고, 1980~90년대에 안정화되었다가, 2000년대 이후 감소하는 추세를 보여주는 반면, 이혼자수 및 조이혼율은 2000년대 초반까지 계속적으로 증가하다가 이후에 안정화되는 추세를 보여주고 있다. 또한 혼인율 및 혼인자수와 이혼율 및 이혼자수의 차이는 계속해서 줄어들고 있는 것으로 나타나고 있다. 이러한 통계결과들은 결혼이 자연스러운 생애과정의 일부이고 대부분의 사람들이 결혼을 한다는 통념이 한국사회에서 더 이상 적용되지 않고 있으며, 이혼의 증가로 인해서 혼인의 안정성이 점차 낮아지고 있음도 보여준다.

그렇다면, 이러한 혼인율 및 이혼율의 변화는 인구변화에 어떠한 영향을 미치는가? 첫째, 혼인의 감소는 출산력의 감소로 이어진다. 일례로, 프린스턴 대학 연구팀은 혼인율과 혼인출산율(marital fertility rate)의 변화를 중심으로 유럽의 출산력 변화를 설명했다(Coale and Watkins, 1986). 이는 출산이 주로 결혼제도 안에서 이루어지기 때문인데, 특히 혼외출산의 비중이 낮은 한국사회의 경우에는 결혼의 감소가 출산력 감소에 아주 큰 영향

[그림 1] 혼인자수, 이혼자수, 조혼인율 및 조이혼율 추이(1970~2012)

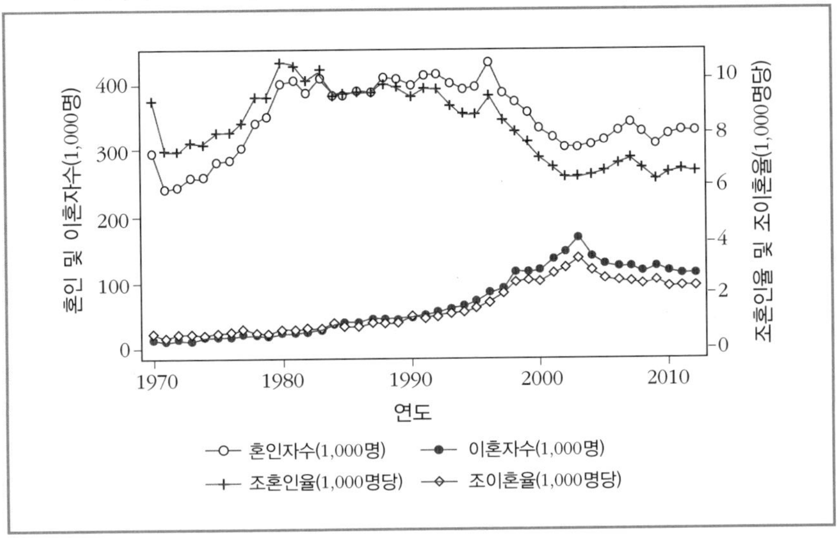

자료 : 통계청(2013).

을 미친다. 둘째, 이혼의 증가 역시 비슷한 영향을 미친다. 즉, 이혼의 증가는 혼인상태에 있는 가임여성의 비율을 낮춤으로써, 출산력을 저하시키는 역할을 한다. 또한, 이혼은 자녀에게 부정적인 영향을 미친다. 김현식(Kim, 2011)은 미국 자료를 활용하여 부모의 이혼이 자녀의 발달에 부정적인 영향을 미치고 있음을 보여주고 있으며, 박현준(Park, 2008)은 한국 이혼 가정의 자녀들의 학업성취 의욕(aspiration)이 두 부모 가정의 자녀보다 낮음을 보여주고 있다. 또한 김혜숙(2013)은 이혼가정 자녀들이 이혼으로 인한 부정적 영향을 받음과 동시에 이를 극복하는 심리적 탄력성(resilience)을 발전시키는 양식을 보여주고 있다. 이러한 연구들은 이혼의 증가가 출산율의 저하라는 인구학적인 함의뿐만 아니라 다른 사회경제적 결과를 가져올 수 있음을 보여준다. 이 장에서는 혼인 및 이혼의 측정, 혼인 및 이혼에 대한 이론적 논의들, 사회경제적 지위에 따른 동질혼 경향 등에 대해서 소개하도록 한다.

2. 혼인 및 이혼의 측정

혼인 및 이혼은 혼인상태 구성비, 혼인상태별 이행률, 다중상태 생명표 등을 활용하여 측정한다.

1) 혼인상태 구성비

혼인상태는 미혼, 유배우, 이혼, 사별로 나눌 수 있는데, 연령별·성별 혼인상태 구성을 살펴볼 수 있다. 앞서 지적했듯이, 혼인상태가 출산에 중요한 영향을 미치기 때문에, 혼인상태 구성비는 한 사회의 출산수준을 가늠하는 중요한 지표가 된다고 할 수 있겠다. 〈표 1〉은 15~49세 한국 여성의 혼인상태 구성비 추이를 보여준다. 1960년에서 2010년 사이에 유배우자와 사별자의 비중은 줄어들고 있으며, 미혼 및 이혼자의 비중은 늘어나고 있음을 확인할 수 있다. 사망력 하락에 따라 사별자의 비율은 감소했지만, 만혼 및 비혼자의 증가에 따른 미혼자 비율의 증가 및 이혼자 비율의 증가로 유배우자의 비율은 감소하고 있는 추세이다. 이러한 유배우자 비율의 감소는 한국의 출산력 하락의 중요한 원인이라고 할 수 있겠다. 일례로

〈표 1〉 한국 여성의 혼인상태 구성비 추이(15~49세) (단위 : %)

연도	미혼	유배우	사별	이혼
1960	28.3	65.2	5.6	1.0
1970	29.3	65.5	4.3	0.9
1980	34.7	61.4	3.2	0.7
1990	34.9	61.9	2.3	1.0
2000	33.3	62.7	1.8	2.2
2010	38.6	56.1	1.1	4.1

자료 : 인구주택총조사, 1% 표본, 1960~2010.

이철희(2012)의 연구는 1990년에서 2010년 한국의 합계출산율 저하에 유배우자 비율 감소가 결정적인 역할을 했음을 분해분석(decomposition analysis)을 통해서 보여주었다.

2) 혼인상태 간 이행률

다음으로, 혼인상태 간 이행률(transition rate)을 살펴보는 방식이 있다. 하나의 혼인상태에서 다른 상태로의 이행률이 연령에 따라 어떻게 달라지는가를 살펴보는 방식인데, 이러한 분석방법을 통해서 혼인상태의 동적인 변화를 파악할 수 있다. 우선, 출산과 관련해서 가장 중요한 이행이 초혼으로의 이행이므로, 초혼으로의 이행시기를 추정하는 몇 가지 방식이 제시되었다. 가장 많이 사용되는 방법은 평균초혼연령(age at first marriage)을 구하는 방식이다. 평균초혼연령은 해당 시기에 초혼한 여성의 평균연령으로 구하는데, 이 방법은 초혼연령의 추세를 보여주는 장점이 있지만, 만혼 및 비혼 경향을 정확히 고려하지 못하는 약점이 있다. 극단적인 경우, 많은 여성이 초혼을 지연하거나 혼인하지 않는 경우가 있을 수 있는데, 평균초혼연령의 경우 해당 시기에 초혼한 여성의 연령만을 자료로 활용하기 때문에 이와 같은 만혼 및 비혼 경향을 파악하는 데는 한계가 있다. 이를 보완하기 위한 측정치로 정태적 평균초혼연령(singulate mean age at marriage: SMAM)을 사용하는데, 이 방법은 특정 시점의 미혼자 비율에 근거해서 계산한다. 정태적 평균초혼연령은 연령별 미혼자 비율 및 생애 미혼율을 활용하여, 관측된 혼인상태 구성의 연령별 패턴을 따를 것으로 가정되는 가상코호트(synthetic cohort)가 초혼 이전에 보낸 기간의 합으로 구한다.[1] 〈표 2〉는 1990~2010년 동안 한국 남녀의 평균초혼연령과 정태적 평균초

1) 자세한 계산방식에 대해서는 권태환 · 김두섭(2002)과 통계청 인구동향과(2013)를 참고하시오.

혼연령을 비교한 것인데, 남녀 모두 정태적 평균초혼연령이 평균초혼연령보다 높게 나옴을 확인할 수 있다. 이는 정태적 평균초혼연령이 초혼의 지연을 반영하는 반면, 평균초혼연령은 그렇지 못하기 때문이라고 해석할 수 있다. 또한, 그 차이가 조금씩 증가하고 있는데, 이는 이 기간 동안 초혼의 지연이 보다 더 진행되었음을 함의한다.

〈표 2〉 평균초혼연령과 정태적 평균초혼연령(1990~2010)

	남		여	
연도	평균초혼연령	정태적 평균초혼연령	평균초혼연령	정태적 평균초혼연령
1990	27.8	28.5	24.8	25.4
1995	28.4	29.3	25.4	26.1
2000	29.3	30.3	26.5	27.1
2005	30.9	32.0	27.7	28.8
2010	31.8	33.2	28.9	30.2

자료 : 통계청 인구동향과(2013).

또한, 혼인상태별 이행률을 기본으로 한 다른 측정치들도 많이 사용되고 있다. 대표적인 것으로, 조혼인율(crude marriage rate), 조이혼율(crude divorce rate), 1종 혼인율(marriage rate of the first type), 1종 이혼율(divorce rate of the first type) 등이 있다(통계청 인구동향과, 2013). 조혼인율은 1년간 혼인건수를 연앙인구수로 나눠준 값이고, 조이혼율은 1년간 이혼건수를 연앙인구수로 나눈 값이다. 이들은 1장에서 살펴본 조출생률, 조사망률과 동일한 약점을 지닌다. 즉 혼인 및 이혼의 가능성이 전혀 없는 집단들을 분모에 포함하기 때문에, 엄밀한 의미의 율(rate)이라고 할 수 없는 약점을 지닌다. 그렇지만 계산이 편리하기 때문에 많이 사용되고 있다. 1종 혼인율은 1년간 혼인건수를 15세 이상 비혼자(미혼, 이혼, 사별자)수로 나눈 값이며, 1종 이혼율은 1년간 이혼건수를 15세 이상 유배우 인구로 나눈 값이다. 조혼인율 및 조이혼율과 비교해서 1종 혼인율과 1종 이혼율은 분모를 혼인 및 이혼할 가능성이 있는 집단에 한정했다는 점에서 더 나은 측정치라고 할 수 있겠다. 1종 혼인율은 1970년의 1,000명당 77.9건에서 2010년에 37.1건으로 50% 이상 감소한 반면, 1종 이혼율은 같은 기간 동안 2.1건에서 10.1건으로 약 5배 정도 증가했다(통계청 인구동향과, 2013). 이러한 결과는 〈표 1〉과 〈표 2〉에 정리한 결과와 더불어 한국사회에서 혼인의 지연, 비혼의 증가, 이혼의 증가가 지속적으로 진행되어 왔음을 일관성 있게 보여준다.

3) 다중상태 생명표

마지막으로, 혼인 및 이혼을 측정하는 방식으로 다중상태 생명표(multi-state life table) 방법이 있다(Palloni, 2001). 이 방법은 연령별 혼인상태 간 이행률을 바탕으로 각각의 혼인상태 간의 연령별 이행형태를 살펴보는 방식인데, 1절에서 소개한 통계청의 혼인상태 생명표(통계청, 2013)는 이 방법을 활용하여 작성된 것이다. 이 방식은 혼인상태의 연령별 변화패턴을 세밀하게 보여주는 장점이 있는데, 연령별 혼인상태 이행률, 사망률 등 방대한 자료를 활용해야 한다는 어려움이 있다.

3. 결혼 및 이혼 관련 이론/설명들

앞서 지적했듯이, 한국사회에서는 혼인의 지연 및 이혼의 증가가 빠르게 진행되고 있고, 이것은 출산율 변화에 큰 영향을 미치고 있다. 이러한 현상은 한국뿐만 아니라 산업화된 국가들이 공통적으로 겪고 있는 현상이기도 하다. 그렇다면, 이러한 혼인상태 구성의 변화는 어떻게 설명할 수 있는가? 기존의 연구들은 여성의 사회경제적 지위향상 및 경제활동 증가, 혼인 관련 규범의 변화, 가족 내 성별 역할분담의 변화 등을 그 원인으로 지적하고 있다.

1) 여성의 사회적 지위 향상 및 경제활동 증가

근대화와 산업화는 여성의 사회적 지위를 향상시키고 경제활동을 증가시키는 역할을 한다(Mason, 1984). 이러한 경향은 혼인의 지연, 비혼의 증가, 이혼의 증가 등의 원인으로 지적되고 있다. 첫째, 여성의 사회경제적 지위향상으로 여성이 자신의 배우자를 스스로 선택할 가능성이 높아진다. 이는 중매결혼 중심에서 자유연애 중심으로 배우자 선택 방식이 전환(transition from arranged marriage to love marriage)됨을 의미하는데(Tsutsui, 2013), 이는 배우자를 찾는 기간을 연장시켜서 혼인의 지연으로 연결된다. 둘째, 여성의 경제활동 참가가 증가함에 따라 여성의 경제적 독립성이 증가한다. 이는 여성에게 결혼에 따른 기회비용(opportunity cost)은 증가시키고, 결혼을 통한 이득(benefit)은 감소시키는데, 이는 혼인의 지연 및 비혼의 증가로 이어진다(Becker, 1974; Schultz, 1973). 이러한 여성의 사회적 지위 향상과 경제적 독립성의 증가는 또한 이혼의 증가에도 영향을 미친다.

이와 같이 여성의 사회적 지위향상 및 경제활동 증가는 혼인의 지연, 만혼의 증가 및 이혼의 증가로 이어지는 경향이 발견된다. 그렇다면, 사회경제적 지위에 따라 혼인 및 이혼의 패턴은 어떤 차이를 나타내는가? 미국의 경우, 최근 들어 경제적 능력이 높은 여성의 초혼시기가 오히려 빠르다는 연구결과가 보고되었다(Sweeney, 2002). 이러한 결과는 젊은 남성의 경제적 전망과 긴밀하게 연결된다. 1970년대 이후 미국의 경기악화로 젊은 남성들의 경제적 전망이 밝지 않기 때문에, 남성들이 결혼에 필요한 경제적 안정을 이루는 데 오랜 기간이 걸리고, 남성들이 경제적 능력이 높은 여성을 선호하는 방향으로 결혼시장이 재편되었다(Oppenheimer, 1988). 이러한 노동시장 및 결혼시장의 변화는 여성의 경제적 능력이 빠른 초혼으로 연결되는 변화로 이어졌다. 이러한 변화는 한국에서도 관찰되기 시작했는데, 박현준 · 이재경 · 조인경의 연구(Park, Lee and Jo, 2013)는 2010년 인구주택총조사 1% 표본조사 자료를 활용하여, 교육수준과 초혼시기 관계의 출생코호트별 변화를 보여주었다. 최근 출생코호트의 경우에, 교육수준이 낮은 여성들의 초혼시기가 오히려 교육수준이 높은 여성들보다 늦게 나타나고 있는데, 여성의 경제적 능력이 중시되는 방향으로 한국의 결혼시장 역시 변화하고 있음을 함의한다. 이는 사회경제적 지위와 이혼율의 관계 역시 변화할 수 있음을 시사한다. 즉 근대화 및 산업화 초기에는 여성의 높은 교육수준이 경제적 독립성을 높여 높은 수준의 이혼율로 이어질 수 있지만, 여성의 경제적 능력이 결혼의 유지에 점차 긍정적인 역할을 하게 됨에 따라 그 관계가 역전될 수 있음을 시사한다. 유럽국가들에 대한 비교연구(Härkönen and Dronkers, 2007)는 교육수준과 이혼 간의 관계가 이러한 변화를 경험적으로 보여주고 있다. 또한, 사회경제적 지위에 따른 이혼율 차이의 역전은 자녀들의 사회경제적 조건의 양극화를 초래하는 것으로 나타나고 있다(McLanahan, 2004).

2) 혼인규범의 변화

혼인은 위에서 검토한 개인의 사회경제적인 조건뿐만 아니라 사회적인 규범에 의해서도 영향을 받는다. 특히, 한국을 비롯한 동아시아 국가들에서는 혼인을 생애과정의 기본적인 단계로 간주하는 강한 규범이 존재한다. 역사적으로, 동아시아 국가들은 서구 국가들보다 높은 유배우율을 보여왔고(Bengtsson, Campbell, and Lee, 2004), 이러한 역사적 전통이 현대사회에서도 여전히 그 힘을 발휘하고 있다고 해석할 수 있다. 그렇지만 이 장에서 제시한 여러 통계수치들([그림 1], 〈표 1〉, 〈표 2〉)은 한국사회에서 이러한 전통적 규범들도 변화하고 있음을 시사한다.

은기수(1995)에 따르면, 한국사회에서는 혼인과 관련한 연령규범과 순서규범이 강하게 작동해 왔다. 연령규범은 특정 연령대에 결혼해야 한다는 규범을 지칭하는데, 흔히 결혼적령기라는 개념으로 표현된다. 순서규범은 결혼하기 위해서 충족시켜야 하는 생애과정 및 조건들을 지칭한다. 예를 들어, 남성의 경우 병역의무를 이행하고, 학교교육을 마치고, 가족을 부양할 수 있는 직업을 갖는 것 등이 순서규범이라고 할 수 있다. 은기수(1995)는 1983년에 수집된 자료를 활용하여, 혼인에 대한 연령규범과 순서규범이 성별로 어떻게 작동하고 있는지를 규명했다. 연구결과에 따르면, 남성의 경우 순서규범이 결혼적령기 전이나 후에 강하게 작동하고 있다. 이는 가족을 부양할 수 있는 경제적 능력의 확보에 중요한 역할을 하는 순서규범이 연령과 상관없이 강하게 작동하고 있음을 보여준다. 반면, 여성의 경우에는 결혼적령기 후에는 순서규범의 영향이 크지 않은 것으로 나타났다. 이는 결혼적령기를 지난 여성의 경우, 자의 혹은 가족의 압력 등으로 인해서 이전 생애과정의 형태와 무관하게 빨리 결혼하게 되는 경향과 관련이 있다고 할 수 있다. 즉, 연령규범이 순서규범보다 여성의 결혼에 강한 영향을 미치고 있음을 보여준다. 박경숙 · 김영혜 · 김현숙(2005)의 연구는 이러한 형태가 1997년 경제위기 이후 변화하고 있음을 보여주고 있다. 즉 경제위기 이후부터 여성의 고용형태에 따라 결혼시기가 달라지는 것이 관찰되는데, 이는 연령뿐만 아니라 생애과정의 경험이 여성의 결혼시기에도 영향을 미치기 시작했음을 보여준다. 이는 한국사회에서 결혼하기 위해서 충족해야 하는 생애과정 및 조건들이라는 순서규범이 여성의 결혼에도 중요한 영향을 미치게 되었음을 의미한다. 이러한 규범적 변화는 혼인시기 및 혼인율 등에 영향을 미칠 것으로 예상할 수 있다.

3) 가족 내 성별 역할분담

앞서 지적했듯이, 여성의 사회적 지위향상 및 경제활동 증가는 결혼에 따른 기회비용의 증가를 가져오며, 이는 혼인의 지연, 비혼의 증가 등의 원인이 된다. 그런데 결혼의 기회비용은 가족 내 성별 역할분담의 정도에 따라 달라진다. 예를 들어, 육아 및 가사노동을 남녀가 평등하게 분담하는 경우에는 성별 역할분담이 강한 경우보다 결혼의 기회비용이 낮다고 할 수 있겠다. 즉, 평등한 부부관계로의 이행(transition to symmetric partnership)은 결혼의 기회비용을 낮추는 역할을 할 수 있다(Cherlin, 2004). 이와 관련하여 남녀 간 가사노동 분담 정도, 일과 가정의 양립 등을 주제로 한 경험적인 연구들이 진행되어 왔다. 우선, 시간사용 자료(time use data)를 활용한 연구들의 경우는 서구사회에서는 남녀 간의 가사노동 분담 정도가 좀 더 평등한 방향으로 진행되어 왔지만, 기본적인 성별 분업의 형태는 유지되어 오고 있음을 보여주고 있다. 비앙키 · 밀키 · 세이어 · 로빈슨의 연구(Bianchi, Milkie, Sayer, and Robinson, 2000)는 미국의 경우 남녀 간 가사노동 시간 차이가 1960년대 이후 지속적으로 줄어들고 있지만, 최근에도 여전히 기혼여성이 기혼남성보다 평균 2배 가까이 가사노동에 시간을 보내고 있음을 보여주었다. 또한, 남녀 간 가사노동 분담형태에 대한 비교연구(Hook, 2010)는 이와 같은 가사노동의 성별 분담형태가 노동시장의 조건과 긴밀히 연결되어 있음을 보여주고 있다. 특히, 남성의 노동시간이 길수록 여성의 가사노동시간이 증가하는 것으로 나타나는데, 이는 남성노동자 중심의 장시간 노동이 일상화될 때, 남녀 간 가사노동 분담 정도가 낮아짐을 함의한다. 이는 가족 내 성별 역할분담이 가족성원들의 관계에 국한되는 것이 아니라 사회 전체의 노동시장 조건과 긴밀히 연결되어 있음을 시사한다. 한국의 경우, 2004년 현재 기혼 남성의 가사노동시간은 아내가 일을 하는지와 상관없이 하루 평균 약 30분 정도로 매우 낮게 나타나고 있는데,

이는 가치관 변화의 지연(Hochschild and Machung, 1990) 혹은 장시간 노동에 그 원인을 두고 있다(허수연, 2008). 이렇듯 여성에게 집중된 가사노동의 부담은 결혼에 따른 기회비용을 상승시켜서 혼인의 지연 및 비혼의 증가로 이어지고 있다고 평가할 수 있다.

또한, 질적 연구방법을 활용한 연구들은 일하는 여성들이 직장생활과 가정생활의 양립과 관련해서 겪는 어려움을 보여주고 있다. 블레어-로이는 미국 대기업의 임원 여성들을 심층면접을 통해서 연구했다(Blair-Loy, 2003). 이 연구는 예외적인 직업적 성취를 이룬 여성들조차도 일과 가정이라는 상충되는 헌신(competing devotions)을 조화시키기 위해서 많은 에너지를 쏟아부으면서 살아와야 했고, 이에 따른 갈등을 겪어 왔음을 보여주고 있다. 조주은(2012)의 연구는 한국 중산층 맞벌이 여성이 직장과 가정을 모두 성공적으로 운영하기 위해서 '장시간의 유급 및 무급 노동(paid and unpaid labor)'을 하면서 쉴 틈 없이 바쁘게 살아가는 모습을 묘사하고 있다. 이 연구들은 기혼여성이 일터의 요구와 가정의 요구를 동시에 충족시키는 것이 매우 어려운 일임을 잘 보여주고 있으며, 이러한 어려움에 대한 인식이 혼인지연 및 비혼증가의 중요한 원인이 됨을 시사한다.

4. 동질혼

이 장의 논의들은 출산의 중요한 구성요인(proximate determinant)으로 혼인을 살펴보았다. 그렇지만, 혼인은 출산이라는 인구학적인 재생산뿐만 아니라 사회불평등의 재생산이라는 관점에서도 중요한 사회적 현상이다. 예를 들어, 재벌가들 간의 혼인이 종종 뉴스에 나오는 경우가 있는데, 엘리트집단 간의 혼인은 그들 간의 응집력을 강화시키면서 기존에 존재하는 사회불평등 질서를 공고화하는 역할을 하게 된다. 따라서 사회경제적 지위에 따른 동질혼(assortative mating)은 인구학연구의 주된 주제 중의 하나라 할 수 있다. 4절에서는 동질혼의 경향에 대한 기존 연구들을 소개하고, 동질혼이 사회불평등의 재생산에 대해 갖는 함의에 대해서 살펴보도록 한다.

1) 동질혼 경향

동질혼은 비슷한 특징을 공유하는 사람들끼리 결혼하는 현상을 지칭한다. 특징을 어떻게 분류하느냐에 따라서, 종교별 동질혼(Johnson, 1980), 교육수준별 동질혼(Mare, 1991; Schwartz and Mare, 2005), 계급 · 계층별 동질혼(Kalmijn, 1991), 인종별 동질혼(Goldstein, 1999) 등으로 나누어서 살펴볼 수 있다. 동질혼의 원인은 세 가지 정도로 나눠서 살펴볼 수 있는데, 비슷한 특징을 공유한 사람들은 접촉빈도가 높고, 사회경제적으로 유사한 특징을 공유하며, 또한 상층계급의 경우 동질혼을 통해서 그들의 사회경제적 지위를 공고화할 수 있기 때문이다. 이런 의미에서 동질혼은 파킨이 제시한 사회적 폐쇄(social closure)의 중요한 형태라고 할 수 있겠다(Parkin, 1971). 그렇다면, 사회경제적 지위에 따른 동질혼의 형태는 산업화 · 근대화가 진행됨에 따라 어떤 변화를 겪게 되는가? 이와 관련해서는 두 가지 형태의 사회경제적 지위를 나누어서 살펴볼 필요가 있다. 우선, 부모의 사회경제적 지위에 따른 동질혼 경향은 산업화 · 근대화의 진행에 따라 약화될 것으로 예상된다. 이는 중매결혼(arranged marriage) 중심의 전통적인 결혼에서 자유연애 중심의 결혼(love marriage)으로의 이행에 따라(Tsutsui, 2013) 부모가 결혼에 미치는 영향력이 약화되기 때문이다. 이는 현대사회에서 계층 · 계급별 동질혼 경향이 약화될 수 있음을 시사한다. 이와 반대로 교육수준에 따른 동질혼 경향은 강화될 것으로 예상된다. 이는 산업화가 진행됨에 따라 교육이 노동시장에서 갖는 중요성이 증가하고, 배우자를 선택함에 있어 교육의 중요성이 증가하기 때문이다. 이러한 교육수준에 따른 동질혼의 강화는 앞서 지적한 부모의 사회경제적 지위에 따른 동질혼의 약화를 일정 정도 상쇄한다. 따라서 배우자 선택에 있어 부모의 영향력은 약화되지만, 본인 및 잠재적인 배우자의 교육수준의 중요성이 증가한다고 정리할 수 있겠다. 이와 관련하여, 메어(Mare, 1991)는 생애과정의 관점에서 교육에 따른 동질혼 경향이 강화될 것으로 예상했다. 즉 대학교육의 팽창은 20대 초중반 남녀가 학교에서 보내는 기간을 늘리는 경향이 있다. 이는 자연히 비슷한 교육수준을 갖는 남녀들의 접촉빈도를 늘리게 되고, 이는 동질혼을 강화시키는 역할을 한다. 메어는 또한 학업을 끝내고 보낸 기간이 늘어날수록 동질혼 경향이 약화되는 것을 보여주었는데, 이것 역시 빈번한 접촉빈도가 동질혼에서 갖는 중요성을 보여준다고 할 수 있겠다. 이는 경제적 상황 악화에 따른 혼인의 지연(Oppenheimer, 1988)이 동질혼 경향을 약화시킬 수 있음을 함의한다. 경제적 안정을 성취하는 데 걸리는 기간의 증가는 학교교육을 마치는 시점과 결혼시점 간의 기간을 늘리게 되며, 이는 다른 교육수준의 배우자를 만날 수 있는 가능성을 높이기 때문이다. 이러한 논의들은 사회경제적 지위에 따른 동질혼에 영향을 미치는 요소들이 각기 다른 방향으로 작용하고 있으며, 이는 동질혼 경향은 이들의 상대적 영향력에 따라 달라질 수 있음을 시사한다.

그렇다면, 동질혼의 정도는 어떻게 측정할 수 있는가? 가장 간단한 방법은 전체 혼인자 중 배우자와 같은 특징을 공유하는 사람들의 비중을 특정하는 방식이다. 극단적인 경우, 모든 사람들이 같은 특징의 배우자와 결혼했다면, 이 수치는 1이 될 것이다. 이러한 방식은 동질혼의 정도를 직관적으로 보여주는 강점이 있기는 하지만, 남녀가 다른 분포를 가질 경우 활용하기 힘들다는 약점이 있다. 예를 들어, 남녀 간에 교육수준의 격차가 존재한다면, 동질혼을 한 사람들의 비율은 1보다 작을 수밖에 없다. 따라서 동질혼 비율은 서로 다른 사회, 혹은 시기 간의 동질혼 정도를 비교하는 데에는 부적절한 수치라고 할 수 있겠다. 이러한 문제점을 보완하기 위해서 기존 연구들은 대수선형 모형(log-linear model)을 사용해서, 승산비(odds ratio)를 비교하는 방식을 사용해 왔다. 이 모형은 남녀 간에 존재하는 분포의 차이의 영향력을 수학적으로 배제하는 통계적 방법인데, 이를 통해서 동질혼 경향을 사회별 · 시기별로 비교할 수 있다.[2)]

교육수준에 따른 동질혼에 대한 경험적인 연구들이 많이 이루어져 왔는데, 이를 정리하면 다음과 같다. 미국의 경우, 1960년대 이후 교육수준별 동질혼이 강화되고 있는 것으로 나타났다(Schwartz and Mare, 2005). 이는 교육팽창, 노동시장에서 교육이 갖는 중요성의 증가로 인한 것으로 해석되고 있다. 65개국의 교육수준별 동질혼 경향에 대한 스미트 · 우틀리 · 래머스(Smits, Utlee, and Lammers, 1998)의 연구는 사회경제적 발전과 동질혼 경향이 비선형적 관계를 가짐을 보여주었다. 즉, 산업화 초기에는 동질혼 경향이 증가하는 반면, 산업화가 진행될수록 교육수준별 동질혼의 경향이 약화된다. 이는 산업화 초기에는 교육이 가족배경을 대체하기 때문에 교육수준별 동질혼이 증가하는 반면, 산업화가 진행됨에 따라 남녀 간 사랑에 바탕을 둔 결혼(romantic love marriage)이 증가하기 때문으로 해석되고 있다. 한국사회의 동질혼 추세도 이와 유사한 변화를 경험했다. 즉, 20세기 중후반 동안 교육수준별 동질혼 경향은 강화되는 추세를 보여 왔다(Park and Smits, 2005). 그렇지만, 1990년대 이후 교육수준별 동질혼 경향은 오히려 약화되는 경향을 나타내고 있다(박현준 · 김경근, 2011). 이와 같은 경향의 한 원인은 교육이 노동시장에서 가지는 가치의 하락으로 지적할 수 있는데, 교육기회의 팽창으로 사회경제적 지위의 지표로서의 교육의 기능이 약화되기 때문에 교육수준별 동질혼이 약화되는 것으로 해석할 수 있다.

2) 대수선형 모형 및 이 방법의 동질혼연구에의 적용에 대해서는 하우트(Hout, 1983)와 메어(Mare, 1991)를 참고하라.

2) 동질혼과 사회불평등의 재생산

앞서 지적했듯이, 강한 동질혼은 사회불평등의 구조를 공고화할 수 있다. 두 가지 극단적인 경우를 비교할 수 있다. 첫 번째 경우는 모든 사람들이 자신과 동일한 사회경제적 지위를 갖는 사람과 결혼하는 경우이고, 다른 경우는 사회경제적 지위가 결혼에 전혀 영향을 미치지 않는 경우이다. 자식세대를 기준으로 볼 때, 첫 번째 시나리오는 자식들의 부모가 모두 상층계층이든지 모두 하층계층이 된다. 반면에, 두 번째 시나리오에서는 아버지는 상층계층, 어머니는 하층계층인 경우가 가능하다. 따라서, 동질혼이 강한 경우에는 사회불평등을 심화시킬 수 있는 개연성이 증가한다.

우선, 동질혼은 가구 간 소득불평등을 강화시키는 역할을 한다. 미국의 경우, 1960년대 이후 2000년대 초반까지 기혼가구의 소득불평등 정도가 약 30% 정도 증가했는데, 이 중 약 1/3 정도가 맞벌이 부부간 소득의 유사성의 증가에 의해서 설명되고 있다(Schwartz, 2010). 교육이 소득의 중요한 결정요인임을 고려할 때, 이와 같은 변화는 강한 교육수준별 동질혼이 가구 간 소득불평등을 심화시키고 있음을 보여준다고 할 수 있다. 또한, 김영미 · 신광영(2008)은 1998년 이후 한국 여성의 경제활동 참가가 증가함에 따라 여성의 소득이 전체 가구소득에서 차지하는 비중이 증가했으며, 부부간 소득의 상관관계가 증가함에 따라 가구 간 소득불평등이 심화되고 있음을 보여주고 있다. 이러한 결과들은 교육수준에 따른 동질혼이 가구 간 소득불평등의 심화의 한 원인임을 보여주고 있다.

또한, 동질혼은 세대 간 사회이동에도 영향을 미친다. 앞서 지적했듯이 강한 동질혼은 부모의 사회경제적 배경의 편차를 크게 만드는 역할을 하고, 이는 사회불평등의 세대 간 재생산을 강하게 하는 경향이 있다. 메어와 마랄라니(Mare and Maralani, 2006)는 인도네시아 자료를 활용하고 인구학적인 모형을 개발하여 결혼 및 출산 등의 인구학적 변수들이 세대 간 사회이동에 미치는 영향을 살펴보았다. 이 연구에 따르면, 교육수준별 동질혼이 세대 간 교육수준의 전이를 보다 강하게 하고 있는 것으로 나타났다. 이는 즉, 교육수준별 동질혼으로 인해 사회불평등의 세대 간 전이가 보다 공고화해지고 있음을 시사한다. 비슷한 연구방법을 한국과 미국에 적용한 최근 연구들 역시 동일한 결론에 도달하고 있다(Kye and Mare, 2012; Maralani, 2013).

5. 향후 연구과제

2장에서는 혼인력과 출산력의 관계, 혼인 및 이혼의 측정, 혼인과 이혼에 관한 이론적 논의, 동질혼 등에 대한 기존의 논의를 살펴보았다. 5절에서는 혼인연구와 관련된 향후 연구주제들을 제시하도록 한다.

앞서 살펴보았듯이, 한국사회는 그동안 아주 빠른 혼인상태 변화를 경험해 왔다. 만혼 및 비혼이 증가하고, 이혼의 증가로 혼인의 안정성 역시 감소하고 있는 추세이다. 이러한 추세는 출산과 관련해서 중요한 함의를 갖는 동시에 다른 사회경제적인 결과를 가져올 것으로 예상된다. 이와 관련해서 다음과 같은 연구들의 중요성이 점차 증가한다. 첫째, 만혼 및 비혼의 증가는 성인부모와 성인자녀 간의 관계에 중요한 변화를 가져올 것으로 예상된다. 즉, 만혼 및 비혼은 미혼 상태의 성인자녀가 성인부모와 동거(co-residence)하는 기간을 증가시킬 것으로 예상된다. 이는 성인부모와 미혼 성인자녀 간의 물적 · 비물질적 재화의 교환을 증가시킬 것으로 예상되며, 이는 세대 간 사회이동에도 중요한 영향을 미칠 것으로 판단된다. 따라서 만혼 및 비혼의 증가에 따른 세대 간 교환(intergenerational transfer)의 변화양상에 대한 심층적인 연구가 요청된다고 할 수 있다. 둘째, 이혼의 결과에 대한 보다 다양한 연구가 요청된다. 부모의 이혼이 자녀에 미치는 영향에 대한 연구는 그동안 상당히 축적되어 왔다(Park, 2008; 김혜숙 2013). 그렇지만, 이혼이 이혼한 자녀와 그들의 부모의 관계에 어떤 영향을 미치는지에 대한 연구는 그다지 활발하게 진행되고 있지 않은 실정이다. 자녀의 이혼이 부모에 미치는 심리적 · 경제적 영향, 이혼 자녀와 부모의 관계에 미치는 영향 등에 대한 보다 활발한 연구가 진행되어야 할 것으로 판단한다.

제 3 장

사망률변천과 차별사망률

| 김현식(경희대학교 사회학과) |

1. 들어가며

근대인구의 등장은 인구학이론에서 가장 중심적인 위치를 차지하고 있는 인구변천(demographic transition)으로 설명된다. 인구변천은 서구에서 1800년대 이후, 그리고 서구 이외의 사회에서 1900년대 이후에 겪게 되는 일련의 인구성장과정을 이론화한 것으로, 변천이 시작되기 이전에 높은 수준을 유지했던 사망률과 출산율이 하락하여 일정수준을 유지하는 것을 그 특징으로 하고 있다. 다시 말해, 근대 이전에 높은 수준을 유지하고 있었던 사망률과 출산율 중 사망률이 먼저 하락하게 됨으로써 인구의 증가현상이 나타나며 이에 반응하여 출산율이 떨어지게 되고 두 변수가 안정적으로 낮은 수준에 머무르게 되면 일정한 규모의 인구를 유지하게 된다는 가설이 인구변천이론의 뼈대이다. 이렇듯 사망률의 변화는 근대인구의 태동 및 발전과 매우 밀접한 관계를 맺고 있으며, 한 사회의 인구학적 특성을 보여주는 지표로 가장 많이 연구되는 분야이다.

사망률의 수준과 변화는 비단 인구학이론의 핵심적인 위치를 차지하고 있을 뿐 아니라 한 사회에서 불평등의 정도를 보여주는 중요한 지표로 널리 알려져 있다. 예를 들어, 국가수준에서 소득불평등이 높은 국가는 상대적으로 높은 수준의 사망률을 보여준다거나(Wilkinson, 1992), 일국 내에서 도농 간의 사망률 격차가 존재한다는 연구(김두섭 · 박효준, 2003), 또한 개인적 수준에서 교육수준에 따른 차별 사망력의 존재를 보여주는 연구들은(Kim, 2004; Son et al., 2012) 모두 이러한 연구전통의 틀에 속해 있는 것이라 하겠다.

이 장에서는 이러한 연구 틀 안에서 서구와 한국에서 진행된 사망률 관련 연구를 개관한다. 인구학방법론에 익숙하지 않은 독자들의 이해를 돕기 위해 2절에서는 이 장에서 사용하는 인구학적 통계치의 개념을 소개한다.

3절에서는 서구에서 진행된 사망률변천에 대한 연구들을 살펴보고 가용한 한국자료들을 소개하는 한편 이론적 가설들을 논의할 것이다. 사망률변천에 대한 논의는 사망원인별 사망률에 대한 논의와 연결될 때 전체적인 시각을 확보할 수 있다. 하지만 자료상의 한계로 인해, 글을 쓰는 시점에서 1900년대 초부터 이를 살펴보는 것은 한계가 있다. 따라서 4절에서는 가용한 통계청자료들을 활용하여 1985년 이후 한국에서 사망원인별 사망률의 변화를 소개한다. 5절에서는 몇몇 변수에 따른 차별사망률을 살펴볼 것이며 마지막 절에서는 향후 진행되어야 할 연구방향의 윤곽을 그릴 것이다.

2. 사망률 관련 기초개념

사망률의 수준을 측정하는 통계치로 가장 많이 사용되는 것이 조사망률(crude death rate), 연령별 사망률(age-specific death rate) 및 출생 시 기대여명(life expectancy at birth)이라고 할 수 있다. 율(rate)과 확률(probability)은 모든 인구학 개념의 근간을 이루는데, 이에 대한 설명은 출산율에 대한 앞 장에서 이미 논의되었기 때문에 여기에서는 생략하기로 한다.

조사망률은 전체인구 중 사망자수를 연앙인구(person-years lived)로 나눈 것으로, 특정한 사회의 사망률 수준을 알 수 있는 지표로 많이 사용된다. 어떤 특정한 시기에 연앙인구를 구하는 것은 쉽지 않기 때문에 특정한 연도의 6월 말이나 7월 초의 인구수를 연앙인구로 사용하는 것이 일반적인 방법이다(Preston, Heuveline, and Guillot, 2001). 하지만 사망률은 연령과 매우 긴밀한 관계에 놓여 있어 조사망률은 인구의 연령구조에 민감하다. 다시 말해, 사망은 청년층에서 매우 적게 발생하는 반면, 노년층에서는 많이 발생하기 때문에 노년층이 많은 사회에서는 조사망률이 높게 나타난다. 예를 들어 A라는 사회에서는 노년층이 매우 많은 반면 청년층이 적다고 하고 B라는 사회는 노년층이 매우 적고 청년층이 많다고 한다면 두 사회가 같은 수준의 조사망률을 보인다고 해도 연령을 통제한 사망률은 B 사회가 높을 것이다. 이러한 연령요인을 제거하기 위해 연령별 사망률을 많이 사용한다. 이와 유사하게 성별 사망률의 차이가 심한 경우에는 성별 요인을 제거해 줄 필요가 있는데, 이 경우 성별 · 연령별 사망률을 구하게 된다.

이에 더해, 한 사회의 건강수준을 보여주는 가장 대표적인 지표가 기대여명이다. 기대여명은 연령별 사망률이 지속된다고 할 때, 특정한 나이의 사람이 향후 살 수 있는 평균여명이라고 정의한다. 따라서 기대여명은 연령별 사망률에 기초한 추정치이며 이는 모든 연령에서 구할 수 있으나 출생 시 기대여명이 보편적으로 사용되는데, 흔히 기대수명이라고 하면 출생 시 기대여명을 일컫는다. 기대여명은 흔히 생명표(life table)를 작성하는 기법을 활용하여 계산되며, 각 세별 생명표와 5세별 생명표가 있다. 보다 자세한 내용은 통계청(2009)과 권태환 · 김두섭(2002)을 참조하기 바란다.

3. 사망률변천

근대 이전은 높은 사망률과 높은 출산력으로 인구의 규모가 일정수준을 이루고 있었던 사회로 알려져 있다. 로마시대에는 기대여명이 22세였던 것으로 추정되는데, 이러한 사망률 여건이라면 신생아 중 오직 3분의 2만이 첫돌 때까지 살 수 있으며 반 정도만이 5살 때까지 살 수 있었다(Weeks, 1999). 특히 1800년대 이전만 하더라도 간헐적인 전염병으로 특정 시기에 많은 인구가 사망했으며, 일례로 14세기 유럽을 휩쓸었던 흑사병은 인구 중 3분의 1 이상의 목숨을 앗아간 것으로 알려져 있다. 하지만 19세기가 되면서 서구의 기대여명은 40세정도로 향상되었고 2000년 전후

세계의 평균 기대여명은 68세 정도로 추정된다.

서구사회에서 사망률의 역사적 변화는 흔히 역학변천(epidemiological transition)이론이라 불리는 연구주제하에 다루어졌으며 이 이론을 처음 체계화한 사람이 오므란(Omran, 1971)이다. 오므란은 세 가지 유형의 역학변천을 제시하였는데, 그중 하나인 서구모형(classic or Western model)은 19세기 위생의 발달과 20세기 의학과 공중보건의 발달로 1,000명당 30명의 사망률에서 점진적으로 10명 이하의 사망률로 이행한 사회에서 나타났다. 급속한 역학변천(accelerated model)은 일본과 같은 사회에서 나타났으며, 이 사회는 저사망률로의 이행이 짧은 시간에 이루어졌다는 특징을 지니고 있다. 동시대 혹은 지연된 역학변천(contemporary or delayed epidemiologic transition)은 역학변천이 1970년 현재 진행 중이거나 변천이 채 끝나지 않은 사회를 특징짓는 모형으로 2차 세계대전 이후로 급속한 사망률 하락을 겪고 있는 사회에서 나타난다.

오므란이 동시대의 다양한 국가들을 포섭하는 모형을 제시하였다고 한다면 호리우치(Horiuchi, 1999)는 인류의 역사를 5단계로 나누면서 각 시기에 상응하는 주요 사망원인의 변동을 5번의 역학변천으로 개관하였다. 호리우치에 따르면 수렵사회였던 시기에는 외부상처로 인한 질병(external injuries)이 가장 중요한 사망원인이었으나, 농경사회에서는 전염병(infectious diseases)이 핵심 사망원인이었다. 공업사회에서는 퇴행성질환(degenerative diseases)이, 그리고 고도의 기술사회에서는 심장병(cardiovascular diseases)이 주요 사망원인으로 나타난다. 그에 따르면, 향후 암으로 인한 사망(cancer mortality)이 중요해질 것이며, 암으로 인한 사망률이 떨어지게 되면 노화(senescence)로 인한 사망이 커다란 요인이 될 것이다. 호리우치는 향후 사망률이 꼭 떨어질 것이라고 예상할 수는 없으며, 사망률이 다양한 사회적 요인과 연관되어 있기 때문에 사망률이 증가하는 현상이 나타날 수도 있다고 주장한다. 그 예로 들 수 있는 것이 소련을 구성하고 있던 공산권국가에서의 사망률 증가이다. 이들 사회에서는 정치 · 경제 · 사회적 불안정으로 인해 사회적 스트레스가 증가하는 한편 국가보건체계가 약화되고, 이에 더해 국민들의 건강악화행위, 특히 음주의 증가가 널리 퍼지게 됨으로써 이러한 현상이 나타나게 되었다(e.g., Shkolnikov, McKee, and Leon, 2001).

그렇다면, 19세기를 거치면서 사망률이 낮아지게 된 원인은 무엇이 있을까? 이는 매우 논쟁적인 주제이고 이 질문에 답하기 위한 많은 연구들이 이루어졌다. 이들 중 영향력이 큰 연구 중의 하나가 맥킨(McKeown, 1979)의 연구인데, 이는 항생제의 발견과 다양한 의학기술의 발달이 주요 원인이라고 보았던 학자들의 믿음에 커다란 충격을 주었다. 영국에서 각 질병에 따른 사망률의 시간적 변화를 추적했던 맥킨은, 질병을 예방하거나 치료하는 약을 발견하고 실제로 사용하기 이전에 사망률이 크게 떨어졌기 때문에 항생제의 사용은 사망률의 하락에 큰 기여를 하지 못했다는 결론을 내린다. 예를 들어, 결핵균을 발견한 것이 1880년대이고 예방약이 등장한 것이 1950년 이후인데 결핵으로 인한 사망은 1830년대 이후로 꾸준히 감소하였다(Mckeown, 1979: 92-96). 근대 서구사회에서 의약의 발전이 사망률의 하락을 가져온 것은 아니라는 이 주장은 여전히 논쟁적이지만, 많은 연구자들이 받아들이는 것처럼 보인다.

하지만 그가 했던 다른 주장, 즉 향상된 영양의 공급과 음식섭취 그리고 생활수준의 향상이 보다 중요한 요인이었다는 주장은 그리 넓은 공감대를 형성하지 못했다(Frisbie, 2006). 이에 대한 다양한 반론이 제기되었는데, 예를 들어 연구기간에 생활수준이 향상되었다고 믿을 만한 근거가 없다는 점, 영양의 공급이 더 좋았을 왕족의 사망률이 떨어지지 않았다는 점 등이 그것이다. 그러한 반론 중에 프레스톤과 헤인즈(Preston and Haines, 1991)의 연구 또한 주목할 만하다. 그들은 19세기 미국에서 매우 높은 아동사망률을 예로 들면서, 당시 경제적으로 가장 발전해 있었던 미국에서

18% 정도나 되는 많은 신생아들이 5살을 채 넘기지 못하고 죽었다는 연구 결과를 근거로 영양이나 생활수준의 역할이 큰 것은 아니었다는 주장을 하였다.

이에 반해 프레스톤은, 동시대의 여러 다른 학자들과 유사하게, 공중보건의 발전과 위생의 향상이 사망률 저하에 가장 큰 영향을 주었다고 믿는 것처럼 보인다. 예를 들어, 19세기 프랑스 세 도시의 여성사망률을 분석한 한 연구는 식수를 제공하는 방식과 하수구를 처리하는 방식에서의 발달이 사망률을 떨어뜨리는 데 가장 커다란 기여를 하였다는 결론을 내린다(Preston and van de Walle, 1978). 또한 저개발국가에서 사망률하락을 분석한 연구는, 물론 영양공급과 항생제의 도입이 준 영향이 없진 않지만, 싸면서도 널리 활용할 수 있는 공중보건정책들, 예를 들어 공중소독과 예방주사의 도입이 결정적이었다고 보고 있다. 흔히 믿는 것처럼, 저개발국가에서 사망률의 향상은, 그 규모도 작고 효과적이지 못했던 선도개발국가의 원조가 아니라 다른 요인들, 즉 광범위하게 활용할 수 있는 저가의 보건관련 기술들, 보건전문가들에 대한 교육과 훈련을 통해 이루어졌다고 주장한다(Preston, 1980).

그렇다면, 한국에서 사망률변천은 어떠한 형태로 이루어졌으며 그 원인에는 어떠한 것들이 있었을까? 다음의 [그림 1]은 조사망률과 출생 시 기대여명에 대한 추정치를 활용하여 한국에서의 사망률변천을 보여준다. [그림 1]에서 1945년 이전은 남북한을 포함하는 자료이며 그 이후는 남한만의 사망률 추이를 보여준다는 점에 주의할 필요가 있다.

[그림 1]에서 1970년 이전 자료는 권태환과 동료들(1975; Kwon, 2003)의 추정치를 인용한 것이며, 그 이후의 자료는 통계청(2013)에서 발표한 자료를 인용하였다. 또한 1910년 추정치는 이전시기를 포함하는 추정치라는 점과 그 이후부터 1970년 이전까지는 각 연도와 이후 5개년 간 사망률의 추정치를 제시하고 있으나 1970년 이후는 각 연도의 추정치라는 점에 주

[그림 1] 한국의 연도별 사망률(1905~2010)

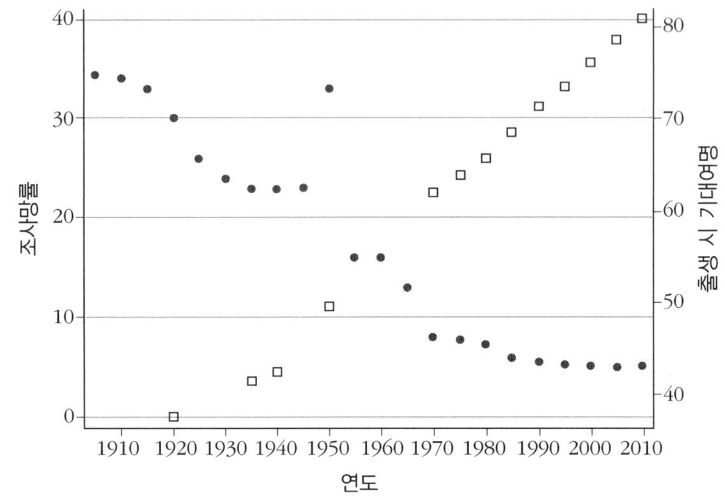

* 조사망률(●)은 왼쪽 *y*축 단위를, 기대여명(□)은 오른쪽 *y*축 단위이다. 조사망률의 단위는 천 명당 사망률이며, 1945년 이전은 남북한을 합한 추정치이나 그 이후는 남한에 국한된다.

자료 : 1970년 이전 자료는 Kwon *et al*.(1975)의 추정치를 보여주고 있고 1970년 이후의 자료는 통계청(2013)이다.

의할 필요가 있다. 두 자료 사이의 차이가 1965~70년 사이와 1970년에 대한 조사망률 수치에서 명확히 드러나는데, 권태환과 동료들의 경우 조사망률이 13정도였다는 추정을 하고 있으나 통계청의 경우 8정도였다는 추정을 하고 있다. 이는 1965년부터 1970년의 조사망률이 13정도였다가 1970년에 8로 떨어졌을 가능성도 있으나 추정방법에서의 차이로 큰 편차를 보일 수도 있으므로 [그림 1]에 나타난 수치를 해석할 때 주의를 요한다. 1910년 이전 추정치는 권태환과 동료들이 32~37의 범위로 제시한 것을 그 중간수준인 34.5로 나타낸 것이며, 1950년은 1950년부터 1955년까지의 추정치를 보여주므로 한국전쟁으로 인한 조사망률의 상승이 반영되었다는 점도 주의한다.

[그림 1]을 보면, 한국에서 조사망률의 하락은 1910~40년과 1950~70년, 두 번의 시기에 이루어진 것으로 나타난다.[1] 즉 1910년 이전에는 천 명당 조사망률이 32 이상의 수준을 기록하고 있었으나 제2차 세계대전이 발발하고 진행 중이었던 1940년대에는 23의 수준으로 낮아졌으며 이 수치는 한국전쟁을 거치면서 낮아져서 1960~65년 기간에는 16으로 떨어졌고 1985년에는 6 이하의 수준이 되었다. 이러한 사망률 수준의 하락은 기대수명의 상승으로 반영되었는데, 1920~25년 기간 37.5세였던 기대수명은 1950~55년 기간 49.7세가 되었으며 1970년 이후로는 60세를 넘기게 되었다.

이러한 사망률의 변천을 보다 자세히 들여다볼 수 있는 것이 [그림 2]에서 제시한 성별 · 연령별 사망확률의 변화이다. 통상 연령별 사망확률은 5세 간격별로 구하지만 0~4세에서는 0세와 1~4세로 구분하여 제시하는 것이 일반적인데 이는 0세에서의 사망확률 혹은 영아사망확률이 높기 때문이고 여타의 연령대에서 나타나지 않는 특성들을 보이기 때문이다. [그림 2] 또한 이러한 규칙을 따라 0세와 1~4세의 사망확률을 구분하여 제시하였다.

[그림 2]에서 모든 시기에 있어 연령별 사망확률의 추세가 어느 정도 일정한 형태를 유지하고 있다는 것을 볼 수 있다. 보다 자세히 살펴보면, 0세에서의 사망확률이 높았다가 차츰 떨어져 10~30세에 가장 낮은 사망확률을 보여주다 연령이 올라가면 갈수록 사망확률이 높아지는 것을 볼 수 있다. 특히 이러한 유형은 이른 시기에 잘 나타나는데 1970년 이전으로 갈수록 이러한 형태가 두드러지는 것을 볼 수 있다. 하지만 최근으로 올수록 저연령에서 사망확률이 떨어져 영아사망확률이 다른 연령에 비해 높지 않

1) [그림 1]에서 제시한 조사망률의 변화와는 다르게 김태헌은 1910년부터 1970년까지 조사망률이 지속적으로 낮아지고 있는 추정치들을 제시한다(Kim, 2004: 95 [Figure 4-1] 참조). 이러한 차이에 관심 있는 독자는 인용된 자료들을 참조하기 바란다.

[그림 2] 성별에 따른 연령별 1,000명당 사망확률(1925~2010)

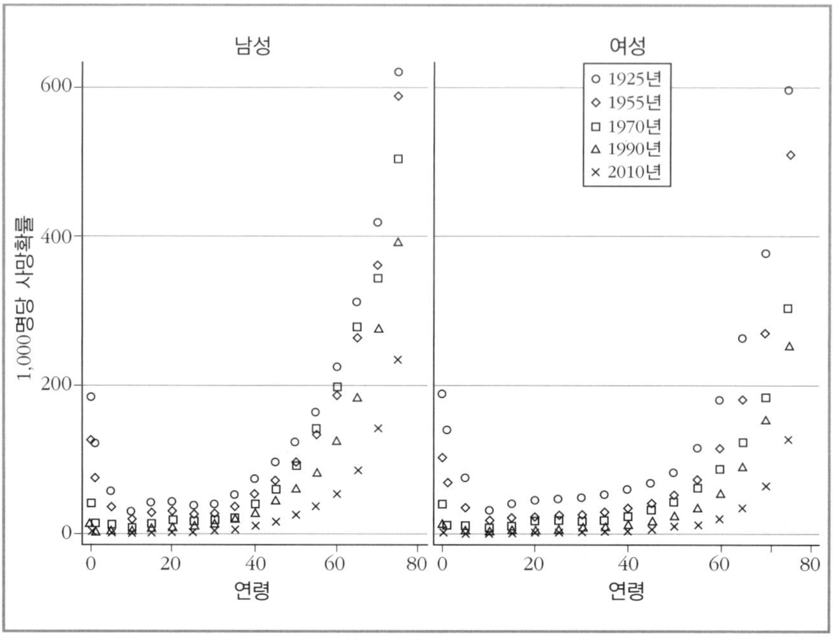

자료 : 1970년 이전 자료는 Kwon *et al*.(1975)의 추정치를 보여주고 있고 1970년 이후의 자료는 통계청(2013)이다.

은 반면 30세 이상에서 고연령으로 갈수록 사망확률이 꾸준히 증가하는 것을 볼 수 있다. 특히 30세 이상에서 사망률은 지수곡선(exponential curve)을 이루는 것으로 알려져 있는데 이를 흔히 곰페르쯔(Gompertz)모형이라고 한다(Preston *et al*., 2001). [그림 2] 또한 이러한 연령별 사망률 유형을 보여주고 있다.

이제 연도별 사망확률의 변화를 보다 자세히 살펴보기로 하자. 1925~30년 기간에 0세의 사망확률을 보면 남성이 184, 여성이 188로 상당히 높은 사망확률을 보여주고 있으며 여성이 남성보다 높은 영아사망확률을 기록하고 있다. 이 시기에 나타나는 또 다른 특징은 14세 이하에서는 여성의 사망확률이 남성보다 높은 수준을 보이지만 40세 이상에서는 남성의 사망확률이 높아진다는 점이다. 하지만 1955~60년 기간으로 넘어가게 되면 0세에서 남성의 사망확률이 125로, 여성의 사망확률이 103으로 떨어지고 있다. 이 기간 동안 영아사망확률의 하락이 급속하게 이루어지고 있어 역학변천의 시기에 영아사망률의 변화가 가장 먼저 나타난다는 일반적인 현상에 부합하고 있는 것으로 보인다. 또한 이 시기가 되면 다양한 사회에서 일반적으로 나타나는, 여성과 비교하여 남성에서 영아사망확률이 상대적으로 높게 나타나는 현상이 보이기 시작한다. 영아사망확률은 이후에도 지속적으로 하락하여 1990년과 2010년 남성과 여성의 영아사망확률이 13.3, 11.8과 3.7, 2.7을 기록하였다. 이렇게 보았을 때, 한국에서 초기 사망률의 변천에서 가장 커다란 변화가 일어난 것은 여성의 영아사망률 하락이라고 하겠다.

영아사망률의 급속한 하락에 반해 청년층, 즉 15~30세에서의 사망확률은 처음부터 낮은 수준을 기록하고 있어 시기별 하락의 정도가 상대적으로 작다. 하지만 노년층으로 갈수록 연령별 사망확률이 높아지고 있으나 최근으로 올수록 사망확률이 급속히 떨어지고 있는 것을 볼 수 있다. 이러한 형태는 남성에게서 더 명확하게 나타나고 있는 것으로 보인다. 예를 들어, 75~79세 남성의 경우 1925~30년 기간에 사망확률이 621이었던 것이 1955~60년 기간에는 577로 떨어지고 1970, 1990, 그리고 2010년에는 각각 499, 388, 231의 수준을 기록하고 있다. 이에 반해 여성의 경우 고연령에서 사망확률이 그리 높지 않았기 때문에 이에 상응하여 사망확률 하락수준이 그리 크지 않다.

그렇다면 이렇게 두 번의 시기에 걸쳐 사망률의 하락이 나타났으며, 1900년대 초에 영아사망률의 하락과 최근에 올수록 고연령에서의 사망률의 하락이 발생한 원인은 무엇인가? 일제식민지 시기 사망률의 하락은 경제발전으로 인한 생활수준의 향상보다는 서구 보건체계의 도입으로 인한 전염병의 예방 및 확산방지가 결정적이었다는 가설이 지배적이다(김두섭,

2002; Kim, 2004; Kwon *et al.*, 1975, Kwon, 2003). 하지만 한국전쟁 이후 사망률 하락에 대해서는 의견이 갈리는 것으로 보이는데, 권태환의 경우 전쟁기간 중 항생제의 도입과 전쟁 후 대대적인 확산이 중요한 요인이었다고 보고 있다. 이에 반해 김태헌의 경우, 1960년대 이후의 사망률 하락은 사회경제적 발전으로 인한 생활수준의 향상이 주요한 원인이었다고 보고 있다(Kim, 2004). 이 두 가지 주장은 약간씩 다른 연도에서 사망률의 변화를 설명하는 것이기에 상반된다기보다는 보충적인 것처럼 보이지만 1970년대 이전 사망률에 대한 추정은 그리 신뢰할 만한 것들이 아니기 때문에 이 부분에 대한 연구는 지속적으로 진행될 필요가 있다.

4. 사망원인별 사망률

사망에 대한 인구학적 연구에서 커다란 영역 중의 하나는 사망원인별 사망률을 구하여 한 사회의 역학상태를 가늠하는 것이다. 한국에서 사망원인별 사망률에 대한 논의가 다양하게 전개되었지만 1970년 이전의 자료는 그리 신뢰할 만한 것들이 아니기 때문에 여기에서는 최근 통계청에서 발표한 1985~2010년 자료를 통해 그 기간의 흐름을 짚어보도록 한다. 이러한 목적에서 다음의 〈표 1〉은 1985~2010년 사이 사망원인별 사망률을 보여주고 있다.

〈표 1〉에서 가장 주목할 만한 수치의 변화는 1985년 십만 명당 사망률이 589.2를 기록하였으나 1990년에는 563.6으로 떨어졌으며 2000년과 2010년에는 각각 517.9와 512.0을 기록하고 있다는 것이다. 이는 앞서 살펴본 것처럼 1900년대 초기와 한국전쟁 이후 두 번의 사망률변천을 겪은 후에도 2000년까지는 사망률이 꾸준히 떨어지고 있었으며 그 이후에는 사망률이 그렇게 급격히 변화하지 않고 일정수준을 유지하고 있는 현상을 반

〈표 1〉 사망원인별 십만 명당 사망률(1985~2010)

연도	1985	1990	2000	2010
계	589.2	563.6	517.9	512.0
특정 감염성 및 기생충성 질환(A00-B99)	21.0	13.3	13.0	13.4
신생물(C00-D48)	78.6	91.8	123.5	146.6
혈액 및 조혈기관질환과 면역기전을 침범하는 특정장애(D50-D89)	0.7	0.8	1.0	1.2
내분비, 영양 및 대사 질환(E00-E88)	7.5	11.5	24.8	22.3
정신 및 행동장애(F01-F99)	3.4	2.8	13.5	9.9
신경계통의 질환(G00-G98)	5.9	5.1	6.0	12.1
눈 및 눈부속기의 질환(H00-H57)	0.0	0.0	0.0	0.0
귀 및 꼭지돌기의 질환(H60-H93)	0.0	0.0	0.0	0.0
순환기계통의 질환(I00-I99)	161.3	136.7	122.7	112.5
호흡기계통의 질환(J00-J98)	23.5	18.3	33.8	37.1
소화기계통의 질환(K00-K92)	45.5	37.0	31.2	22.2
피부 및 피부밑조직의 질환(L00-L98)	0.1	0.1	0.8	1.0
근육골격계통 및 결합조직의 질환(M00-M99)	1.9	2.1	4.5	3.8
비뇨생식기계통의 질환(N00-N98)	4.7	3.7	6.6	9.7
임신, 출산 및 산후기(O00-O99)	0.3	0.2	0.1	0.2
출생전후기에 기원한 특정병태(P00-P96)	0.2	0.3	2.8	1.7
선천기형, 변형 및 염색체 이상(Q00-Q99)	2.3	2.8	2.0	1.0
달리 분류되지 않은 증상, 징후(R00-R99)	173.0	166.3	71.0	51.8
질병이환 및 사망의 외인(V01-Y89)	59.3	70.8	60.6	65.4

자료 : 통계청(2013).

영한다. 그럼에도 불구하고 특정 감염성 및 기생충성 질환에 의한 사망은 낮은 수준을 유지하고 있으며 순환기계통의 질환과 신생물에 의한 사망이 높은 수준을 보이고 있다는 면에서 1985년이 되면 선도개발국형 사망원인 사망률과 유사해진 것으로 평가할 수 있다(Kim, 2004).

보다 세부적으로 들어가 보면 달리 분류되지 않은 증상, 징후에 의한 사망률이 1985년에는 173.0으로 가장 높은 수치를 기록하고 있으나 2010년이 되면서 51.8로 떨어져 4번째로 높은 사망원인이 되고 있다. 이는 한편으로 국제적인 기준에 맞게 세부적으로 사망원인을 구분하고 각 사망원인에 속하는 형태를 명확히 기술하는 노력이 꾸준히 진행되었기 때문이며, 다른 한편으로 이 자료들이 기반하고 있는 사망신고서의 사망원인 기입방법이 향상되고 응답률이 상승했기 때문인 것으로 생각된다. 이에 반해 신생물에 의한 사망률은 1985년 78.6에 지나지 않았으나 꾸준히 상승하여 2010년이 되면 146.6으로, 가장 사망률이 높은 질병원으로 기록되고 있다. 신생물에 의한 사망률 중 암으로 인한 사망이 90% 이상을 차지하는데, 이렇게 암으로 인한 사망이 높아지는 원인에는 항생제의 개발과 발달에 따라 병원균이 빠르게 새로운 형태로 진화하기 때문이기도 하지만 특정할 수 없는 사망원인이 있는 경우에 이 분류로 기입하기 때문인 것으로 생각되며, 이를 구분하기 위해서는 더 많은 연구가 필요하다.

〈표 1〉에는 제시되지 않았으나 보다 세부적인 사망원인을 보면 2000년에는 악성신생물(암)로 인한 사망이 가장 높아 121.4의 사망률을 기록하였으며, 그 뒤를 이어 뇌혈관질환(73.1), 심장질환(38.2), 운수사고(25.3), 그리고 간질환(22.8)의 순으로 나타났다(통계청, 2011). 하지만 2010년이 되면 여전히 악성신생물(암), 뇌혈관질환, 심장질환에 의한 사망률이 144.4, 53.2, 46.9로 가장 높은 사망원인을 차지하였으며 그 뒤를 이어 자살(31.2)과 당뇨병(20.7)이 높은 사망률을 기록하였다. 특히 최근 자살로 인한 사망률이 높아지면서 이에 대한 많은 연구가 이루어지고 있으나 이

는 본 총서의 다른 부분에서 세세하게 다루어질 것이므로 여기에서는 생략한다.

5. 차별사망률

사회집단 간 사망률의 격차에 대한 연구는 여러 방향에서 연구되었으며 인구학에 있어서 중심적 위치를 차지하고 있다. 특히 미국을 중심으로 한 서구에서는 어떠한 사회적 변수들이 영아사망률에 대한 차이뿐 아니라 성인의 사망률 차이에 영향을 미치는지에 대한 연구가 활발히 진행되고 있다(Frisbie, 2006; Rogers, Hummer, and Kruger, 2006). 지금까지 논의되었던 주제를 보면, 인구학에서 가장 핵심적인 변수로 여겨지는 연령과 성뿐 아니라 인종 및 민속, 이민상태 및 세대, 혼인상태, 사회경제적 배경 등이 중요한 설명변수로 취급되는 경향이 있다. 특히 사회경제적 지위는 학력, 직업 및 소득으로 구성되어 있다고 할 수 있는데 각 변수에 따른 차별사망력 또한 커다란 연구주제를 형성하고 있다.

여기에서는 그 이론적 중요성 때문에 인종 간 사망률 차이와 사회경제적 지위로 인한 사망률 차이를 살펴보도록 한다. 미국에 거주하는 인종 간 사망률 차이에 있어 일반적인 분석결과는 백인의 경우 다른 어떤 인종보다 사망률이 낮다는 것이다. 하지만 약 80세 전후가 되면 흑인-백인 간 사망률이 역전이 되는 현상, 즉 흑인의 사망률이 백인의 그것에 비해 낮아지는 현상이 발견되는데 이를 역전현상(crossover)이라 한다. 이러한 현상이 나타나는 이론적 근거로 여러 가지가 지적되었으나 크게 자료의 문제와 선별효과(selection effect)로 나누어 볼 수 있을 듯하다(Eberstein, Nam, and Heyman, 2008). 자료의 문제는 고연령층 흑인들이 백인들에 비해 연령을 높게 보고하는 경우가 많다는 것이 요점이다. 이에 반해 선별효과는 약한 사람들은 일찍 죽는 경향이 있는 반면 건강한 사람이 오래 살아남기 때문에 일정 나이가 지나면 흑인 중 살아남은 사람들이 더 오래 살아남으므로 역전현상이 나타난다는 가설이다. 이 가설은 흔히 이질성효과(heterogeneity effect) 혹은 연약효과(frailty effect)라고도 불린다. 지금까지의 연구는, 연령을 잘못 보고하는 것도 역전현상을 일정정도 설명하지만 실제로 연령에 따른 역전현상이 존재한다는 것을 지지하고 있다.

그 사회학적 의미 및 정책적 고려 때문에 사회경제적 지위에 따른 사망률의 차이는 아마도 지금까지 차별사망력에 대한 연구 중에 가장 커다란 관심을 받아온 것으로 생각된다. 기본적인 발견은, 쉽게 짐작할 수 있는 것처럼, 사회경제적 수준이 높을수록 사망률이 떨어진다는 것이다. 흥미롭게도 사회경제적 배경의 효과는 어느 특정한 수준을 기준으로 나타나는 것이 아니라 사회경제적 배경의 전 수준을 관통하여 한 수준의 사회경제적 지위 상승이 비슷한 수준의 사망률과 연관되어 있다는 계단가설(gradient hypothesis)이 널리 받아들여지고 있다(Adler *et al*., 1994).

사회경제적 지위에 따른 차별사망력이 나타나는 원인에 대한 인과기제 또한 다양하게 논의되었는데 로저스와 동료들은 이를 세 가지로 구분하고 있다(Rogers *et al*., 2006). 우선 질병에 대한 노출을 약화시킬 수 있는 자원이 있는데, 예를 들어 사회경제적 지위가 높으면 스트레스를 덜 받는 직업에 종사하고 있을 가능성이 높으며 환경적으로 건강에 유리한 지역에 거주하고 있을 가능성이 높다. 그 다음으로 생각해 볼 수 있는 것이, 사회경제적 지위가 높으면 질병에 걸렸다고 하더라도 질병의 강도를 약화시킬 수 있는 지식과 수단을 가지고 있다는 점이다. 사회경제적 지위가 높으면 대개 소득과 교육이 높기 때문에 일단 병에 걸렸을 경우 의학적 치료를 찾으려고 하며 또 그럴 수 있는 자원이 있는 경우가 많다. 마지막으로 논의하는 것이 사회경제적 지위가 높을수록 건강에 도움이 되는 행위를 많이 한다는 것인데, 예를 들어 사회경제적 지위가 높으면 운동을 하고, 균형 있는 식단을 선호하며, 담배와 음주 같은 건강위해행위를 적게 할 확률이 높다는 연구들이 있다.

한국에서 차별사망력에 대한 논의는 연령별(Kim, 2004; Kwon *et al*., 1975), 성별(Kim, 2004; Kwon *et al*., 1975), 지역별(김두섭 · 박효준, 2003; 박경애, 2003), 혼인상태별(Kim, 2004), 그리고 사회계층별, 특히 교육수준별 차별사망력(Son *et al*., 2012)을 중심으로 다양한 방향에서 이루어졌다. 연령별 · 성별 차별사망률에 대한 논의는 앞서 논의했기 때문에 여기에서는 지역별 그리고 교육수준별 차별사망률에 대한 연구를 개관해 보도록 하자. 지역별 차별사망률은 고전적인 주제라고 할 수 있는데 특히 도시와 농촌간의 차별사망률을 의미하는 경우 더욱 그렇다. 서구의 경우 애초에 도시가 처음 형성되던 시기에 있어 도시의 사망률이 더 높은 것으로 알려져 있는데 이는 사람들이 모여 살면서 질병을 쉽게 옮길 수 있는 반면 위생이 확립되지 않아, 전염병에 더 많이 노출되어 있기 때문이다. 하지만 세균이론에 근거한 근대의 보건체계가 도입되고 철저한 개인위생이 강조되는 사회적 분위기가 퍼지면서 도시에 거주하는 사람들의 사망률이 농촌에 거주하는 사람들에 비해 낮아지는 것으로 알려져 있다. 이는 도시지역 거주자들 사이에서 신기술 수용도가 강하며, 그 전파의 속도가 빠르기 때문에 다양한 의료기술에 대한 접근이 가능한 한편 사회경제적으로도 농촌지역에 비해 높은 수준을 유지하기 때문이다. 이런 면에서 1990, 1995, 2000년 센서스와 사망동태자료를 분석한 후 조사망률과 표준화사망률에 있어서 대도시가 가장 낮았고 중소도시, 농촌지역, 해안지역의 순으로 사망률이 높아진다고 결론 내린 김두섭 · 박효준의 연구(2003)가 그리 놀라운 것은 아니다.

한국사회에서 사회경제적 지위와 차별사망률과 관련된 다양한 연구들이 있으나 여기에서는 부모의 사회경제적 지위가 아동사망률에 미치는 영향에 관한 문헌과 교육이 차별사망률에 미치는 영향을 다룬 논문들을 중심으로 살펴보도록 하자.[2] 영아사망률에 대한 부모의 사회경제적 지위가 미치는 영향은 최근 만혼현상으로 인해 더욱 주목 받는 연구분야이다. 전통적으로 어머니의 연령이 출산결과와 영아사망률에 미치는 영향에 관한 연구가 주를 이루었으나 점점 여성의 결혼연령이 높아지고 있는 현실에서 어머니의 연령이 미치는 영향이 커지는지 혹은 줄어드는지에 대한 관심이 증가하였고 자연스럽게 사회경제적 지위에 따른 조절효과에 관심을 가지게 된 것으로 보인다. 이 연구분야에서 핵심적인 발견은 부모의 사회경제적 지위가 높을수록 영아사망률이 떨어진다는, 어찌 보면 진부한 결과라고 할 수 있다. 이에 더해 현재의 연구는 ① 어머니뿐 아니라 아버지의 학력과 직업지위가 중요하다, ② 최근으로 올수록 어머니의 연령이 영아사망률에 미치는 영향이 줄어드는 대신 ③ 부모의 사회경제적 지위가 미치는 영향이 커지는 것처럼 보인다. ④ 그럼에도 불구하고 사회경제적 지위가 낮은 층에서는 어머니의 고연령이 영아사망률에 영향을 주는 것처럼 보인다는 것을 밝히고 있다(김상미 · 김동식, 2012; 김상미 · 조영태, 2011).

교육수준에 따른 사망률격차에 대한 문헌은, 일반적으로 교육수준이 높아지면 사망률이 낮아진다는 발견을 일관되게 보고하고 있다. 이를 살펴보기 위해 다음의 [그림 3]은 손미아와 동료들의 연구(2012)에서 계산한, 교육수준에 따른 5세별 기대여명을 성별로 보여주고 있다. 이 그림은 2010년의 기대여명을 나타내는 것으로, 예를 들어 40세이며 대학을 졸업한 남성의 경우 기대여명이 약 42.8세로 나타난다. 40세 이상의 기대여명을 구한 것은 청년기 시절 교육수준은 바뀔 수 있는 반면 일정 정도 나이가 지나면 교육수준이 쉽게 변하지 않기 때문이다.

2) 사회경제적 지위에 따른 차별사망률에 대한 문헌고찰은 정최경희(2009)의 글을 참고할 수 있다.

[그림 3] 교육수준에 따른 5세별 기대여명(2010)

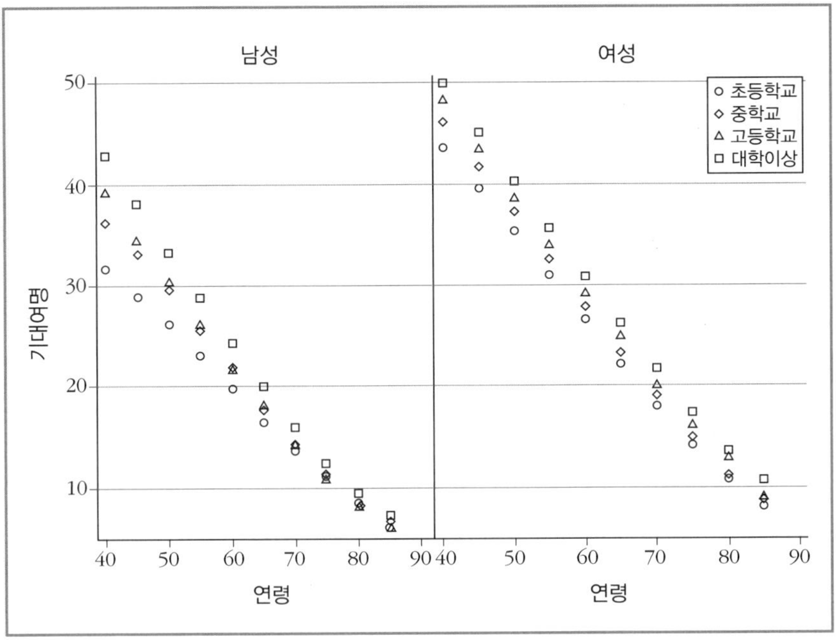

자료 : 손미아 외(2012).

위의 그림을 살펴보면 여성의 기대여명이 남성의 기대여명보다 모든 연령에서 높은데 이는 여성의 사망률이 낮기 때문에 나타나는 일반적인 현상으로 이해할 수 있다. 남성과 여성 모두에게서 연령이 증가할수록 학력별 기대여명이 감소하는 것으로 나타나는데 이는 위의 그림이 사망률을 보여주는 것이 아니라, 연령이 증가할수록 줄어들 수밖에 없는 기대여명을 보여주기 때문이다. 남성의 경우 여성보다 40세의 기대여명에서 교육별 기대여명의 격차가 더 큰 것으로 나타나고 있다. 하지만 85세의 기대여명에 있어서의 격차는 여성이 더 큰 것으로 보인다. 실제, 40세에서 대학졸업과 초등학교 졸업의 격차를 보면 남성은 11.2세이지만 여성은 6.5세이며 85세에서 남성은 1.1세이지만 여성은 2.7세의 차이를 보인다.

성별을 막론하고, 40세에서 교육수준에 따른 기대여명은 일정한 계단

(gradient)을 이루고 있어 한 수준의 교육이 증가하면 유사한 수준의 기대여명이 증가하고 있다. 이러한 계단형태는 여성의 경우 연령이 증가해도 꾸준히 나타나는 경향을 보이지만 남성의 경우에는 그렇지 않다. 예를 들어, 남성의 경우 60세가 되면 중학교 졸업자의 기대여명은 21.8인 반면 고등학교 졸업자의 기대여명은 21.6으로 기대여명의 역전현상이 나타나고 있는데, 이는 연령이 증가해도 변하지 않으며 오히려 역전의 정도가 커지는 추세를 보이고 있다. 이는 아마도 고연령층에서 사망률의 역전현상이 나타나기 때문인 것으로 보이지만 현재의 자료로 이를 파악하기에는 한계가 있다.

교육수준에 따른 차별사망률에 관한 연구에서 주목할 만한 발견은 최근으로 올수록 교육수준에 따른 차별사망률이 커진다는 것이다(Kim, 2004). 이는 남성보다 여성에게 있어서 더 명확하게 나타난다는 발견 또한 매우 흥미롭다(Son *et al*., 2012). 이러한 현상이 나타나는 데에는 외환위기 이후 신자유주의적 사회경제체제로 인해 개인의 책임이 강조되는 한편 공동체적 인식이 약화되기 때문이 아닌가 생각해 볼 수 있다. 그럼에도 불구하고 외환위기 전후 사망률이 떨어지지는 않았다는 발견은 상당히 시사적이다.

6. 향후 연구방향에 대한 일고

이 장에서는 한국에서의 사망률변천을 조사망률과 기대여명의 관점에서 살펴보았으며 성 · 연령별 사망확률의 변화를 통해 보다 세밀한 부분을 관찰하였다. 또한 신뢰할 만한 자료들을 활용하여 사망원인별 사망률의 변화를 제시하였으며 그 이론적 의미를 간추려보았다. 또한, 정책적인 측면에서 많은 의미를 지니는 차별사망률에 대한 몇몇 논의를 검토하였다. 마지막으로, 이 장의 서술에 사용된 여러 가지 인구학적 통계 개념을 앞부분에서 설명함으로써 보다 쉬운 이해를 구하였다는 점에서 다른 여타의 문헌연구들과 구분된다. 그럼에도 불구하고 본 문헌연구는 총서의 성격으로 몇몇 연구분야에 국한된 논의에 한정되어 있다는 점에서 커다란 한계를 지니고 있다. 일례로 최근의 사망률에 대한 문헌에서 많은 연구가 진행되고 있는 것이 장래사망률추계에 대한 연구인데, 이에 관심 있는 독자들은 전광희 · 김태헌 · 조영태(2005)와 김수영(Kim, 2011), 그리고 그 글 속에 있는 참고문헌들을 참조하기 바란다.

본 문헌연구가 모든 연구분야를 포괄할 만큼 넓고 깊지 못하기 때문에 여기에서는 결론을 대신하여 문헌연구를 진행하면서 받은 사망률 관련 문헌에 대한 인상을 기술하고자 한다. 무엇보다 자료의 축적과 세련화로 인해, 특히 1970년 이후의 자료는 매우 좋아졌으며 이에 따라 연구경향도 보다 세분화되었으며 보다 심화된 것을 알 수 있다. 이는 통계청을 중심으로 자료를 충실히 생산하고 모든 사람들에게 열려 있으려는 노력이 경주되었기 때문일 것이며 그런 면에서 최근 부분적으로나마 1% 센서스를 무료로 개방한 것은 올바른 정책방향이라고 생각된다. 하지만 여전히 사망 관련 자료는 구입하여야 하는 것이기 때문에 일부 연구자에게만 열려 있다는 점에서 한계를 지니고 있다. 따라서 모든 사람들이 쉽게 연구할 수 있는 기반을 조성하기 위해 무료로 배포하는 정책을 추진할 필요가 있다.

사망률연구가 보다 광범위해지긴 했으나 여전히 협소한 것으로 생각된다. 예를 들어, 차별사망률에 대한 연구는 교육과 같은 제한적인 부분에만 머물러 있기 때문에 직업과 소득에 따른 차별사망률 부분에 대한 연구가 절실히 요구된다. 또한 통계적 기법이 발전하면서 양적으로 정치한 분석이 나오고 있으나 질적인 분석이 부족한 것으로 판단된다. 질적인 연구는 다만 참여관찰을 통해서만 나오는 것이 아니라 이론적인 작업을 통해서 나올 수도 있다는 점을 염두에 두고 이론적 세련화를 추구하는 작업이 필요한 것으로 판단된다. 특히 많은 연구들이 본 문헌연구가 그러한 것처럼, 현상에 대한 자료를 모으고 그 자료를 기술하는 수준에 머무르고 있으나 왜 그러한 현상이 나타나는지에 관해서는 주변적인 설명만이 제시되고 있는 실정이다. 이러한 한계를 극복하기 위해 향후 사망률 관련 연구는 보다 한국적인 이론을 개발하고 이러한 이론들을 검증하는 방향으로 나아가야 할 것이다.

제 4 장

인구고령화와 사회변동

| 김현식(경희대학교 사회학과) |

1. 들어가며

주지하다시피, 한국사회는 유례없이 빠른 속도로 인구고령화(population aging) 현상을 경험하고 있다. 통계청의 추정에 따르면, 65세 이상의 인구가 차지하는 비율은 1960년 2.6%에 지나지 않았지만 1990년 5.1%에 이르렀고 2010년에는 11.0%를 넘겨 2013년 현재 고령사회에 속해 있으며 2026년이 되면 20%를 넘기는 초고령사회로 진입할 것으로 전망된다(통계청, 2013a, 2013b). 이러한 인구고령화는 전 세계적으로 전례를 찾아볼 수 없을 정도로 빠른 속도이며 이로 인해 다양한 경제적 · 사회적 변동이 나타나고 있다(박경숙, 2002). 인구의 연령구조가 변화하면서 경제적 자원의 재배치도 불가피해질 것으로 전망되는데, 고령인구의 증가는 사회부담의 증가로 이어진다는 점에서 많은 주목을 받았다. 예를 들어, 윤석명(2011)은 국민연금의 경우, 2041년 수지적자가 발생하고 2056년 기금이 소진할 것으로 추정하고 있다.

이렇듯, 인구고령화와 관련하여 매우 다양한 사회현상의 변화가 예상되지만, 이 장에서는 인구의 고령화와 관련한 인구학연구들을 몇몇 한정된 주제 — 고령인구 추이, 사망과 건강, 경제활동 및 가족구성 — 를 중심으로 살펴보고 있다. 이는 본 총서의 목적상 고령화와 관련된 모든 연구를 아우를 수 없고 필자의 지식이 제한적이기 때문이다. 독자들은 이미 출간되어 있는 다른 개괄적인 연구를 통해 인구고령화의 사회적 영향에 관한 보다 다양한 논의를 보충할 수 있으리라 생각한다. 예를 들어, 고령화의 경제적 파급효과에 대해서는 이찬영과 동료들의 연구(2011)를, 인구고령화의 지역적 분포에 대해서는 최재헌과 윤현위(2012)의 연구를 참조할 수 있다.

이 장은 다음과 같이 구성되어 있다. 2절에서는 한국사회에서 연령별 인구구성의 변화와 고령화 현상을 몇 가지 지표를 중심으로 살펴보고, 고령화의 원인을 출산율, 사망률 그리고 인구이동의 변화라는 틀 속에서 설명하고 있다. 3절에서는 고령인구의 건강과 관련하여 기대여명의 증가와 건강수명의 변화라는 틀 속에서 이론적 논의와 경험적 근거들을 살펴보고 있다. 4절에서는 고령인구의 경제활동을 개괄하고 있는데, 정부의 고령사회정책을 들여다볼 수 있다는 측면에서 2004년부터 시행된 노인일자리사업에 대한 논의를 포함시켰다. 그리고 5절에서는 가족과 가구의 변화를 중심으로 고령인구의 부모 · 자녀 간 사적이전의 문제를 살펴보고 있다. 마지막 절에서는 이 장에 대한 개괄적인 평가를 내린다.

2. 인구구성의 변화

이 절에서는 한국의 인구고령화가 어떠한 형태로 진행되어 왔으며 향후 어떠한 방향으로 나아가고 있는지 통계청 자료를 중심으로 살펴본다. 이러한 목적하에 다음의 [그림 1]에서는 통계청에서 추정한 장래인구추계 중 중위가정을 바탕으로, 과거와 미래의 인구수 변화를 그림으로 나타냈다.

[그림 1]을 보면 전체인구수가 지속적으로 상승하다 2030년을 기점으로 하락하게 되는 것을 볼 수 있다. 1960년 2,500만 명이었던 한국의 인구는 2012년 5,000만 명으로 늘어나고 2030년이 되면 5,216만 명으로 증가하였다가 이후 감소하여 2060년이 되면 4,396만 명으로 줄어들 것으로 전망된다. 또한 65세 이상의 인구가 1960년에는 매우 작은 수치로 나타나지만 시간이 흐를수록 그 절대적 수치가 눈에 띄게 증가하고 있다. 예를 들어, 1960년에 약 73만 명이었던 고령인구는 2010년 545만으로 늘어났으며 2060년이 되면 1,760만 명으로 늘어날 것으로 예상된다. 이에 반해 15~65세의 인구는 2010년 현재까지 증가하는 경향을 보이지만 2017년 가장 높은 수치를 기록하고 이후 그 규모가 줄어들 것으로 전망된다. 이런

[그림 1] 연령대별 인구수의 변화

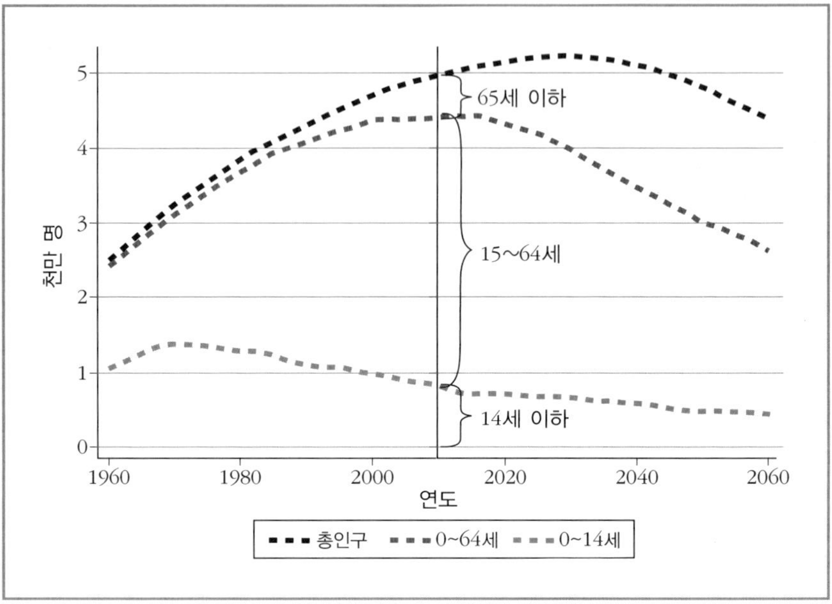

자료 : 통계청(2013a).

경향과는 다르게 14세 이하 인구의 수는 상당히 오래전부터 줄어들었는데 1972년 약 1,385만 명이었으나 이후 그 절대적 수가 줄어들고 있으며 향후 더 줄어들 것으로 보인다.

한 사회가 겪는 고령화의 정도를 나타내기 위해 다양한 지표가 사용되는데, 여기에서는 중위연령, 평균연령, 노년구성비 및 노년부양비를 살펴보도록 한다. [그림 2]는 이러한 지표들의 시간적 변화를 보여주고 있다.

[그림 2] 다양한 고령화 지표의 변화

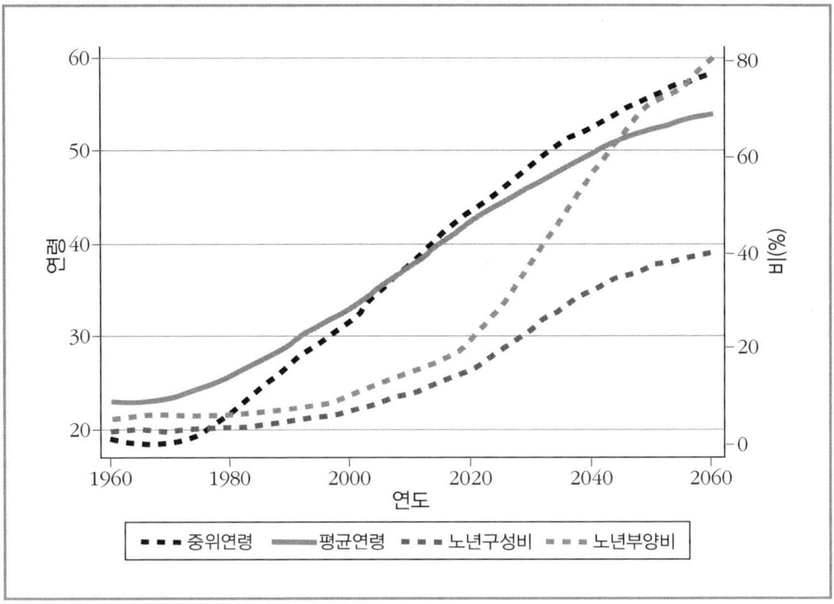

* 연령은 왼쪽 *y*축을, 비율은 오른쪽 *y*축을 참조한다.
자료 : 통계청(2013a).

중위연령은 모든 인구를 나이순으로 세웠을 때 가운데에 있는 사람의 연령을 나타내는데, 중위연령은 그 나이만큼 혹은 그 나이보다 많은 사람이 인구의 절반이라고 해석할 수도 있다. 이에 반해 평균연령은 모든 사람의 나이를 더한 후 사람수로 나눈 평균이다. 인구고령화를 살펴볼 때 평균연령에 비해 중위연령을 선호하는 편인데 이는 평균연령은 사람들이 가지고 있는 성향으로 인해 나타나는 오류, 예를 들어 100세와 같이 극단의 연령을 보고함으로써 생기는 오류에 민감하기 때문이다. 그럼에도 불구하고 중위연령과 평균연령 사이의 차가 어떤 것인가는 인구고령화를 판단할 때 중요한 지표가 되기도 한다. 예를 들어, 중위연령이 평균연령보다 높다고 한다면 젊은 연령대는 적은 반면 고령인구가 많다는 것, 즉 왼쪽으로 편향된(skewed) 분포를 뜻하기 때문에 그 자체로 인구고령화를 보여준다고 할 수 있다.

[그림 1]을 보면 중위연령이 1960년과 1970년 사이 잠깐 떨어졌다 이후 급속히 증가하는 것을 볼 수 있다. 예를 들어, 1976년 20세였던 중위연령은 1997년 30세를 넘고 2014년과 2034년 각각 40세와 50세를 넘을 것으로 전망된다. 이를 다른 말로 표현하면, 1976년에는 인구의 반이 20세 이상이었으나 2014년에는 반이 40세 이상이라는 것인데 약 38년에 걸쳐 인구의 연령이 두 배가 되었다고 볼 수 있다. 위의 그림에서, 중위연령만큼은 아니지만, 평균연령도 가파르게 상승하고 있는 것으로 나타난다. 또한 중위연령과 평균연령 사이의 관계를 보면 1960년부터 평균연령이 중위연령보다 높았으나 2010년에 같은 값을 가지고, 이후 평균연령에 비해 중위연령이 더 높은 값을 보여주고 있는데, 이는 인구고령화현상이 심해지고 있는 것으로 해석할 수 있다.

인구고령화지수로 많이 사용하는 노년구성비는 전체인구 중 65세 이상의 고령인구가 차지하는 비중을 나타낸다. 흔히 노년구성비가 7%가 넘으면 고령화사회(aging society), 14%를 넘으면 고령사회(aged society), 그리고 20%가 넘으면 초고령사회(super-aged society)라고 정의한다(통계청, 2013b). 한국의 경우 2000년에 고령인구가 7%를 넘었으며 2018년과 2026년 각각 14%와 20%를 넘어설 것으로 전망된다. 이렇게 18년 만에 고령인구의 비중이 두 배로 늘어나는 것은 전 세계에서 유례가 없을 정도로 빠른 고령화속도이다. 예를 들어, 1980년에 노년구성비가 14%가 된 프랑스는 7%에서 14%가 되기까지 어언 115년이 걸렸으며 출산율이 낮은 스페인이나 이탈리아도 45년의 시간이 걸렸다(Uhlenberg, 2006). 인구고령화가 급속도로 진행되고 있는 중국도 2000년 7%에 이르렀으며 2027년이 되어서야 14%에 달할 것으로 예측된다.

아마도 그 사회경제적 함의로 인해 인구고령화에서 가장 많이 사용되는 지수 중 하나가 노년부양비(old-age dependency ratio)일 것이다. 이는 노동가능인구라고 할 수 있는 15~64세의 인구 100명당 고령인구의 수를 나타내는데 간혹 20~64세의 인구를 사용하는 경우도 볼 수 있다. 흔히 65세 이상이 되면 노동시장에서 은퇴한다는 개념에 근거한 이 지수는 100명의 노동인구가 얼마나 많은 고령인구를 사회경제적으로 지지해야 하는가를 보여주는 것으로, 고령인구로 인한 사회적 부담을 보여주는 지표로 많이 사용된다. [그림 2]에서 제시한 노년부양비의 변화를 살펴보면 1990년까지 매우 낮은 수준을 유지하다 이후 약하게 증가하는 경향을 보였다. 하지만 2020년을 전후하여 급속하게 증가할 것으로 예측되며 2037년이 되면 50이 넘고 2060년경에는 80이 넘을 것으로 추정된다.

그렇다면 이렇게 급속히 인구고령화가 나타나는 원인은 무엇인가? 어떤 한 인구의 규모 및 변화를 설명하는 기본 설명변수로는 출생, 사망 그리고 이동이 있다(권태환 · 김두섭, 2002; Preston, Heuveline, and Guillot, 2001). 이 중 인구고령화에 가장 많은 영향을 미치는 것은 출산율의 변화라고 할 수 있는데, 출산율이 하락하면 아동과 청년층의 인구가 적어지게 되고 고령인구의 비율이 증가하기 때문이다. 특히 한국은 전 세계의 많은 국가들처럼 2차 세계대전 이후 급격한 출산율의 증가로 베이비붐이 나타난 후 이들이 중년이 될 때 출산율이 하락하게 되었는데, 이때 상대적으로 많은 이들이 노년층으로 진입하지만 아동과 청년층의 인구가 적어져 급속한 고령화를 겪게 되었다. 일례로 한국의 경우, 여성 1명당 일생 기간에 낳은 자녀의 수를 나타내는 합계출산율이 1970년에는 4.5였으나 1983년 재생산 수준이라고 할 수 있는 2.1 이하로 떨어졌고 2001년에는 초저출산(lowest low fertility) 수준인 1.3 이하로 떨어져 2010년 현재 그 이하에 머물고 있다.

많은 연구자들의 생각과는 다르게 사망률 자체의 하락은 인구고령화에 미치는 영향이 없는 것으로 알려져 있다. 사망률이 어떤 수준을 유지하거나 아니면 떨어지는가가 중요한 것이 아니라 모든 연령대에서 고르게 떨어지는지 아니면 어떤 특수한 연령대에서 떨어지는가가 중요하다(Uhlenberg, 2006). 예를 들어, 사망률이 모든 연령대에서 고르게 떨어진다면 인구고령화에는 영향이 없으나, 영아사망률이 더 급격히 하락할 경우, 보다 젊은 인구구조를 형성하게 되고, 고령인구에서 사망률이 더 급격하게 하락할 경우 인구고령화가 진행된다. 한국의 경우, 최근으로 올수록 다른 연령대에 비해 고령인구에서 사망률이 감소하는 현상이 나타나고 있기 때문에 고령인구의 사망률 감소로 인한 인구고령화 현상이 당분간 지속될 것으로 생각된다(황명진 · 정승환, 2011)

인구의 국제이동 또한 사망률과 유사하게 어떤 연령대에서 순이동이 발생하는가가 중요하지만, 이러한 순이동이 인구고령화에 미치는 영향은 장기적인 관점에서 매우 미미한 것으로 알려져 있다. 일례로 국제연합에서 수행한 대체이주에 관한 연구(UN, 2001: 60)는 2050년까지 1995년 수준의 노년부양비를 유지하기 위해서는 2000년 전체인구의 110배에 해당하는 순이동이 있어야 한다고 예측했다. 이러한 결과는 1995년 노년부양비가 상대적으로 낮았기 때문이기도 하지만 인구의 국제이동이 한국의 고령화에 미치는 영향이 매우 미미하다는 사실을 보여준다.

이러한 세 가지 요인들 중 어떠한 요인이 가장 중요한 것인가 하는 질문에 대한 해답은 여전히 논쟁 중이며 보다 분명한 결과를 얻기 위해서는 더 많은 연구가 필요하다. 일례로 2005년부터 2010년 사이 노년구성비의 변화율을 연구한 프레스톤과 스토키(Preston and Stokes, 2012)는 선도개발국에서 0.012의 변화율 중 출산율의 변화가 0.001을, 사망률의 변화가 0.015를, 그리고 순이동이 −0.004를 설명한다는 발견을 보고한 바 있다. 하지만 반사실적(counterfactual) 가정에 기초한 최근의 유사실험(simulation)연구는 동기간 선도개발국에서 노년구성비의 변화가 1.26이었는데 출산율이 일정하고 사망률이 변화했을 경우 0.22를, 출산율이 변화하고 사망률이 일정했을 경우 0.52를 설명한다는 결과를 발견하였다(Lee and

Zhou, 2013). 따라서 전 세계적으로, 또한 한국에서 어떠한 요인이 더 중요한 것이었으며, 향후 인구고령화를 늦추기 위해 어떠한 부분에 더 많은 자원을 투입해야 할 것인가에 관해서는 더 많은 연구가 필요하다 하겠다.

3. 고령인구의 건강

고령인구가 늘어남에 따라 고령자들의 건강이 어떠한 상태에 있는가를 파악하는 것은 개인적인 행복증진 차원에서뿐 아니라 사회적인 부담을 측정한다는 측면에서 매우 중요한 과제이다. 다른 여타의 분야와 마찬가지로, 고령인구의 건강과 관련하여 매우 많은 연구들이 있고 다양한 논쟁들이 진행 중이다. 이 절에서는 고령인구의 건강과 관련하여 몇 가지 논쟁적인 주제를 살펴봄으로써 고령인구의 건강 관련 상태를 파악하기로 한다.

한국에서 생활수준이 상승하고 의학적 지식이 축적 · 확산되며 의료기술이 발달함에 따라 고령인구의 사망률이 급속히 떨어지고 있다. 고령인구의 사망률이 급속히 떨어지면서 인구학적으로 가장 많은 관심을 받은 가설 중의 하나가 생존곡선의 직사각형 가설(rectangularization of the survival curve)이다(e.g., Wilmoth and Horiuchi, 1999). 고령인구의 다양한 연령층에서 적지 않은 사망률이 발생하게 되면 연령이 증가하면서 생존확률곡선이 완만하게 떨어지지만, 어느 특정한 연령까지 사망률이 거의 0의 상태에 머물다가 그 연령에 도달하게 되어 모든 사람이 사망하게 되면 생존곡선은 직사각형 형태를 띠게 된다. 다시 말해, 사람에게는 정해진 생물학적 수명이 있고 그 수명에 도달하기 전까지 모든 사망률이 없어진다고 하면 직사각형의 생존확률곡선을 이루게 되며, 고령인구의 사망률 하락은 이러한 직사각형 형태의 생존확률곡선으로 변할 것이라는 가설이다.

[그림 3] 79세까지 기간생존곡선의 직사각형화

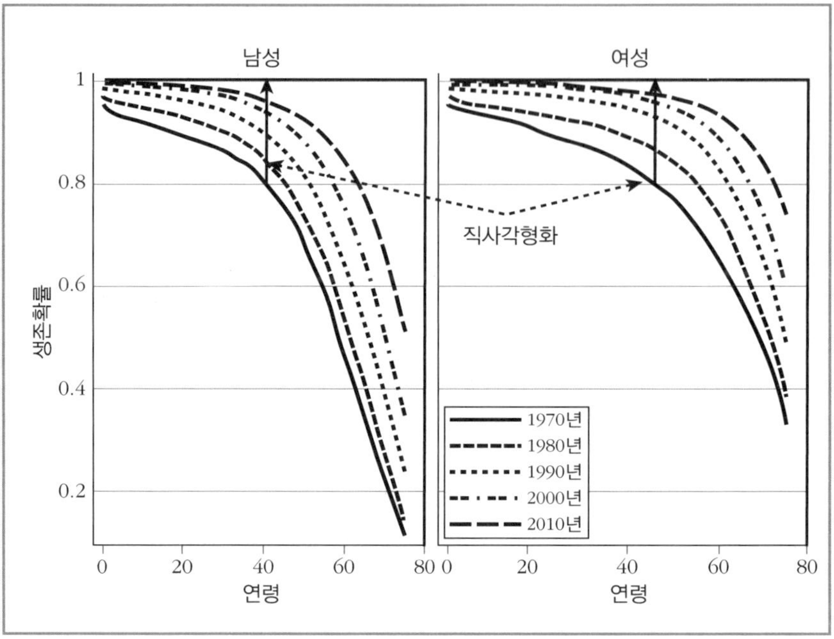

자료 : 통계청(2013a).

위의 [그림 3]은 통계청에서 펴내는 5세별 사망확률자료를 활용하여 79세까지 생존곡선의 변화를 그려본 것인데 최근으로 올수록 이러한 직사각형화 현상이 두드러지게 나타나는 것을 볼 수 있다. 즉 1970년 기간생존곡선(period survival curve)을 보면 40세 이하에서 사망률이 낮지 않았기 때문에 생존곡선이 약간씩 떨어지는 반면 2010년이 되면 거의 떨어지지 않은 형태를 보이고 있다. 또한 최근으로 올수록 사망률이 급격히 떨어지는 연령이 증가하는 것을 볼 수 있는데, 남성의 경우 1970년에는 40세경부터 급격한 생존확률의 하락을 경험하고 있는 반면 2010년이 되면 60세가 되어서야 급격한 생존확률의 하락을 겪었다. 이러한 직사각형 형태의 생존확률은, 고령인구에서 사망률이 상대적으로 낮은 여성에게서 더 뚜렷하게 나타나는 것으로 보인다.

[그림 3]과 같이 생존곡선을 사용하여 사망률을 이해할 경우, 하나의 장점은 생존곡선 아래의 면적이 기대여명(life expectancy)을 나타낸다는 점이다. 생존곡선이 최근으로 올수록 오른쪽 상단으로 이동하게 되면서 그 부분만큼의 면적이 증가하고 있는데, 이는 그만큼의 기대여명이 늘어나는 것을 뜻한다. 이렇게 볼 때, 1980년경에는 아동과 청년 인구에서 사망률이 떨어짐으로써 그 부분만큼의 곡선면적이 증가했으나, 최근으로 올수록 고령인구에서 사망률이 떨어짐으로써 고령인구의 기대여명이 크게 증가하고 있는 것을 볼 수 있다(화살표의 왼쪽과 오른쪽의 면적비교).

고령인구의 사망률과 관련하여 최근 활발한 연구가 진행되는 분야가 80세 이상의 고령인구에서 사망률 변화의 예측이다. 고령인구에서 급격하게 사망률이 감소하게 되면서 80세까지 살게 되는 사람이 증가하고 있으나 이들의 사망률이 어떤 형태를 띨 것인지에 관해서는 한국에서 축적된 지식이 거의 없는 상태이기 때문에 이에 대한 연구가 시급한 편이다. 이와 관련하여 해외연구 중 두 논문이 주목할 만한 것으로 여겨지는데, 그 하나가 13개국의 기간사망률을 연구한 대처(Thatcher, 1999)이다. 대처는 초고령인구의 연령별 사망률은 로지스틱모형(logistic model)을 따른다는 주장을 하였는데, 이 모형은 특정한 연령까지 사망률이 급속히 증가하다가 그 연령이 지나면서 사망률이 떨어지는 것을 그 특징으로 하고 있다. 이러한 주장의 이론적 가설은 연약가설(frailty hypothesis) 혹은 이질성가설(heterogeneity hypothesis)인데, 이는 고령인구를 구성하는 사람들은 생물학적으로 연약한 사람들과 그렇지 않은 사람들이 공존한다는 것이다. 즉 연약한 사람들은 일찍 사망하게 되어 사망률이 일정시점까지 높아지지만 그렇지 않은 사람들은 더 오래 살게 되기 때문에 그 시점이 지나가면 사망률이 떨어지게 된다는 것이다.

대처와는 다르게, 미국의 사회보장사망자료(Social Security Administration Death Master File)를 분석한 가브릴로브와 가브릴로바(Gavrilov and

Gavrilova, 2011)는 기간사망률이 아닌 코호트사망률의 경우 연령에 대한 이차함수의 형태를 띤 곰페르쯔모형(Gompertz model)이 가장 설명력이 크다고 주장한다. 이 모형은 로지스틱모형과 다르게 사망률이 연령에 따라 지수함수(exponential function) 형태를 따르지만 지수함수 안에 있는 연령이 이차함수의 형태를 보임으로써 사망률이 상승하는 정도가 떨어지는 것을 그 특징으로 하고 있다. 이러한 주장은 높은 연령에서 급격히 상승하는 사망률을 기반으로 한 곰페르쯔모형에 더하여 매우 연령이 높은 곳에서 사망률이 떨어지는 현상을 포착하고자 한 것이다. 이들은 또한 로지스틱모형이 주장하는, 사망률의 특정 연령에서의 급속한 하락은 고연령자들의 잘못된 연령보고에 기반한 것이라고 비판한다. 결국, 두 모형은 초고령인구의 사망률이 연령에 따라 얼마나 상승하는가, 즉 곰페르쯔모형일 것인가 아니면 로지스틱모형일 것인가에서 차이를 보인다. 그럼에도 불구하고 매우 높은 연령에서 사망률이 떨어진다는 것을 어느 정도 받아들인다는 점에서 두 모형은 공통의 기반을 가지고 있는 것으로 평가할 수 있다.

한국에서는 초고령인구의 사망률 예측에 대한 연구가 이제 나타나기 시작했다고 해도 과언이 아닌데, 이는 앞서도 지적했다시피 초고령인구의 등장이 최근에 나타난 현상이기도 하지만 신뢰할 만한 사망률 자료가 확보되지 않았기 때문이기도 하다. 그럼에도 불구하고 김성용 · 김기환 · 박유성의 연구(2011)가 주목할 만한데, 이들은 2005~09년의 사망률 자료를 활용하여 다양한 사망률패턴을 비교하고 있다. 그 결과를 보면 여러 평가기준을 볼 때, 한국의 경우 초고령사망률을 단순 3차함수로 나타내는 것이 가장 적합하다는 결론을 내리고 있다. 이 연구는 그 이론적 논의가 충분하지 않다는 점에서 한계를 가지고 있으나 자료가 충분하지 않은 한국적 상황에서 시도한 연구라는 점과 다양한 패턴을 연구하였다는 점에서 커다란 의의를 지니는 것으로 평가할 수 있으며, 향후 연구는 이 연구를 기반으로 이루어질 것으로 예상된다.

앞서 [그림 3]에서 보았듯이, 노년연령에서 사망률의 하락으로 인하여 출생 시 기대여명뿐 아니라 노년연령에서의 기대여명 또한 빠르게 증가하고 있다. 이와 관련하여 인구학이론적 측면에서뿐 아니라 사회정책의 측면에서 매우 중요한 연구주제는 건강수명(healthy life expectancy)인데, 이 분야는 증가한 기대여명의 어느 부분만큼이나 건강한 생을 보낼 것인가라는 질문에 대한 해답을 탐구한다. 건강수명에 대한 이론은 만성질환(chronic diseases)으로 인한 사망률이 크게 증가하는 현대사회에서 이 질환들이 발생 · 악화 및 이로 인한 사망시점을 어떻게 보느냐에 따라, 크게 세 가지 대립적인 가설이 존재하는데 확장가설(expansion), 압축가설(compression), 그리고 역동적 균형가설(dynamic equilibrium)이 그것이다(문헌연구로, e.g. Howse, 2006). 아래의 [그림 4]는 이러한 가설을 도식적으로 보여주고 있는데 그림에서 빈 원은 발병의 시점을, 채워진 원은 병의 악화를, 그리고 ×표시는 사망시점을 보여주고 있다.

[그림 4] 건강수명과 관련한 가설들

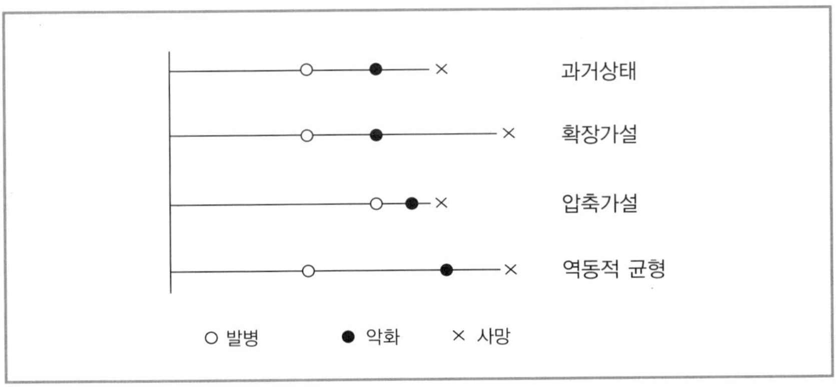

세 가지 가설은 다양한 방향으로 전개되었는데, 여기에서는 매우 단순한 초기의 가설만을 논의하기로 하고 보다 상세한 논의는 하우스(Howse, 2006)의 글을 참고하기 바란다. 확장가설은 과거 질병의 발생 및 그로 인

한 사망에 이르기까지의 과정 중 발병과 악화의 시점은 유사할 것이지만 사망이 늦추어질 것이기 때문에 건강하지 않게 사는 세월이 늘어날 것이라는 주장이다. 이에 반해 압축가설은 생물학적 한계로 인해 인간수명은 정해져 있는 반면 만성질환의 발병 자체가 늦어질 것이기 때문에 향후 기대여명의 대부분이 건강한 수명으로 이루어질 것이라고 예측한다. 마지막으로, 역동적 균형가설은 발병에서 악화로 가는 시점이 늦추어질 것이기 때문에 기대여명의 증가와 더불어 약한 질병을 가진 사람들의 비율이 늘어날 것이라고 주장한다.

이러한 이론적 가설에 대한 다양한 경험적 연구가 있고 그들 연구는 일관되게 어떤 주장을 지지한다기보다 자료와 추정방법에 따라 상이한 결론을 내리는 경향이 있다. 예를 들어 미국의 연구를 검토한 울렌버그(Uhlenberg, 2006)는 질병발병률이 늦어지기 때문에 압축가설이 타당하다는 결론을 내리고 있으나 크리민스와 벨트란-산체스(Crimmins and Beltrán-Sánchez, 2010)의 문헌연구는 유병률이 높아졌기 때문에 미국에서 압축가설은 지지되지 않는다는 결론을 내린다. 1990년과 2010년 사이 187개국의 건강수명 변화를 연구한 샐로몬과 동료들(Salomon *et al.*, 2012)은 기대여명은 증가하는 데 반해 질병으로 인해 손실된 수명이 증가하였기 때문에 압축가설은 지지되지 않는다고 보고하였다.

한국인의 건강수명에 관한 논의 또한 다양한 방향에서 전개되었지만, 위와 같은 이론적 가설을 검증한 연구는 드문 편이다. 예를 들어 강은정과 동료들의 연구(2008)는 건강수명에 대한 기존 연구를 검토하고 교육수준별 건강수명을 구하고 있으나 2005년의 자료만을 사용한 횡단연구였다는 한계를 가지고 있다. 종단적인 연구를 진행한 두 논문이 이런 점에서 주목을 끄는데, 그중 하나인 샐로몬과 동료들(2012)의 연구는 1990년과 2010년이 출생 시 기대여명 및 건강수명을 산출하였다. 이를 보면 남성의 경우, 1990년 68.1이었던 기대여명이 2010년 76.5로 증가하였으며, 건강수명은 동 기간 60.6에서 67.9로 증가하였다. 여성의 경우, 기대여명은 76.2에서 82.7로 증가하였으며 건강수명은 67.1에서 72.6으로 증가하였다. 이러한 수치를 재구성해 보면 건강하지 않게 지내는 수명이 남성의 경우 7.5년에서 8.6년으로 증가하였고 여성의 경우 9.1년에서 10.1년으로 증가하였기 때문에 확장가설을 지지하는 것처럼 보인다. 이와 유사하게, 2005년과 2010년의 65세에서 건강여명을 연구한 한소현과 이성국(2012)은 두 기간 사이 기대여명은 18.15에서 19.75로 증가한 반면, 건강여명은 11.41세에서 11.64세로 증가하였다는 결과를 보고하였다. 이러한 결과 또한 건강하지 않은 여명의 증가를 뜻하기 때문에 확장가설을 지지하는 것처럼 보인다. 하지만, 이에 대한 질병과 사망 관련 이론이 매우 복잡하고 세세한 반면 한국의 연구가 축적되지 않은 편이라 어떤 특정한 결론을 도출하기에는 향후 더 많은 연구가 요청된다(예를 들어, Kim, 2013).

4. 고령인구의 경제활동

노년시기 근로활동의 지속은 경제적 생활을 영위하기 위해서뿐 아니라 사회활동을 통해 자신을 실현한다는 면에서 개인적 수준에서 중요한 함의를 지니고 있다. 사회적으로도 고령인구의 경제활동 지속은 연금이나 복지지출을 줄일 수 있다는 면에서, 또한 낮은 출산력으로 인한 경제활동인구의 감소를 억제할 수 있다는 면에서 주목받아 왔다(이상림, 2012). 그렇다면 한국 고령인구의 근로활동참여는 어느 정도 수준인가를 파악할 필요가 있는데 다음의 〈표 1〉은 1994년부터 실시된 노인실태조사에 나타난 근로활동참여 비율의 변화를 보여주고 있다.

〈표 1〉 노인실태조사에 나타난 연도별 고령인구의 근로활동참여 비율(%)

	1994	1998	2004	2008	2011
전체	28.5	29.1	30.8	30.0	34.0
65~69세	41.0	40.2	40.4	39.9	46.4
70~74세	29.2	28.6	30.9	32.0	38.3
75~79세	13.3	22.7	18.8	23.6	26.9
80+ 세	4.1	8.3	8.5	10.1	11.1

* 2011년 자료의 경우 80~84세와 85+세로 나누어져 있는 원자료를 가중평균하였다.
자료 : 이윤경 외(2010); 정경희 외(2012).

이 표를 보면 65세 이상 고령인구의 근로활동참여 비율이 1994년 이후 꾸준히 증가하여 온 것을 볼 수 있다. 1994년 28.5%가 근로활동에 참여했으나 2011년이 되면 34.0%가 근로활동에 참여하고 있는 것으로 나타난다. 이들을 5세별 연령간격으로 보면 65~69세 노인의 참여비율 상승이 가장 작고 75~79세 노인의 참여비율 상승이 가장 큰 것으로 나타난다. 2011년 34.0%의 근로활동참여 비율은 전 세계적으로 약 20%의 참여율을 기록하고 있다는 것을 고려했을 때(UN, 2009) 상당히 높은 수준이다. 특히 유럽의 경우 2009년 고령인구의 근로활동참여율인 6%에 비추어 다섯 배를 넘는 수치를 기록하고 있는데, 이는 노인실태조사에서 근로활동참여자 중 반 이상이 농어업에 종사하고 있다는 점과 관련이 있는 것으로 생각된다(이윤경 외, 2010). 그럼에도 불구하고 이들을 제외한다고 하더라도 고령인구의 근로활동참여는 상당히 높은 편이며 다수가 저임금과 저숙련의 단순직에 근무하고 있다는 점을 생각해 보면 한국에서 높은 근로활동참여 비율은 한국의 연금체계가 확고히 뿌리내리지 못했다는 점, 그리고 기초적인 노인복지수준이 높지 않다는 점과 연관이 있는 것처럼 보인다.

이렇게 고령인구의 근로활동 참여가 증가하고 있음에도 불구하고 고령인구의 빈곤화는 급속한 속도로 진행되고 있다. 일례로 김문길과 동료들의 연구(김문길 외, 2012)를 보면 농어가가구를 제외하고 1인가구를 포함하였을 경우, 가처분소득기준으로 고령인구의 절대빈곤율이 2006년 30.6%를 기록하였으나 이후 지속적으로 상승하여 2011년이 되면 36.1%에 이른다. 이러한 수치는 모든 인구를 기준으로 했을 때 같은 조건하에 2006년 절대빈곤율이 9.0%에서 2011년 9.6%로 상승한 것에 비하면 절대빈곤율이 매우 높은 수준을 보여주고 있다는 점과 그 상승률이 훨씬 빠르다는 점에 있어서 놀랍다. 이렇게 고령인구에서 빈곤율이 높은 수준을 유지하는 것은 고령인구의 많은 부분이 여성으로 이루어져 있으며 이들 여성노인들이 사회보호체계로부터 제외되어 있는 현실을 반영하고 있는 것으로 생각된다(박명선, 2002). 따라서 이들이 어떠한 상태에 있는지에 대한 연구가 절실하다.

고령인구의 경제활동이 가지는 광범위한 파급적 효과로 인하여 정부에서는 2004년부터 노인일자리 사업을 추진하고 있는데, 이 사업이 가지는 효과에 대한 연구가 지속적으로 이루어지고 있다. 이들의 연구는 노인일자리가 참여자의 자아존중감 및 자기효능감, 그리고 우울 등의 주관적 행복에 긍정적인 영향을 주고 있다는 면에서 일치하는 것 같다(김은혜 · 강종혁, 2011; 정경희 외, 2012; 초의수 · 강수영, 2008). 노인일자리 사업이 가족관계에 미치는 다양한 영향을 살펴본 연구로 윤홍식과 안세아의 연구(2010)를 들 수 있는데 이들은 노인일자리 참여 전후에 가족 내 돌봄 노동시간에 변화가 없었으며, 가족들과의 관계에도 변화가 없었고, 무엇보다 사적 이전에 변화가 없었다는 발견을 보고하고 있다. 이러한 결과를 종합해 보면, 노인일자리 사업이 경제적인 생활의 향상에는 크게 기여를 못하는 상징적인 수준에 머무르고 있으나, 그럼에도 불구하고 참여하고 있는 고령인구의 삶의 질에 영향을 주고 있기 때문에 이 사업을 실질적인 면에서 더 강화할 필요가 있는 것처럼 보인다. 또한 노인일자리 사업에 대한 적절한 평가가 이루어지기 위해서는 연구방법의 향상이 필요한데, 일례로 참여자의 참여 전후 비교나 횡단자료를 활용한 두 집단의 비교가 아닌 비참여자와 참여자를 참여 전후로 비교하는 사전후연구방법(pretest-posttest study design)이 도입되어야 할 것이다.

5. 가족 및 사적 이전

〈표 2〉는 노인실태조사에 기초하여 연도별 고령인구의 가족구성 지표를 보여주고 있다.

〈표 2〉 노인실태조사에 나타난 연도별 고령인구의 가족구성 지표

	1994	1998	2004	2008	2011
유배우율	47.9	49.2	54.8	64.5	67.4
평균 자녀수	4.7	4.6	4.2	4.0	3.8
평균 손자녀수	9.1	8.3	7.6	6.9	6.3
가구구성(%)					
노인독신	13.6	17.9	20.6	19.7	19.6
노인부부	26.8	27.9	34.4	47.2	48.5
자녀동거	54.7	48.6	38.6	27.6	27.3
기타	4.9	5.5	6.4	5.6	4.6

자료 : 이윤경 외(2010); 정경희 외(2012).

한국노인들의 유배우율을 보면 1994년 47.9%에서 2011년 67.4%로 급격히 상승하고 있는 것을 볼 수 있는데, 이는 건강이 향상되고 기대여명이 증가함에 따라 배우자 사망률이 감소하였기 때문인 것으로 생각된다. 또한 최근으로 올수록 평균 자녀수와 손자녀수는 감소하는 것을 볼 수 있는데, 이는 상대적으로 출산력이 높았던 세대들이 사망한 반면, 최근 고령

인구로 진입한 젊은 고령인구의 출산율이 낮았기 때문이라고 볼 수 있다.

위의 표에서 제시한 고령인구의 가구구성을 보면 세 가지 주목할 만한 변화가 있다. ① 노인독신가구가 1994년에서 2004년까지 급속히 증가하였으나 이후 안정화되고 있는 것처럼 보인다. ② 유배우율의 증가에서 볼 수 있는 것처럼, 노인부부가구 비율이 상승하고 있다. ③ 이에 반해 자녀동거가구의 비율은 급격히 하락하고 있어 1994년도에 54.7%가 자녀와 동거하고 있었으나 2011년이 되면 그 절반에 해당하는 27.3%만이 자녀와 함께 살고 있다. 이러한 가구구성 형태의 변화는 젊은 고령인구를 중심으로 자녀와 동거하기보다는 혼자 살거나 노인부부만이 따로 사는 가구형태를 선호하기 때문인 것으로 생각된다.

고령인구의 증가와 가족의 변화와 관련하여 인구학에서 많은 관심을 받아온 주제가 세대 간 부의 이전 문제이다. 이 문제에 관해서는 한 편의 문헌연구로도 부족할 정도로 많은 연구가 이루어졌기 때문에 여기에서는 노인들의 부양관의 변화와 부모 생존 시 자녀와 부모간의 사적 이전을 중심으로 살펴보기로 한다. 자립적인 경제적 생활능력이 떨어진 고령인구를 누가 보살필 것인가와 관련하여 한국에서는 전통적으로 자녀들을 비롯한 가족이 책임져야 한다는 인식이 널리 퍼져 있었다(김두섭 · 박경숙 · 이세용, 2000; 김정석, 2005). 하지만 경제발전으로 생활수준이 높아지고 개인주의가 확립되는 최근으로 오면서 노인들 자신이 책임져야 한다는 생각이 증가하는 것으로 보인다. 이러한 인식의 변화를 살펴보기 위해 다음의 〈표 3〉에서는 노인실태조사에서 나타나는 흐름을 추적해 보았다.

다음의 표를 보면 1994년에 이미 본인 스스로 노후생활비를 마련해야 한다는 인식이 가장 높았던 것을 볼 수 있으며, 이들의 비율은 경제위기 의식이 높았던 1998년에 하락하였으나 이후 과반을 넘게 되었다. 반면, 자녀에게 의존하려는 고령인구는 1998년에 잠깐 상승했다가 지속적으로 하락했으나 2011년에는 약간 상승한 것을 볼 수 있다. 사회나 국가가 지원해야

〈표 3〉 노인실태조사에 나타난 노후생활비 마련에 대한 인식(%)

	1994	1998	2004	2008	2011
본인 스스로	48.8	40.1	40.2	53.0	55.0
자녀	28.6	33.5	18.7	11.8	14.2
사회 · 국가적 차원	22.4	26.2	40.8	34.9	30.6
기타	0.2	0.2	0.2	0.4	0.3

자료 : 이윤경 외(2010); 정경희 외(2012).

한다는 비율은 2004년까지 상승하여 40.8%에 이르렀으나 이후 하락하였다. 이렇게 보면 노년기 경제적 생활에 대한 인식은 사회경제적 환경에 따라 많은 영향을 받았다고 볼 수 있으나 본인 스스로 자립해야 한다는 인식이 증가했으며 자녀로부터 도움을 받아야 한다는 인식이 하락한 것으로 평가할 수 있다.

고령인구의 부양관에 대한 인식의 변화와 매우 밀접하게 연관되어 있는 것이 부모 · 자녀 간 부의 사적 이전 문제이다. 인간의 역사를 통해 부의 이전은 부모에게서 자녀에게로 이전되어 왔다는 사실을 바탕으로 부모는 어떤 자녀에게 더 많은 부를 이전하는가의 문제와 어떤 자녀들이 부모에게 더 많은 도움을 주는가가 가장 중요한 연구주제를 이루어 왔다. 이와 관련하여 이론적인 측면에서 다양한 가설들이 등장했는데, 교환이론과 이타적 동기이론이 대표적이다(e.g., Silverstein *et al*., 2002). 교환이론은 매우 다양한 하부이론들이 있는데, 예를 들어 경제학적 의미에서 1:1 교환을 의미하는 미시적 이론부터, 정서적 교환과 다른 여타의 도움을 의미하는 사회학적 의미에서의 교환이론을 포괄하기도 한다. 이타적 동기이론의 핵심은 당사자 간의 교환이라기보다 도움을 받는 쪽에서의 필요에 의해 부의 이전이 이루어진다는 것이며, 대표적인 예로 가난한 자녀에 대한 부모의 도움이 될 수 있을 것이다. 또 하나 흥미로운 이론은 이른바 전시효과(demonstration effect)라고 할 수 있는데, 이는 자녀가 있을 경우 그들이 보고 배울

수 있도록 부모에게 이전을 더 많이 한다는 가설이다(Cox and Stark, 2005).

이와 관련하여 김희삼(2006)은 한국노동패널을 활용하여 자녀세대로부터 노부모에 대한 사적 이전을 분석한 바 있다. 그의 분석에 따르면, 노부모에 대한 자녀의 이전은 생활비를 보조해 주려는 이타적인 동기가 지배적이며, 노부모의 소득이 적을수록 그리고 자녀의 소득이 많을수록 소득이전이 크지만 그 변화의 정도는 크지 않고, 공적 이전이 있는 경우 사적 이전이 줄어든다. 반대로 부모의 자녀에 대한 사적 이전은 유산상속과 관련된 문헌을 통해 살펴볼 수 있는데, 노인실태조사를 중심으로 자료를 분석한 김현식 · 황선재 · 김윤희의 연구(2012)가 있다. 저자들은 최근으로 올수록 선호하는 유산상속형태가 장남에게서 여러 자녀에게 골고루 나누어주는 형태로 변화하고 있으며, 여전히 사회환원보다는 자녀에게 상속하려는 동기가 강함을 보여주고 있다.

6. 결론을 대신하여

이 장에서는 한국의 인구고령화 현상의 전개와 그로 인해 나타나는 개인적 및 사회적 수준의 변화를 몇몇 주제를 중심으로 살펴보았다. 본 총서의 특성상 인구고령화와 관련하여 많은 주제를 다루지 못하고 몇몇 선별적인 논의에 주제를 한정시켰으며, 보다 다양한 이론의 전개와 논쟁을 정치하게 소개하지 못했다는 점에서 한계를 가지고 있다. 그럼에도 불구하고 이 장은 서구를 중심으로 전개된 이론적 논쟁과 한국에서 진행된 연구방향을 소개했다는 점에서 기초문헌으로서의 가치가 있을 것으로 평가할 수 있다. 또한 각 절에 여러 논쟁과 관련된 문헌들을 적시함으로써 독자들은 세부적으로 관심 있는 부분에 대한 문헌들을 찾아볼 수 있을 것이다.

각 절에서 논의한 것처럼, 인구고령화가 진행되고 있다는 대전제를 제외하면 여러 연구들이 일관되게 합치하는 이론적 · 경험적 현상은 많지 않다. 예를 들어, 한국에서 인구고령화가 출산율의 하락으로 인한 것인지, 고령인구의 사망률 하락으로 인한 것인지 명확한 해답을 제시하는 연구는 아직 없어 보인다. 각 연구분야에 있어서도 다양한 이론적 입장들이 존재하며 경험적 증거들이 다양하게 얽혀 있는 것을 알 수 있다. 이는 인구고령화가 어떤 정해져 있는 틀을 따라 진행되기보다는 매우 복합적인 방향으로 전개되고 있으며 다양한 요인이 얽혀 있기 때문이다. 이런 면에서 인구고령화에 대한 연구는 현재진행형이라고 할 수 있으며 많은 학자 및 전문가들의 연구를 기다리고 있는 미지의 세계라 할 것이다.

제 5 장

인구이동과 국내이동[1)]

| 이상림(한국보건사회연구원) |

1. 도 입

인구이동(migration)은 국제인구이동과 관련해서는 이주 혹은 이민으로 번역되기도 한다. 인구학에서는 주로 인구이동이라는 단어가 주로 사용되는데, 이는 국내이동과 국제이동을 모두 포함하는 개념이다. 인구이동은 현재 거주지의 불리한 환경을 떠나 더 우호적인 환경의 지역을 찾아 이동하는 것으로 정의할 수 있다(Ravenstein, 1885). 그러므로 인구이동을 설명하기 위해서는 기본적으로 출발지와 목적지 간 환경이나 기회의 차이에 주목할 필요가 있다. 이와 같이 인구이동 연구는 개인수준의 분석과 지역수준의 분석이 함께 이뤄져야 하는 독특한 구조를 가지고 있다. 인구학에서 인구이동에 관한 연구, 특히 국내 인구이동 연구에서 주된 연구관심은 개인과 지역에 따른 차별적 이동력(mobility)이라고 할 수 있는데, 이는 구체적으로 누가, 어디로 이동하는가의 문제로 귀결된다. 이 장에서는 국내이동과 인구이동 일반에 관한 인구학적 논의들을 소개하고자 한다.

2. 인구이동의 정의와 주요 개념

1) 인구이동의 정의

인구이동은 출생, 사망과 같은 다른 인구요인과는 차별된 특성들을 여럿 지닌다. 우선 인구의 크기, 인구구조, 인구의 분포 등 인구학적 현상들의 변화에서 인구이동이 초래하는 변화가 출생 및 사망이 미치는 영향에 비해 훨씬 더 빠르게 나타나며, 또한 그 영향력의 범위도 훨씬 넓다고 할

---

1) 이 글은 IOM 이민정책연구원 워킹페이퍼 "인구와 이주"의 일부를 수정 발전시킨 내용임.

수 있다. 예를 들어 현재의 농촌지역의 높은 고령화는 농촌지역의 낮은 사망률이나 출생률에 의한 것이 아니라, 과거 혹은 지금까지의 젊은 인구 유출에 의한 인구이동의 결과라고 할 수 있다.

인구이동은 그 정의가 명확히 규정되지 않는다는 점도 또 다른 특성이라고 할 수 있다. 인구이동은 새로운 환경으로의 이동을 의미하지만 모든 이동을 인구이동으로 정의하지는 않는데, 이동거리가 짧은 지역 내 거주지 변동, 체류기간이 한정되어 있는 여행, 그리고 통근 등은 인구이동 범주에서 제외된다. 실제 인구이동 연구에서는 일반적으로 행정구역 범위를 넘는 거주지의 변화를 인구이동으로 정의하는데, 그 범위 역시 연구의 분석목적과 자료의 가용성 등에 의해 결정된다. 예를 들어 인종별 거주분포 및 이웃구성에 대한 거주지 분리(residential segregation)에서는 블록(block) 등 매우 작은 범주가, 정책이나 산업구조의 문제 등에서는 주(state) 범주가 인구이동의 기준으로 사용된다.

인구이동은 생애에 걸쳐 여러 번 반복될 수도 있다. 이러한 측면에서 생애 혹은 성인기 등과 같이 특정 기간에 처음 이동하는 최초이동(primary migration)과 최초이동 이후 이동하는 반복이동(repeat migration)으로 구분할 수 있다. 반복이동은 다시 새로운 곳으로 이동하는 계속이동(onward migration)과 과거에 거주하였던 장소로 되돌아오는 귀환이동(return migration)으로 나눌 수 있다(DaVanzo and Morrison, 1981). 이러한 구분에 따라 이동자(이주자)들은 각기 차별적인 성향이 나타나기도 한다(이상림, 2009).

우리나라에서 대부분의 이주노동인력은 고용허가제와 같이 체류기간 허용이 제한된 체류형태를 보이고 있다. 이러한 제도하에서 고국으로 귀환하지 않고 허가된 체류기간을 넘어 체류 시에는 체류신분이 불법화(혹은 비정규화, irregular or undocumented)된다. 이들의 본국귀환을 유도하기 위해서는 국내 이주자들의 귀환이동 혹은 귀환이동자들의 특성에 대한 이해가 선행되어야 할 필요가 있다.

2) 인구이동의 주요 개념

하나의 인구이동 사건은 출발지(origin)와 목적지(destination)에서는 각각 인구의 유입과 유출의 의미를 갖는데, 이는 개인 및 지역의 입장을 동시에 고려하는 인구이동의 특성을 보여준다. 한 지역에서 특정기간 동안 인구의 유출과 유입의 차이를 순(인구)이동(net migration)이라고 하며, 인구이동의 영향을 배제하고 출생과 사망 사이의 차이만으로 발생된 인구변화를 자연증가로 구분하여 나타낸다. 국가수준에서 유입이 더 많은 경우를 인구유입국가(immigration country), 반대의 경우를 인구유출국가(emigration country)로 구분한다. 일반적 인식과는 달리 우리나라는 최근의 이주자 유입의 증가에도 불구하고 순이동률이 미세한 차이로 음의 값과 양의 값 사이에서 오르내림을 계속하고 있다.

또한 인구이동은 이주자의 자발성에 의해 자발적 이동(voluntary migration)과 강제적 이동(forced migration)으로 구분되며, 강제적 이동에는 대표적으로 난민의 경우가 있다.[2] 이러한 구분은 이주자(migrant)의 특성이나 이동의 패턴, 정책대응, 이동에 대한 이론적 접근이 다르기 때문이다. 하지만 자발과 강제 간의 차이가 명확히 구분되지 않는 경우도 많다. 예를 들어 남한으로 이동하는 탈북인구의 경우 난민의 성격도 강하지만, 또한 더 경제적으로 윤택한 삶의 터전을 찾으려는 경제이주의 성격도 동시에 갖

---

2) 난민(refugee)의 정의에는 많은 주의가 요구된다. 난민은 정치적 혹은 인권적 탄압상황에서 강제된 이동을 의미하며, 일정한 절차에 의해 난민지위를 부여받아야만 난민으로 규정될 수 있다. 일반적으로 경제적 난민, 환경난민 등의 단어가 사용되기도 하지만, 엄밀한 의미에서 이들은 난민에 포함되지 않는다. 이는 모든 강제적 이동이 난민을 의미하지는 않는다는 점을 보여준다. 서구유럽의 경우에는 난민이 전체 이주자 유입에서 상당한 비율을 차지하고 있다. 한편 유엔난민기구(UNHCR)에 따르면 준난민이라 부를 수 있는 부유인구(uprooted people)가 4,500만 명에 달한다고 한다(2012년 기준).

고 있다. 강제적 이동에는 환경재난이나 환경파괴로 인한 이동, 도시개발에 의해서 거주지를 떠나야 하는 경우 등도 포함된다.

일반적으로 국제이동에서는 타국으로의 이동과 본국으로의 귀환이라는 단선적 이동을 생각하기 쉽지만, 통신 및 이동수단의 발전과 세계화의 추세로 이주 후 귀환하지 않고 다시 제3국으로 이동하는 계속이동 형태의 국제이주도 점점 늘어나고 있는 추세이다. 또한 영구 정착을 한 경우에도 이민자가 과거 고국과의 관계를 완전히 단절하는 것이 아니라, 계속 연락을 하거나, 경제활동에서 송금이나 무역을 통해서 관계를 유지하고, 혹은 인종공동체를 형성하여 자신들의 문화나 연결망을 유지하는 경우가 많아지고 있다. 이러한 경향은 국가 혹은 국경의 구분이 단절적 의미의 장벽을 의미하지 않고, 국제이주가 국가 간의 경계를 초월하는 양상을 보여준다. 이러한 추세들을 통틀어 초국가주의(transnationalism)의 경향이라고 칭하기도 한다(Schiller *et al*. 1995).

3. 인구이동의 발생원인

이상과 같이 인구이동에서 출산이나 사망과는 대비되는 특성들이 나타나는 가장 큰 이유는 인구이동이 생물학적 요인의 영향을 상대적으로 덜 받기 때문이라고 할 수 있다. 이러한 특성으로 인하여 인구이동은 다른 인구학적 요소들에 비해 훨씬 더 많은 이론적 설명들을 가지고 있으며, 또한 경제학, 정책학, 도시개발, 인문지리학, 정책 및 정치학 등 매우 다양한 영역들의 학제 간 연구가 요구된다. 그렇다면 인구이동[3] 혹은 국제이주는 왜 일어나는 것일까? 이 절에서는 인구이동 발생원인에 대한 설명들을 소개

3) 여기서는 자발적 인구이동만을 대상으로 하고자 한다. 하지만 이 글에서 설명하는 인구이동에 관한 일부 이론들은 강제적 이동에도 적용할 수 있다.

하고자 한다.

1) 신고전주의

초기 인구이동의 설명에서는 경제학적 관점에서 출발하여 평균 임금수준이나 노동환경, 그리고 이주비용 등과 같은 경제적 요인들에 초점을 맞추어 인구이동을 설명하였다(Todaro, 1969; Borjas, 1989). 인구이동에 대한 초기 경제학적 설명이라 할 수 있는 신고전주의는 인구이동을 개인의 합리적 판단에 근거하여 자신의 소득을 최대화하려는 노력이라고 정의한다.

개인적 수준의 합리적 판단에 따른 인구이동들의 합은 지역수준의 인구이동의 흐름으로 반영된다. 노동력이 부족한 지역에서는 상대적으로 높은 임금수준을 보이게 되며, 반대로 노동력이 풍부한 지역에서는 낮은 임금수준을 나타내게 되는데, 이러한 상황에서 인구이동, 다시 말해 노동력의 이동은 저임금 지역에서 고임금 지역으로 흘러가게 된다는 것이다(Lewis, 1954; Ranis and Fei, 1961). 그러므로 궁극적으로는 두 지역 간의 임금격차는 해소되어 임금수준과 인구이동의 평형(equilibrium)을 만들게 된다. 그러나 국제 인구이동에 있어서는 이 같은 완전한 평형이 이뤄지지는 않는데, 상대적으로 장거리의 국가 간 이동 및 이민에 따른 비용들이 반영되기 때문이다. 신고전주의 경제학의 설명에서 다른 중요한 사항은 모든 노동력을 단일한 성질의 것으로 설정하지는 않고, 단순 노동력과 고급 노동력(기술노동, 고숙련노동 등)의 이동 방향과 양은 별도로 형성될 수도 있다는 점이다.

그러나 이러한 시도는 인구이동에 대한 설명을 개인의 범위로만 한정하여 복잡한 지역의 특성을 간과하고, 경제학적 비용과 효용의 계산으로 단순화하였다는 비판을 받는다.[4] 실제로 평균 임금수준이 매우 낮은 지역에서도 어떠한 사람들은 예상소득이 더 높은 지역으로 이동하지 않고 계속 머무르며, 지역 간의 임금수준의 격차는 국제적 범위는 물론이고 국내적 수준에서도 완전히 해소되지 않고 있다. 또한 전통적 경제학적 설명과는 달리 역으로 임금수준이 더 높은 지역에서 낮은 지역으로의 이동도 나타나고 있다. 이러한 비판에 대한 대안으로 출발지(origin)와 목적지(destination)의 성격을 동시에 파악하려는 시도가 나오게 된다.

2) Push and Pull 모델

이렇게 출발지와 목적지 모두에 대한 접근은 인구이동에 대한 가장 기본적인 설명모델로 여겨지는 리(Lee)의 'Push and Pull' 모델에서 찾아볼 수 있다. 이 설명은 단순 경제학적 접근에 대한 비판으로, 출발지와 목적지의 성격과 그에 대응하는 개인의 여러 가지 특성들을 함께 고려하여 인구이동을 설명하려 한다는 데 의의를 찾을 수 있다. 이 모델에 따르면 현 거주지의 인구 배출요인(pushing factor)과 다른 지역의 인구 흡인요인(pulling factor)이 개인의 특성에 복합적으로 작용하여 인구이동이 이루어진다고 설명한다. 더불어 이주거리, 이주비용, 사회문화 및 법적 장벽 등 인구이동의 장애요인들도 함께 고려한다([그림 1] 참조). 개인들의 상이한 특성에 따라 지역적 요인에 상이하게 반응한다는 이 모델의 설명은 인구이동의 선택성(selectivity)을 이해하는 데 도움을 준다. 여기서 인구이동의 선택성이란 특정 지역에서 유출되는 이동자나, 특정 지역으로 이동하는 이동자들에게서 나타나는 특성의 차이를 가리킨다.

---

4) 북한 체제변동 혹은 통일 시 북한주민의 대량 탈북 발생에 대한 가정은 두 지역 간의 소득격차 혹은 경제발전의 차이와 같은 일원적 요인으로 인구이동을 설명하려는 경향의 한 예라고도 할 수 있다.

[그림 1] Lee의 Push and Pull 모델

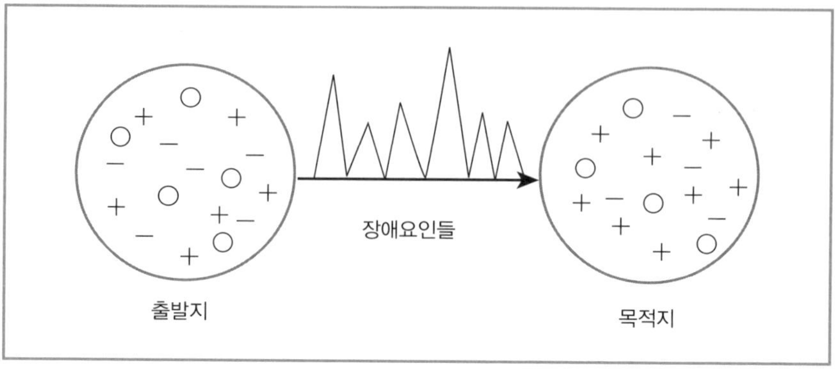

자료 : Lee(1966).

이러한 지역 차원의 특성에 대한 접근방식은 현재 우리 사회의 이주현상에도 적용할 수 있다. 현재 증가하고 있는 이주인구의 유입을 단순히 한국의 발전된 경제수준 등과 같이 국내적 요인으로만 설명하는 것이 아니라, 송출국과 우리나라의 어떤 특성들이 배출요인(pushing factor)이나 흡입요인(pulling factor)으로 작용하여 어떻게 인구이동에 영향을 미치는지 등을 살펴봄으로써 인구이동 현상에 대한 설명력을 높일 수 있다. 이는 또한 국내로 유입되는 이주자들의 다양한 특성을 이해하는 데도 많은 도움을 준다. 다시 말해 경제학적 설명으로는 국내 유입 이주자들에 대한 일반적 수준의 설명이 가능하지만, 이들이 출신 국가에 따라 상이한 특성을 갖는 인구이동의 선택성을 설명하는 데는 많은 한계가 있다.

국내 체류 외국인 노동자의 출신국가별 특성을 살펴보면 그들의 유입규모뿐만 아니라 체류자격, 종사업종, 불법체류 비율 등에서 출신국가별로 뚜렷한 차이가 나타나는 것으로 보고되고 있다(유길상 외, 2004). 그리고 결혼이주 여성의 경우에서도 출신국에 따른 차이들이 발견되는데, 예를 들어 중국과 베트남 출신 외국인 아내의 경우에는 학력이 낮아 중졸 이하 학력구성이 절반 정도에 이르는 반면, 일본 · 몽고 출신의 경우에는 학력수준이 상대적으로 높은 것으로 알려져 있다(김두섭, 2006).

3) 신경제학적 설명

신고전주의적 입장에 대한 비판은 신경제학(new economics)적 설명에서도 찾아볼 수 있다. 이것이 신고전주의와 가장 구별되는 것은, 신고전주의는 고립된 개인이라는 개념에서 인구이동을 설명하였던 바에 비해 신경제학에서는 인구이동 행위의 단위를 넓혀 관련된 사람들, 대표적으로는 가족으로 확장하고 있다는 점이다(Stark and Bloom, 1985; Taylor *et al*., 1997). 여기서 가족을 설명단위로 한다는 것은 단순히 가족들이 이동을 같이한다는 것 이상으로 다양한 형태의 전략적 행위들을 포함한다. 이는 효용과 비용을 계산하여 이익을 극대화하는 것뿐만 아니라 위험의 분산, 자원의 계획된 분배, 현재의 노동시장 외의 다른 시장(예를 들면 자본시장, 농작물의 작황 등 아직 현실화되지 않은 미래의 시장)에서의 실패 위험성 완화 등 다양한 행위들을 포함한다(Stark and Taylor, 1991).

한 예로, 미국으로 이주하는 남미계 이민자들을 보면, 이들의 가족 일부는 자신들의 원거주지에서 노동시장 참여나 혹은 농업 등을 통해서 경제활동을 하고, 다른 일부는 미국에서 노동시장에 참여하면서 공동의 경제활동을 꾸려가는 경향도 발견된다. 이는 지역 경제상황의 변동에 따른 위험성을 이민을 통해 분산시키는 행위로 해석된다. 다시 말해 본국의 가족들의 경제상황이 어려울 때는 미국에 보내진 가족의 송금에 의지하여 생계를 꾸려가거나, 혹은 그들의 송금을 통하여 자영업과 같은 새로운 투자를 하기도 한다. 경제수준이 높은 국가들의 경우에는 개인투자의 분산이나 개인신용 혹은 개인보험을 통하여 경제적 위험성을 분산할 수 있지만, 가족들의 가용한 자원이 한정되고, 위험에 대처할 수 있는 시스템이 제대로 갖춰지지 않은 저발전국가에서는 가족구성원 일부의 이민이 그러한 역할을 대신한다는 것이다.

본국 가족의 경제적 부담을 줄이기 위해 한국으로의 국제결혼을 결정하는 혼인이주자들도 이러한 가족단위 경제활동의 한 형태로 설명할 수도 있을 것이다. 이러한 신경제학의 이주에 대한 설명은 당장 현실화되는 개인단위의 경제적 이익에만 한정되지 않고, 다양한 형태의 가족전략으로서의 이주를 바라봄으로써 이주행위 단위를 확대하려 했다는 데 의의가 있다.

4) 거시 이론들

이상에서 언급된 인구이동 현상에 대한 이론적 설명은 개인 혹은 가족단위의 미시적 영역에 초점을 맞춘 설명들이라고 할 수 있다. 비록 'Push and Pull' 모델이 지역적 요인들을 강조하고는 있지만 궁극적 이동행위의 발생을 개인적 측면에 한정하며, 신경제학의 설명이 가족이나 관련된 사람들로 인구이동에 대한 설명단위를 확장하였음에도 불구하고, 거시적인 사회구조적 요인에 대해서는 그 논의를 확대하지 못한다는 비판을 받는다.

이러한 미시적 접근에 대한 대안적 설명으로 사회적 혹은 국제적 요인들을 강조하는 거시적 이론들도 있는데, 이들은 거시적 구조들에 주목하여 국제이주가 단순히 개인이나 가족들의 결정으로 발생하는 것이 아니라, 그들을 받아들이는 발전된 국가들 혹은 자본주의 체제의 구조가 만들어 내는 노동수요에 의해 국제 인구이주가 계속해서 만들어진다는 점을 강조한다. 이러한 이론들에는 발전국가에서는 노동시장이 고부가가치 창출 노동시장과 그렇지 않은 저임금 시장으로 구성되기 때문에, 후자의 시장의 노동력 수요를 채우기 위하여 저개발국가로부터 인구의 유입이 일어나게 된다(Tolbert *et al.*, 1980)는 이중노동시장 이론(dual labor market theory)과, 세계 자본주의가 주변국으로까지 확대되면서 세계 자본주의 체계의 구조를 따라 주변부에서 중심부로 노동력 이동이 생겨난다는 세계체제론(Petras,

1981) 등이 있다.

매시(Massey)와 그의 동료들(1994)은 다양한 이주에 관한 이론들을 미국의 이주현상에 적용하여 그 내용들을 검증하는 작업을 하였다. 그들의 분석결과에 따르면 모든 이론들이 미국의 이주현상 혹은 그 일부를 다양한 방식으로 설명하고 있었으며, 어느 이론도 특별히 기각되지는 않았다. 이는 이주현상의 다양성과 복잡성을 보여줄 뿐만 아니라, 이주연구가 다양한 기반에서 접근되어야 한다는 것을 역설적으로 시사한다.

5) 연령과 생애주기

인구이동력은 연령과 강한 상관성을 보이는데, 연령별 추이에 따른 이동력분포는 거의 모든 사회에서 정형적인 패턴을 보인다(Pandit, 1997; Jones, 1990; Long, 1973). 대부분의 사회에서 이동력의 분포는 부모를 떠나 경제활동이나 고등교육을 시작하는 초기 성인기부터 높아지기 시작하여, 혼인 및 출산이 이뤄지는 가족구성기에 정점에 달한 후 지속적으로 감소하는 패턴을 보인다. 국내 인구이동률의 연령별 분포에서도 이와 같은 이동력 분포 패턴이 분명히 드러나는데, 예외적으로 시 · 군 · 구 지역 내 인구이동을 포함하였을 때 만 6세, 12세, 15세의 학교입학 연령에서 이동률이 일시적으로 크게 상승한다. 그러나 이러한 현상은 인구이동 범위를 시도 간 이동으로 확대하였을 때는 크게 두드러지게 나타나지 않는다. 이는 우리나라 인구이동에서 자녀들의 교육이 매우 중요한 결정요인이라는 것과, 자녀 입학 관련 거주지 변경에서 그 이동거리는 그리 길지 않다는 것을 보여준다.

[그림 2] 우리나라 인구이동의 연령분포(2012) (단위 : 인구 천 명당)

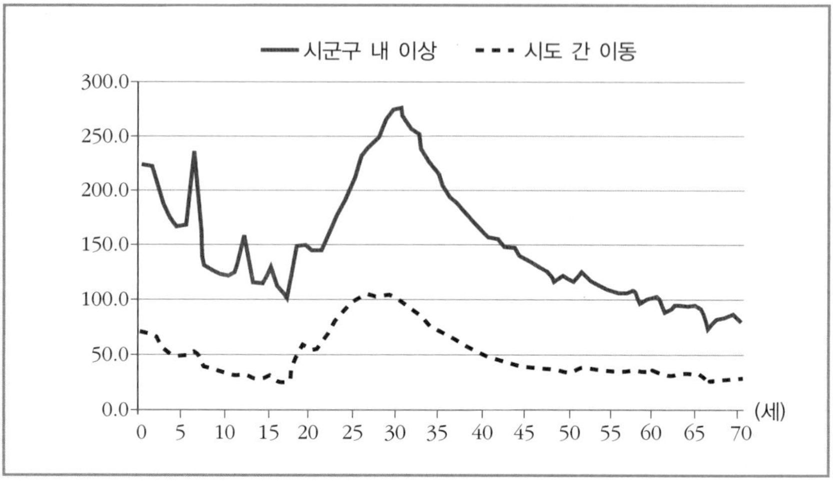

자료 : KOSIS, 인구이동통계.

인구이동의 연령에 따른 분포패턴은 생애과정에 따른 인구이동의 선택성으로 설명될 수 있다. 특히 가족구성과 관련된 혼인상태는 이러한 선택성을 설명하는 중요한 요인인데, 유배우자의 경우 그렇지 않은 경우에 비해 낮은 이동성을 나타낸다(Schachter, 2004). 또한 자녀의 연령이나 자녀의 수도 인구이동을 떨어뜨리는 요인이 되기도 한다. 역으로 인구이동이 생애주기에 영향을 끼치기도 하는데 인구이동 직전의 시기에는 출산력이 낮아지지만, 인구이동 이후에는 그 출산력이 회복되는 것으로 보고되기도 한다(Goldstein and Goldstein, 1981).

4. 인구이동의 자료와 분석모델

1) 인구이동 분석자료

인구이동 연구에서는 정확하고 분석에 적합한 자료에 대한 접근이 다른 인구학 분석에 비해 상대적으로 크게 제한되는데, 출산력이나 사망력과는 달리 이동력을 측정하기 위한 별도의 사회조사가 진행되지 않는 경향이 있다. 이러한 인구이동 자료의 한계는 우리뿐만 아니라 선진국들을 포함한 대부분의 사회에서도 마찬가지이다(권태환 · 김두섭, 2000). 그리고 논의를 국제이동으로까지 확대한다면 인구이동자료 제한의 문제는 더욱 두드러진다. 우리나라 통계청에서는 주민등록 이전신고에 기반한 국내 인구이동 통계를 제공하는데, 지역 차원에서의 인구 유입과 유출 파악에는 유용하지만, 실제 거주지를 반영하지 못하는 부정확성, 개인 및 가구 정보의 제한 등의 문제점이 있다. 한편, 인구센서스가 제공하는 과거 5년 전 거주지에 대한 정보도 인구이동 분석에 활용될 수 있다. 그러나 질문주기가 센서스 기간 5년으로 한정되어 있고, 5년 이내에 반복된 이동에 대해서는 정보를 제공해 주지 못한다는 한계가 있다.

인구학에서는 이러한 자료의 제한들을 극복하고 인구이동의 규모를 추정하기 위하여 다양한 간접적 방법들을 전통적으로 시도하고 있다. 예를 들면 두 시점의 인구수의 차이에 해당 기간 동안의 사망 · 출생 정보를 활용한 순이동 산출(Lawton, 1968), 센서스의 출생 정보를 이용한 인구이동의 추산(Baines, 1972), 코호트의 생잔율을 통한 순이동률의 추정(Hamilton and Henderson, 1944; Zachariah, 1962) 등이 있다. 그리고 때로는 인구이동의 유량(流量)통계를 대체하여 이주자에 관한 저량(貯量)통계를 사용하는 방법이 사용되기도 한다. 이러한 간접적 추정방식은 전체인구뿐만 아니라 지역별로 인종, 연령, 특정 출신지 등 다양한 하위 인구집단에 적용할 수 있는 방법들이다. 특히 코호트의 생잔율을 통한 순이동 추정방식은 작은 지역의 장래 인구를 추계하는 데 유용한 방식으로 사용될 수 있다.

2) 인구이동 분석모델의 구성

앞의 'Push and Pull' 모델 등에서 언급한 바와 같이, 인구이동 분석은 개인 및 지역의 특성을 동시에 고려해야 할 필요가 있다. 그러나 실제 분석에서는 모델분석의 복잡함과 자료의 문제 등으로 인하여 지역과 개인의 특성을 포함하는 분석모형을 구성하기가 그리 쉬운 일이 아니다.[5] 이는 개인수준 이동력의 차별성을 측정하기 위해서는 이주자뿐만 아니라 남아 있는 이들에 대한 정보를 포함하여야 하고, 지역정보와 관련해서는 다수의 기존 거주지(출발지)와 그만큼 많은 잠재적 목적지들이 함께 분석에 포함되어야 하기 때문이다. 많은 경우 특별한 목적이 아닌 이상 과거 거주지에 대한 정보를 묻는 경우가 매우 드물기 때문에 종단적 샘플조사 자료는 위와 같은 요건을 충족시키기가 어렵다.

반면, 두 시점 이상의 개인정보를 포함하는 패널자료의 경우에는 인구이동 연구에 매우 적합한 정보를 제공해 준다. 대부분의 조사는 응답자의 거주지에 대한 정보를 포함하는데, 조사시점 간 거주지가 일치하지 않는 경우를 인구이동으로 정의할 수 있다. 그러나 지역 내의 이동성을 나타내기 위해서는 일정수준 이상의 사례수가 필요한데, 이를 충족시키기 위해서는 지역범위의 확대가 불가피하다. 다시 말해 시 · 구 · 군 단위 이하의 지역보다는 시 · 도 단위의 광역범위를 분석단위로 사용하게 된다. 이러한 지

5) 최근 다층분석과 같은 분석방법의 발전은 인구이동 연구에 많은 기여를 할 수 있을 것이다. 개인 단위의 조사자료에 지역적 특성을 반영하는 다른 통계자료들을 결합하는 방식의 연구가 가능하기 때문이다(Raudenbush and Bryk, 2002).

역범위의 제한은 연구주제의 제한으로 이어질 가능성이 매우 높다. 예를 들어 광역범위의 인구이동 연구는 실업률 등의 경제상황이나 지역 간 정책의 차이 등의 연구주제에는 적합할 수 있지만, 거주지의 환경적 쾌적함, 부동산 가격, 이웃의 특성 등의 미시적 주제를 다루기에는 적절한 정보를 제공해 주지 못한다.

인구이동은 개인단위의 자료 없이, 지역단위의 인구이동 자료만을 이용하여 분석될 수 있다. 이러한 분석은 대부분 지역 간 특성에 따른 지역 간 인구이동 흐름의 차이를 제시하면서 지역의 인구 유입/유출 요인들을 규명하고, 지역 간 인구흐름의 메커니즘을 탐색하는 의의를 갖는다. 이러한 분석에서 유념하여야 할 것은 유입이나 유출만으로 분석할 경우 논리적 오류에 빠질 수 있다는 점이다. 왜냐하면 대부분의 경우 한 지역의 인구유입은 인구유출과 그 상관관계가 매우 크기 때문이다. 예를 들어 특정 지역들의 특성들을 활용하여 인구 유입량만을 설명한다면, 유입변수를 유출변수로 대체할 경우에도 비슷한 분석결과가 나타날 것이기 때문이다. 그러므로 이러한 분석에서는 연령과 같은 특정 집단 내의 순이동을 분석하거나, 인구이동에 따른 인구분포의 변화를 살펴보는 것이 더 적절할 것이다.

5. 인구이동과 도시화

인구학에서 도시화 현상은 국내 인구이동과 관련한 중요한 연구주제인데, 이는 도시의 성장이 대부분 인구이동에 의해 이뤄지기 때문이다. 전통적으로 농촌에서 도시로의 인구이동은 산업화 및 근대화 시기에 폭발적으로 이뤄지는데, 이는 일반적으로 인구변천이론에서 말하는 사망력의 감소와 높은 출산력 유지에 해당된다. 이 시기에는 농촌인구의 증가로 인한 토지압력이 발생하고, 한편으로 도시지역의 산업화는 새로운 노동력의 수요가 창출되기 때문에 도시로의 인구이동이 발생한다. 우리 사회의 도시화도 비슷한 인구변천기에 이루어졌기는 하지만, 1960~80년대까지 짧은 기간에 정부주도로 압축적으로 이뤄졌다는 특징이 있다(장세훈, 2002). 우리의 도시화와 관련하여 많은 연구들은 인구분포의 시계열적 추세를 분석하면서 도시 인구집중 현상에 주목하였다(윤종주, 1991; 최진호, 1994, 1997)

그렇다면 농촌에서 음의 순인구이동률은 영구적으로 나타나는 것일까? 서구 국가들의 도시와 농촌 간 인구이동 동향을 살펴보면 그렇지 않다는 사실을 확인할 수 있다. 도시의 인구비율은 계속적으로 성장하다가 일정 수준에 이르러서는 안정화를 보인 후, 도시와 농촌 간 순이동률 역전으로 인해 낮아지는 현상이 나타나기도 한다(Long, 1988; Champion *et al*., 1989; Nelson *et al*., 2004; Nelson, 2005). 특히 미국에서는 1990년대 은퇴자들을 중심으로 거주환경이 쾌적한 농촌지역으로 이주하는 현상이 두드러지게 나타났는데, 이를 생활편의 이주(amenity migration)라 칭하기도 한다(Gosnell and Abrams, 2011). 국토해양부의 보고서(2013)에 따르면 우리나라의 경우 도시인구 비율은 2000년대에 약 90.0% 수준에서 안정화되는 패턴을 보이다가, 2012년에는 처음으로 도시인구 비율이 감소하는 결과가 나타났다고 한다.

6. 나오며 : 국내 인구이동에 대한 연구과제

국내 인구이동은 도시로의 농촌인구 유입 및 도시화에 관한 연구 이후 그간 국내 인구학의 주된 연구 관심사에서 다소 멀어져 있던 것이 사실이다. 실제로 1977년 창간호부터 2004년까지 「한국인구학」의 게재물들을 정리한 연구(김두섭 · 박효준, 2005)에서도 인구이동에 관한 연구가 차지하는 비율은 4.1%에 그치는 것으로 나타났다. 이는 우리나라 영토의 지리적 협소함, 도시성장 및 인구이동의 안정화, 경제 및 도시 정책에 따른 인위적 인구이동 경향, 지역단위 인구변천에 대한 상대적으로 낮은 관심 등의 이유들로 설명될 수 있을 것이다.

그러나 인구이동은 지역인구의 유입과 유출이라는 단순한 인구의 양적 변화의 문제가 아니라, 개인의 다양한 특성과 사회변동이 결합되어 나타나는 매우 사회적인 현상이다. 그렇기 때문에 인구이동에 대한 연구는 인구이동이라는 인구학적 현상에 대한 분석틀을 이용하면서 다른 사회변동의 연구주제들과의 결합을 시도할 필요가 있다.

예를 들어 우리 사회에서 취업, 결혼, 출산 및 양육 등 생애과정의 진전에 따라 나타나는 이동성의 개인 및 지역적 차별성에 관한 분석은 현재 청년세대 인구집단이 당면하고 있는 문제들과 이에 대한 대응을 이해하기 위한 의미 있는 연구주제로 활용될 수 있다. 비슷한 맥락에서 자녀들의 독립, 자녀 혼인비용 지원, 은퇴 및 소득 감소, 노후 생활비 마련 등으로 인한 중년 이상 세대의 자산처분과 거주지 이전의 문제 역시 인구이동의 관점에서 접근할 수 있는 세대관계, 생애과정, 그리고 인구 고령화에 대한 중요한 연구주제가 될 수 있다.

그리고 최근 귀농이나 전원주택 증가 등으로 나타나고 있는 농촌이주 증가 현상도 국내의 인구이동의 발전단계를 보여주는 흥미로운 대상이 될 수 있다. 이러한 최근의 인구이동 동향이 도시화가 정점에 이르렀던 미국이나 영국 등에서 나타났던 교외화(suburbanization)로 설명될 수 있는 현상인지, 아니면 최근 한국사회의 특수한 현상인지에 대해서도 연구가 필요할 것이다. 이러한 연구들을 위해서는 최근 국내 인구이동의 방향성과 이주자들의 특성에 대한 연구가 뒷받침되어야 한다.

이와 같이 인구이동은 다른 인구학적 요인들과는 달리 사회적 요인들이 더욱 복잡하게 얽혀 있는 특성을 가지고 있으며, 이로 인해 연구에서 인구이동에 대한 중요한 인구학적 분석은 우리 사회의 변동 현황을 엿볼 수 있는 중요한 분석도구로 활용될 수 있다. 이를 위해서는 우리 사회 인구이동의 변천과정과 현황에 대한 이해가 필요하며, 더불어 인접영역의 다른 사회학 또는 사회과학 연구영역들의 연구성과들을 종합하려는 노력들이 요구된다.

제 6 장

국제이주와 이주자[1]

| 이상림(한국보건사회연구원) |

1. 도 입

국제이동은 인구학에서 국내이동과 분리된 영역으로 인식되고 있지만, 실제로는 인구이동의 일반적 연구 프레임을 공유하기도 한다. 인구학은 학문의 연구대상에 대한 경계가 명확하지 않고, 다른 학문분과들과 연구성과를 공유하는 성격이 매우 강한데(Stycos, 1987; Tabutin, 2007), 국제이동분야는 인구학 연구주제 중에서도 이러한 특성이 가장 뚜렷이 나타나는 영역이라고 할 수 있다. 실제로 국제이동에 관한 인구학의 연구들은 사회학 등 다른 사회과학 영역의 이주연구와 마찬가지로 이주과정, 이주자와 그들의 사회적응에 많은 관심을 두고 있다. 그러므로 국제이주와 다문화를 포함한 국제이동 전반의 연구를 살펴보는 것은 이민정책, 다문화주의와 관련된 정치철학적 논의까지 포함하므로 이 장에 모두 담아내기는 불가능하다. 이 장에서는 국제이주 및 다문화를 연구주제로 삼고자 하는 대학원생들에게 도움이 될 수 있는 기본적 내용들을 인구학의 관점에서 소개하고자 한다. 더 심층적이고 다양한 내용에 대해서는 사회학회에서 별도로 기획하고 있는 이주 관련 총서를 참고하길 추천한다.

2. 우리나라 이민정책의 변화와 이주통계

1) 이주자 현황

우리나라에 체류하는 외국인들은 2000년대부터 빠른 속도로 증가하여 2013년에는 112만여 명에 이르는데, 여기에 귀화자를 포함하게 되면 총

---

1) 이 글은 IOM 이민정책연구원 워킹페이퍼 "인구와 이주"의 일부를 수정 발전시킨 내용임.

이주자의 수는 125.4만 명으로 집계된다(안전행정부, 2013). 체류 외국인 구성은 전문직을 포함한 근로자(46.5%), 혼인이주자(13.2%), 유학생(7.4%) 순으로 구성되어 있다. 외국인 근로자 중에서 단순노동 이주자는 47.9만 명 이상으로 추정되며, 대부분은 고용허가제(23.0만 명)와 방문취업제(23.9만 명)를 통해 입국한 경우이다(법무부 출입국 · 외국인정책본부, 2013). 2000년 이후 국내 이주자 유입 및 체류 외국인의 빠른 증가는 주로 외국인 노동력 활용과 관련된 제도변화와 큰 연관성이 있음을 알 수 있다.

2) 한국 이민정책의 변화

국제이주의 연구 프레임이나 접근방법은 국내이동의 그것과 상당히 유사하다. 국내이동과 국제이동 사이의 가장 큰 차이는 국제이주(이민)에 대한 국가의 정책 및 제도에 있다고 할 수 있다. 이민 관련 정책들은 이주자 유입의 인구학적 구성 및 이들의 국내 생활방식을 규정하는 가장 중요한 요인이다. 그러므로 이주자 및 이주현상을 연구하고자 하는 연구자에게 이주 관련 제도 및 정책과 그 전달체계에 대한 이해는 필수적이다.[2]

우리나라 이주자 정책의 주요 변화들을 〈표 1〉로 정리하였다. 1990년대부터 국내에 유입되기 시작한 외국인 노동력은 연수생이라는 신분제약으로 저임금과 인권침해, 그리고 사업장 이탈로 인한 불법 체류자 급증 등의 문제를 야기한 산업연수제와 이에 대한 보완으로 실시된 고용허가제를 통해 제도화되었다. 그리고 뒤이어 동포정책의 일환으로 방문취업제가 실시되어 조선족 중심의 동포이주자 노동력이 제도권 안으로 들어왔다. 이주노동력과 관련이 있는 이 두 제도는 영주권 허용이 매우 제한적이고, 이주

2) 국제 인구이동과 관련된 해외정책 영역에 대한 연구를 진행하다 보면 매우 전문적인 용어들을 마주하게 된다. 이는 이주정책이 매우 정치적이고 법적인 영역의 속성을 갖기 때문이다. 이와 관련하여 IOM 이민정책연구원(2011)에서 발행한 『이주용어사전』을 참고할 것을 추천한다.

자가 일정기간 국내체류 후 본국으로 돌아갈 것을 규정하는 우리나라 이민정책의 '단기순환원칙'을 잘 보여주고 있다. 한편, 우리나라 이주자 관련 정책변화에서 두드러지는 특징은 이주노동자들과 혼인이주자들의 입국이 늘어남에 따라 다양한 이주자 지원 관련 정책들이 나타나기 시작한다는 점이다(설동훈, 2004). 그리고 이러한 변화는 우리나라 이민정책이 출입국 관리정책 중심에서 이주자 지원정책으로의 전환이 이뤄지고 있음을 보여주는데, 이는 이민정책이 확대와 통합의 방향으로 수렴되는 세계적 경향(이혜경, 2008)을 반영하는 예라고 할 수 있다.

〈표 1〉 이주자 관련 제도의 주요 변화

	정부의 주요 정책 변화	주요 사항
1991.11.	'해외투자업체연수제도' 확대 적용	
1993.11.	산업기술연수생제 선택	
2004. 8.	고용허가제와 산업연수생제 병행	시민단체 및 중소기업 요구반영
2006. 5.	〈외국인정책 기본계획 발표〉	외국인정책위원회 신설
2007. 1.	고용허가제 일원화	기존 산업연수생제도 사실상 폐지
2007. 3.	방문취업제 실시	
2007. 7.	〈재한 외국인 처우 기본법〉 시행	'출입국 · 외국인정책본부' 확대개편(법무부)
2008. 3.	〈다문화가족지원법〉 시행	

출처 : 이혜경, 2011: 32.

3) 이민정책에 대한 이해

이민정책은 출입국 통제 및 체류관리 등의 이주관리정책과 이주자들에 대한 적응지원으로 대표되는 사회통합정책 모두를 포괄하며, 이들 간의 균형과 조화는 성공적 이민정책의 필수조건이다. 우리나라에서 이주자 지원정책의 상당 부분은 다문화가정으로 불리는 혼인이주자 및 그들의 가족에 대한 지원에 집중되어 있다. 이는 이들이 한국에 영구정착하여 가정을 이루고 자녀를 출산하는 특성에서 비롯된 측면도 있지만, 한편으로 단기순환원칙에 따라 체류기간이 제한되는 노동이주자들의 경우에는 정책적 수요나 필요성이 낮기 때문이기도 하다.

지금까지 혼인이주자 및 이주노동자들에 대한 사회학 및 사회복지 영역의 연구들은 인권, 여성, 복지 등의 측면에서 이주자들의 열악한 환경이나 적응의 어려움 등에 많은 관심을 기울여 왔으며, 지원강화를 정책 관련 결론으로 제시하려는 경향이 있었다고 볼 수 있다. 그것이 갖는 중요성과 실제 사회정책적 기여에도 불구하고, 다른 한편으로 이민관리정책의 중요성을 간과해서는 안 될 것이다. 체류관리는 단순히 내국인들만을 위한 것이 아니라, 반이민 정서 등 사회갈등을 미연에 방지함으로써 이주자들의 사회통합에도 기여할 것이기 때문이다. 이주현상은 이주자, 이주자 가족, 사업주, 일반 시민, 시민단체, 정부 등 다양한 이해 당사자와 행위자들을 포함하는 매우 논쟁적인 주제이며(Menz, 2009; Freeman, 1995), 우리 사회의 이민정책 역시 다양한 이해관계와 사회의 기본적 가치들이 반영된 협상의 산물이다(김혜순, 2008; 설동훈, 2008). 앞으로 이민정책은 이주자 증가 및 그에 따른 사회문제, 복지지원 자원의 배분문제 등과 맞물려 정치적 이슈로 발전할 수도 있는 민감한 사안임을 기억할 필요가 있다.

4) 이주 및 이주자 통계

인구에 대한 개량적 분석에 중점을 두는 인구학의 특성상 이주자에 대한 인구학 연구에서 이주 및 이주자 통계는 필수적이라고 할 수 있다. 이주자 통계는 체류 외국인뿐만 아니라 귀화 이주자들도 포함되어야 하며, 때로는 그들의 자녀들까지도 그 대상으로 포함한다. 우리나라는 인접국가와 떨어져 있는 지리적 특성과 발달된 출입국 등록 시스템으로 인하여 세계에서 가장 정확한 수준의 이주자 통계가 제공되고 있다.

법무부의 외국인정책 출입국관리본부에서는 90일 이상 체류자들에게 외국인 체류등록을 규정하고 있는데, 이 통계는 이주자 통계의 근간이 된다.[3] 법무부의 체류 외국인 통계에는 등록 외국인들과 단기 방문비자 등으로 입국 후 체류기간을 초과한 불법 체류자들이 포함된다. 이러한 체류 외국인 통계를 바탕으로 안전행정부에서는 주민등록 시스템을 통해 귀화자 및 외국인 자녀들까지 포함하는 외국인 주민 통계를 매년 제공한다. 혼인이주자와 관련해서는 국제결혼 동향을 보여주는 혼인통계도 이주자 연구에 많이 활용된다. 이 혼인통계는 혼인신고 과정에서 수집되는데, 외국인 배우자와 내국인 배우자에 대한 기본적 인구학적 자료와 거주지, 직업, 학력 등의 정보가 포함되어 있다.

이와 같은 행정통계들은 전국 수준에서 전체 이주자들에 대해 매우 정확한 수치를 제공해 주지만, 이들의 실제 거주지 정보의 부정확성, 제공되는 사회인구적 정보의 부족, 개인 수준의 자료가 아닌 통합적 수준의 자료(aggregated data)라는 한계들로 인하여 실제 연구분석에서는 많은 제한이 따른다. 그 외의 이주자들에 대한 국가공인통계로는 인구센서스와 혼인이주자들을 주요 대상으로 한 '다문화가족 실태조사' 통계가 있다. 전자의 경우에는 높은 수준의 조사누락률의 문제가, 후자의 경우에는 표집방법에 대한 방법론적 문제가 제기되기도 한다. 이와 같은 이주자 통계의 부족으로 인하여 많은 이주자 연구들은 자체적으로 수집된 통계자료를 활용하거나, 질적 연구를 통해 이뤄지는 경향이 있다. 그러나 이 경우에도 이주자 집단의 높은 이동성, 불법체류자의 누락, 표집방법의 어려움 등으로 자료 대표성의 한계가 존재한다. 이주자 자료의 대표성과 정확성의 한계는 거

3) 우리나라에서는 체류기간이 90일 이상인 거주자를 이주자로 규정하는데, 단기체류 외국인의 경우에는 이주자 정의에서 제외된다. 한편, UN에서는 체류기간 1년을 이주자 정의의 규정으로 하고 있으나, 각 국가의 상황에 따라 다른 규정이 있을 수밖에 없음을 인정하고 있다(Kraly and Warren, 1992).

의 모든 사회의 이주자 연구에서 부딪히는 문제이다(Hugo, 2006).

3. 아시아의 인구이동

1) 아시아의 이주 현황

국제 인구이동의 증가는 비단 우리나라만의 현상이 아니며 전 지구적 혹은 아시아의 지역적 맥락에서 이해해야 하며(Castles and Miller, 2003), 이주민의 국내유입을 더욱 체계적으로 설명하기 위해서는 송출국의 사회경제적 · 인구학적 현상으로까지 관심의 영역을 확대시켜야만 한다. 아시아의 인구이동은 양적인 빠른 증가세와 더불어 국가 간 송출과 유입의 방향에 있어서도 변화를 경험하고 있으며, 이주현상에 대한 각 국가들의 정책적 대응 역시 다양하게 나타나고 있다.

아시아의 인구이동에 대한 이해는 이론적 혹은 분석모델적 차원의 필요성 외에도 현재 일어나고 있는 이동 현황에 대한 설명만으로도 중요한 연구함의를 갖는다. 우선 아시아의 인구이동 현황을 살펴보기 위하여 이주인구의 현황을 세계수준과 비교하였다(표 2). 여기에 나타난 이주인구의 크기는 체류국가와 출생국가가 서로 다르거나, 혹은 다른 국적을 가지고 거주하는 사람들의 숫자를 의미하기 때문에 이 수치는 이주자의 유입 정도를 간접적으로 나타낸다.[4] 또한 아시아 지역 내 이동을 반영할 뿐, 아시아 외의 지역으로의 이동은 포함되지 않기 때문에 아시아 지역 전체의 국제 인구이동 현황을 보여주지는 않는다.

4) 이 수치는 외국인의 순이동에 가깝지만, 재일 한국인과 같이 자국 내 외국인 출생자를 포함하기 때문에 정의에 있어서 차이가 있다. 그리고 이 수치는 현 외국 체류자를 나타낼 뿐, 총 유입 건수를 의미하지는 않는다.

〈표 2〉 아시아의 이주자인구 현황

		총계 (천명, 2010)	전체 인구대비 구성비 (%, 2010)	연평균 변화율 (%, 2005~10)	송금 (remittance)의 GDP 내 비율 (%, 2007)
전세계		213,944	3.1	1.8	0.7
	발전국	127,711	10.3	1.7	0.4
	저발전국	86,232	1.5	2.0	1.9
	최저발전국	11,531	1.3	1.1	5.4
아시아		61,324	1.5	2.1	1.1
	중앙아시아	4,970	8.1	−0.4	2.3
	동아시아	6,485	0.4	0.9	0.4
	동남아시아	6,715	1.1	3.5	2.9
	남아시아	14,304	0.8	0.6	3.3
	서아시아	28,850	12.4	3.3	1.6

주 : 이주인구는 체류 외국인의 수(international migrant stock)를 의미.
자료 : UN, 2011.

전 세계 이주자들 중에서 아시아 지역이 차지하는 비율은 28.7%에 이르며, 이주자인구의 크기만을 보면 아시아 내의 이주자는 유럽 다음으로 큰 수치를 보이고 있다. 아시아 전체인구에서 이주자가 차지하는 비율은 1.5%로 그리 높은 수준은 아니지만, 인구의 크기가 세계에서 가장 큰 두 국가인 중국과 인도에서의 외국인 체류자 비율이 현저히 낮다는 점을 고려한다면 경제발전도가 높지 않은 아시아에서 이러한 이주자 비율은 상대적으로 높은 것으로 평가할 수 있다. 아시아 인구이동 현상의 특징 중 하나는 미등록 이주자의 비율이 상당히 높아 공식적인 자료에는 포함되지 않는 경우가 많다는 것인데, 이로 인하여 정확한 수치의 추정에는 많은 어려움이 따르고, 자료에 따라 다른 값을 보여주기도 한다(Hugo, 2004).

2) 아시아 이주현상의 특성

아시아의 국제 인구이동 현상에서 주목할 만한 사항은 그 증가속도가 다른 지역들에 비해 가장 빠르다는 것이다. 최근 아시아 지역의 국제 인구이동자들의 증가율은 세계의 평균수준은 물론이고 다른 지역들보다도 높게 나타나고 있다.[5] 특히 아시아의 인구이동 중 상당 부분이 아시아의 다른 국가가 아니라 북미나 유럽으로 향하고 있다는 점을 고려한다면 아시아의 국제 이주현상은 세계적으로도 주목할 만할 연구대상이라고 할 수 있다.

국제 인구이동의 증가는 유입국과 송출국 모두의 관점에서 아시아 지역의 경제발전에도 많은 영향을 미치고 있다. 송출국의 경제발전에 연관된 중요한 이슈 중 하나가 해외송금(remittance)이다. 아시아 지역에서 이주자들의 해외송금이 GDP에서 차지하는 비율이 1.1%에 이르는데, 특히 남아시아, 동남아시아, 그리고 중앙아시아 지역 경제에서 자국 이주자의 해외송금은 매우 중요한 역할을 하고 있다.

이 송금은 이주행위가 개인적 차원의 단독적 결정이 아니라는 것을 보여주는 사회학적으로 의미 있는 연구주제인데, 앞서 5장에서 소개한 신경제이론은 이를 잘 설명해 주고 있다. 이주자 송금은 가족 및 지역 발전에 기여하게 되어 가족단위에서는 가구원의 해외이주를 하나의 투자전략으로 활용한다. 또한 기대되는 송금액, 송금의 활용방법, 이주로 발생되는 비용의 문제 등을 고려하여 이주할 가족구성원의 선택이나 밀입국을 포함한 이주방식 등에 있어서 다양한 이주전략을 선택하게 된다(Stark and Lucas, 1988; Kanaiaupuni and Donato, 1999; Castles and Miller, 2003).

아시아의 인구이동 현상에서 눈여겨봐야 할 중요한 사실은 아시아 지역 내 인구이동에서 일본이나 한국, 대만으로 향하는 이동이 차지하는 비

5) 아시아 다음으로 증가율이 높은 북미의 경우에는 1.9%이며, 아프리카 · 남미 · 오세아니아 대륙의 증가율은 1.7% 수준이다.

중이 의외로 높지 않다는 점이다. 아시아 지역에서 대표적인 송출지역인 동남아시아의 경우 대부분의 인구이동은 남아시아 신흥산업국으로 유입되는 것으로 알려져 있다(Battistella, 2003). 이러한 사실들은 국내로의 이주자 유입이 아시아의 인구이동 현상의 일부에 불과하다는 것을 의미하며, 국제경제 상황의 변화 및 아시아 국가들의 경제발전 및 인구변천에 따라 그 흐름이 바뀔 수도 있음을 시사한다. 그러므로 인구이동에 대한 인식은 국내를 넘어 해외의 제도변화, 경제발전, 인구구조의 고령화 등 거시적 · 국제적 관점으로 확대될 필요가 있다.

4. 이주자의 적응

1) 이주자의 분절적 동화와 이주자 공동체

이주자는 일상생활 속에서 새로운 정착지 환경에 적응하는 선택과정에 놓이게 되는데, 이를 통해 정착지 사회의 언어를 포함한 생활양식을 수용하는 문화변용(acculturation)을 경험하게 된다. 그러나 문화변용의 정도는 이주자마다 다르게 이뤄지는데, 일부는 자신의 삶을 정착지의 주류방식에 동화(assilmilate)시키며 주류사회에 편입되어 가며, 다른 일부는 그 반대로 정착지 사회와 분리된 채 고립된 생활을 계속하게 된다. 이와 관련하여 분절적 동화(segmented assimilation) 연구는 미국 내 이주자 및 그들의 자녀세대들의 동화과정에 대한 다양한 기술을 제공하는데, 이에 따르면 이주자집단의 동화는 20세기 초반의 동화주의자들의 주장과는 달리 크게 세 가지 방향으로 진행되어진다고 한다. 하나는 주류 백인사회에 편입되는 동화인데, 이들은 경제적으로도 중산층의 지위를 획득한다. 다른 하나는 반대로 하류 빈곤층의 문화와 사회경제적 지위로 동화되면서 영구적 빈곤을 경험하게 된다. 마지막 하나는 경제적인 상향이동을 성취하지만 자신의 이주자 공동체의 가치와 강한 연대를 지속하는 경우이다(Portes and Zhou, 1993). 특히 동화과정 연구자들은 영구적 빈곤집단에 많은 관심을 기울이는데, 이주자와 그들의 자녀세대들에게 하향 동화과정을 강제하는 인종적 차별, 빈곤의 재생산, 교육과정, 거주지역, 차별 등과 같은 사회구조적 기회의 박탈에 주목한다.

여기서 주목할 개념 중 하나가 이주자 혹은 인종공동체(immigrant community, ethnic community, 또는 ethnic enclave)인데, 이는 빈곤층 거주지로의 지리적 집중을 의미하는 게토(ghetto)화보다는 좀 더 넓은 개념이라고 할 수 있다. 도시 내부 혹은 교외(suburban)에 위치한 이 빈곤층 거주지에는 하나 이상의 소수종족 집단이 집중 거주하게 되는데, 이 소수자 집단이 경험하는 외부의 제도적 · 문화적 차별과 분리는 이들의 고립과 집중 경향을 더욱 가속화시킨다(Ogbu, 1974, 1983; Massey and Denton, 1993; Moore, 1989; Wilson, 1987).

인종공동체는 이주자 인구의 증가에 따라 자생적으로 발생하는 보편적 현상으로 이주 인구의 적응과 관련하여 상충된 의미가 있다. 인종공동체는 이주자들에게 생활과 문화의 터전을 제공해 주며, 특히 이주자들의 초기 유입 게이트로서의 긍정적 역할을 한다. 다른 한편으로 이주자들의 고립심화, 빈곤의 재생산, 사회적 차별의 제도화, 범죄문제, 도시의 게토화와 같은 문제들을 야기하기도 한다(Portes and Rumbaut, 2001, 2006). 그러므로 인종공동체에 대한 연구는 이주자들의 적응과정 및 빈곤화의 구조적 요인을 설명하는 사회학적 의미뿐만 아니라 이주자들의 정착 및 적응 그리고 이들의 사회통합과 관련하여 정책적으로도 중요한 함의를 갖는다.

2) 사회의 이주자 수용성

이주자의 동화는 이주자들의 선택만의 문제가 아니라 이주자를 수용한 사회(receving society)의 수용성과 관련된 것이기도 하다. 이주자 수용사회(receiving society)는 이주자에 대하여 통합(integration), 배제(exclusion), 다문화주의(multiculturalism) 등과 같은 다양한 수준과 형태의 개방성을 보여준다.

대중들의 이민 및 이주자들에 관한 인식은 이주자 유입의 규모 및 이주자 수용방법과 관련된 이민정책을 수립하는 데 매우 중요한 요인으로 작용한다(OECD, 2010) 이에 따라 이주자 수용사회에서의 이민자에 대한 태도에 관한 연구도 활발히 진행되고 있다. 국내에서 진행되고 있는 이러한 연구들은 크게 국민정체성, 사회적 거리감, 다문화 지향성에 관한 연구들로 나눌 수 있다. 국민정체성은 한 국가의 구성원이 될 수 있는 자격요건에 대한 인식을 파악하고자 하는 추상적 개념이라고 할 수 있다. 여기서 이주자가 '국민' 으로 인정받기 위한 자격요건들의 내용이 무엇이며, 어떤 요인을 강조하느냐에 따라 국민정체성의 성격이 규정된다(윤인진 · 송영호, 2011). 국민정체성은 그 자체로 한 사회의 인식수준을 제시하는 데 의의가 있지만, 종족적 배제주의나 다문화 수용성 등의 결과물을 구성하는 중요한 기제로 여겨진다. 많은 연구들은 국민정체성 개념을 근대국민국가(nation-state), 국가(민족)주의(nationalism)와 같은 정치체제와 정치이념, 시민권(citizenship), 소수자집단(minority groups)에 대한 정책, 이민 관련 국가정책 및 외교정책 등과 관련지어 접근하고 있다(Castles *et al*., 1992; Fitzgerald, 1996; Gellner, 1983; Smith, 1991).

사회적 거리감은 얼마나 외국인(혹은 소수인종) 이주자를 수용할 수 있는가를 나타내는 척도의 속성을 더 강하게 갖는다. 국민정체성은 질적 구분의 측면이 강한 데 비해 사회적 거리감은 양적 측면의 의미가 더 강하다.

대부분의 연구에서 사회적 거리감은 다양한 인종(race)과 종족(ethnicity)에 대해 결혼, 친구, 이웃, 직장동료 등 7가지 항목에 대한 접촉의 찬반여부를 묻는 보가더스의 사회적 거리감 척도로 측정되며, 이를 통해 인종이나 종족별로 사회적 거리감의 차이를 제시한다(민무숙 외, 2010; 황정미 외, 2007). 김석호 외(2013)의 연구는 사회적 거리감 척도의 한국사회 적용 적합성을 실증적으로 분석하여 우리 사회에서 각 민족집단에 적합한 대안적 척도를 제안한다.

최근 연구에서는 외국인 이주자들에 대한 태도를 설명하는 개념들을 종합하여 통합적 개념으로 다문화 지향성을 제안하고 있다. 이것의 측정은 앞서 소개한 사회적 거리감, 국민정체성과 시티즌십, 문화적 다양성에 대한 태도, 종족적 배제주의를 하위 개념으로 하여 종합적으로 구성한 것이다(황정미 외, 2007). 이 개념은 우리 사회의 외국인에 대한 태도를 포괄적이고 종합적으로 제시한다는 점에서 그 의의가 있다고 할 수 있다.

3) 우리 사회 이주현상과 이주자공동체

현재 우리 사회에서도 이주자 유입의 증가에 따라 이주자들이 집중되는 지역들이 출현하면서 국내 이주자 관련 연구에서도 그 관심이 높아지고 있는데, 국내 이주자들의 지리적 분포와 관련해 외국인 밀집지역이라는 개념으로 접근한 박세훈 외(2009)의 연구는 외국인 집중거주지에 대한 심층적 이해를 제공한다. 최근 조선족 동포들을 포함한 중국 출신 이주자들에게서 대도시 주변을 중심으로 집중거주지 이상의 인종경제(ethnic economy)가 형성되는 인종공동체의 초기적 형태가 나타나고 있다. 중국 출신 이주자집단에서 이러한 현상이 두드러지게 나타나는 것은 그들이 전체 이주인구 중에서 차지하는 비중이 가장 높을 뿐만 아니라, 방문취업제의 서비스 직종 취업허용으로 인해 대도시 주변에 자생적 집중주거가 나타나기 때문이기도 하다. 더불어 내국인과의 언어 및 문화, 그리고 외모의 유사성 등도 이들의 대도시 주변의 집중거주를 설명하는 요인이 될 수 있다.

이주자의 적응과 동화과정에 대한 해외 연구들은 우리보다 선행된 이민사회의 경험을 보여준다는 점에서 한국의 이주자 연구에 중요한 출발점을 제시해 준다. 그러나 이들 연구의 우리 현실 적용에 대해서는 비판적 관점을 견지할 필요가 있다. 우선 이민정책의 단기순환 원칙으로 인해 일정기간 체류 후 귀국하는 한국 상황에서 서구 이민사회의 이주자 적응과 통합 프레임이 얼마나 유용한가에 대해서 생각해 볼 필요가 있을 것이다. 한편, 영주정착 성격을 갖는 혼인이주자들의 적응과정은 사실상 가족성원이라는 위치에서 이뤄지기 때문에 서구의 이주자 정착과정과는 다른 접근이 요구될 수도 있다. 또한 이주자 2세의 적응과 관련해서도 이주자 자녀의 대부분을 차지하는 혼인이주자와 다문화가족의 자녀들의 성장과정에서 분절적 동화에서 찾아볼 수 있는 종족공동체의 영향은 상당한 거리가 있을 수 있다. 이러한 맥락에서 서구 이민사회의 이주자 연구 성과들의 한국적 재해석과 적용을 위한 연구자들의 노력이 요구된다.

5. 인구이동의 효과

1) 이주자 유입의 결과

이주자의 유입이 우리 사회에 미치는 경제적 · 사회적 영향력은 앞으로 이주자 관련 정책결정에 매우 중요한 근거를 제공해 줄 수 있기 때문에 특별한 연구관심이 필요한 주제이다. 그러나 지금까지 우리 사회에서 이주자 혹은 인구이동의 흐름이 우리 사회에 미치는 영향을 종합적으로 조망하는 연구는 매우 드물게 진행되어 왔다. 이주자들의 유입이 사회에 미치는 영향들에서도 유입국의 경제에 미치는 효과는 가장 중요한 주제라고 할 수 있다(Brown and Bean, 2006). 이주자들의 유입이 초래하는 내국인들의 임금수준이나 고용기회 등 노동시장의 변화에 대해서는 다양한 국가에서 연구가 이루어지고 있으며, 이들 연구들은 다소 논쟁적인 결론들을 보여주고 있다. 몇몇 연구들은 이주자들의 유입이 전체적으로 경제에 미치는 영향은 매우 미미하거나 거의 없다는 결론(예를 들어 Card, 1990; Winter-Ebmer and Zweimüller, 1999)을 내놓고 있다. 다른 한편 이주자들의 노동시장 유입이 기존 내국의 노동자의 고용여건에 대한 협상력을 낮추고, 임금상승률이나 고용률에 부정적 영향을 미친다고 주장한다. 이러한 부정적인 결론들은 사회 전체 수준으로 일반화하기보다는 저임금 혹은 저기술을 가진 집단에 부정적 효과가 나타나는 것으로 보고하고 있다(예를 들어 Borjas, 1983; Enchautegui, 1998; Roy, 1997). 그러나 대규모의 이주민 유입정책은 자국인 대부분의 인구집단에 매우 부정적이라는 주장도 발견된다(Coleman and Rowthorn, 2004).

그러므로 이주자의 유입이 우리 사회에 끼친 영향을 알아보기 위해서는 사회 전체 수준의 비용과 효용을 추정하는 것이 아니라, 좀 더 분석대상을 세분화할 필요가 있다. 출신국가에 따라 종사하는 업종이나 거주지역의 분리현상이 뚜렷한 우리 사회에서는 이주인구의 증가가 내국인들에게 미치는 영향 역시 다양한 사회경제적 맥락에 따라 다를 수 있기 때문이다.

2) 고령화와 대체이주

우리 사회의 고령화는 상당한 노동력 부족을 초래하여, 앞으로 우리 경제의 이주노동력에 대한 의존도를 높일 것으로 예상되기도 한다. 특히 UN에서 발간된 대체이주(replacement migration) 전망 보고서는 한국을 포함한 많은 국가들에서 노동인구 감소와 연금체계 및 산업 생산체제에 대한 위기가 국제이주를 통해 상쇄될 것으로 예상하면서, 고령화와 인구이동에 대한 논쟁을 촉발시켰다. 그러나 대체이주는 출산력이 대체수준을 조금 밑도는 수준의 사회에서만 어느 정도의 효과를 기대할 수 있으며(Morgan, 2003), 이주인구를 통한 인구 혹은 노동인구 감소분의 완전한 대체는 사회정치적으로 매우 비현실적이며 기대되는 효과도 매우 미미하거나(Keely, 2002), 혹은 사회 전체적으로 매우 부정적인 영향을 초래하게 될 것(Coleman and Rowthorn, 2004)이라는 비판도 받고 있다.

인구구조의 고령화와 향후 이주노동력 활용과 관련하여 유념하여야 할 중요한 사실은 고용허가제 등의 이주노동력 유입은 현재 노동력 부족에서 기인한 현상이 아니라 특정 산업 내 노동력 공급과 수요의 미스매칭에 의해 발생하고 있다는 점이다. 그러므로 우리 사회의 고령화에 따른 노동력 부족이 현재와 같은 외국인력 유입의 양적 확대로 이뤄질 것인가의 문제에 대해서는 주의가 요구된다. 고령화에 따른 외국인 인력 수용의 양과 질적 수준은 앞으로 고령화의 진전, 산업구조의 변화, 경제상황, 이민정책에 대한 사회적 합의 그리고 주요 송출국가 인구 및 경제적 변화 등 복잡한 사회적 요인들에 의해 결정될 것이기 때문이다.

6. 나오며 : 국제 인구이동과 인구학

앞서 언급한 바와 같이 이주현상 및 이주자에 대한 인구학의 연구는 많은 부분 다른 사회과학 영역과 중복되어 있다. 그러나 인구학이 갖는 차별적 강점이 있는 영역을 꼽자면 필자는 인구이동(migration) 분석과 이주와 관련된 인구구조의 요인에 대한 접근이라고 생각한다. 대표적인 예로 김두섭(2006)은 출생인구의 지속적 감속과 신랑신부 간의 연령차이로 인한 성비 불균형에 의한 혼인압력(marriage squeezing)이 외국으로부터의 신부수

입을 유발한다고 설명한다. 이상림(2013)은 혼인통계 등 다양한 인구자료들의 분석을 통해 향후 혼인이주자 유입 축소와 혼인이주자 및 다문화가족의 특성 변화를 제시하면서, 다문화가족 지원정책의 변화를 제안한다. 한편, 송출국의 국제 인구이동의 맥락에서 필리핀 출신 혼인이주여성들의 특성을 설명하고자 한 김정석의 논문들(2009a, 2009b)도 인구학적 분석의 특성이 반영된 이주연구의 예가 될 수 있을 것이다.[6]

국제이주에 대한 인구학적 설명방식은 다른 학문분야에 대비되는 독창적 설명을 제공하여 주고, 향후 이주자 유입에 관한 합리적인 추정근거를 마련해 좀 더 타당한 장래인구추계 마련에 기여할 수 있다. 지금까지 시행된 이주 관련 추계들은 과거의 동향을 반영한 코호트 조성법이나 외삽법을 적용하는 경향이 있었는데, 우리 사회의 이주현상에 영향을 끼치는 사회적 변화를 고려한 인구추계 기법의 발전도 요구된다. 그리고 기존 인구추계에서 이주자들의 구성을 특별히 보정하는 방안들과 기존 인구추계를 평가하는 방법들에 대한 연구도 함께 이뤄져야 할 필요가 있다. 이러한 방법론적 발전은 독일, 호주, 싱가포르 등에서 찾아볼 수 있는 저출산 고령화에 대응한 인구정책으로서의 이주정책에 대한 논의에도 기여할 수 있을 것이다.

국내 이주자 유입의 증가와 이에 따라 발생하는 다문화 현상들은 비교적 최근의 동향들로 학문적으로나 정책적으로 매우 중요한 가치를 갖는다. 앞으로의 연구는 우선 연구대상의 다양화가 필요할 것으로 보인다. 지금까지 이주 관련 연구들은 혼인이주자의 적응에 집중되는 경향을 보여 왔는데, 혼인이주자 및 다문화가족의 생애과정 진전을 반영한 중년 이상 이주자, 가족의 변화, 자녀들의 학교 적응 및 청소년 문제 등으로의 주제의 다양화가 요구된다. 또한 그간 주된 연구대상에서 벗어났던 외국인 노동자, 유학생의 체류 및 귀환 등에 대해서도 연구관심이 확대되어야 할 것이다.

---

6) 분명한 사실은 이러한 접근방식 이외의 이주 관련 연구들이 비인구학적 연구임을 의미하지는 않는다는 점이다.

이주와 관련된 복잡한 사회적 요인들은 이주 및 이주자 연구에서 다양한 학제 간 연구가 필수적이라는 것을 보여준다. 이는 연구의 접근이 이주자들에 대한 연구로 구별되어 실행되는 것이 아니라 복지, 정책, 교육, 노동, 가족, 심리, 보건, 대중인식, 법학 등의 다양한 분과영역의 연구성과들을 반영할 필요가 있음을 의미한다. 이러한 접근은 변수만을 바꾼 계량적 분석을 반복하는 것을 넘어, 이주 관련 학문성과의 축적과 우리 사회 이주현상에 대한 한국적 이론화로 이어지는 데 크게 기여할 수 있을 것이다.

제 2 부

보 건

제 7 장

사회학의 눈으로 바라본 건강

| 김중백(경희대학교 사회학과) |

1. 우리는 '사회학적' 으로 건강한가?

사람은 누구나 건강하게 살기를 소망한다. 무병장수는 모든 인간의 꿈이다. 현대 사회에 접어들면서 우리의 건강수준은 빠른 속도로 향상되고 있다. 기대수명은 늘어나고 있으며 불치병은 점차 정복되어 가고 있다. 61세의 환갑(還甲)시대는 이미 먼 과거의 이야기가 되었고 80세의 팔순(八旬)을 훌쩍 넘어 곧 상수(上壽)시대의 도래가 멀지 않았다. 여기서 상수란 100세를 의미한다. 더구나 사람들은 신체적으로 탈 없이 장수하는 삶에 만족하지 않고 행복과 같은 주관적인 만족도까지 건강의 측면으로 여기기 시작하였다. 최근 언론보도에 따르면 인구수 대비 성형수술 건수 1위를 차지한 나라가 대한민국이라고 한다. 이제는 외모와 미용의 측면까지 만족하는 삶을 갈구하고 있는 것이다. 건강한 삶에 대한 사람들의 욕망은 계속되어 왔지만 건강에 대한 사람들의 생각은 시대에 따라 변하고 있다. 건강의 개념이 가지는 역사성, 사회성을 이해하기 위해 모두 다른 상황에 처한 네 명의 예를 아래 제시한다. 누가 가장 건강한 삶을 살고 있다고 생각하는가?

① 1주일에 적어도 3~4회 만취할 정도로 술을 마시는 대기업의 CEO
② 경제위기에 취업면접을 앞둔 명문대 학생
③ 과체중으로 인해 친구가 없다고 낙담하는 10대 청소년
④ 신장의 기능이 정지하기 시작하였으나 아내와 친족들과 함께 살고 있는 94세의 노인(Barr, 2008: 15의 내용을 토대로 다시 구성하였음)

위의 네 경우는 한편으로는 건강하나 다른 한편으로는 건강하지 않은 모순적인 상황을 나타내고 있다. 명문대 학생이 가장 건강해 보이는가? 신체적 건강의 측면에서 보았을 때는 그러할 수도 있으나 경제위기에 취업면접을 앞두었을 때 가질 수 있는 정신적 긴장감은 정서적인 측면에서 건강

에 부정적인 영향을 미칠 수 있다. 대기업의 CEO는 분명히 건강을 유지하는 데 필요한 물질환경에서 살고 있다. 하지만 1주일에 3~4일 만취할 정도로 음주를 하면 성인병에 걸릴 가능성이 매우 높으며 업무과정에서 극심한 스트레스를 받을 것이다. 10대 청소년들은 여전히 성장하고 있는 단계이기 때문에 이 나이 때의 비만은 질병을 가져오는 위험한 상태라고 말할 수는 없다. 또한 신체적으로도 매우 건강할 것이다. 하지만 친구가 없다고 여기면 사회적 소외감을 느낄 수 있다. 마지막으로 94세의 노인은 신체적으로는 가장 쇠약할 것이지만 수명을 건강의 지표로 본다면 이미 건강한 삶을 살았다고 하겠다. 더구나 아내와 친족과 함께 산다는 것은 임종을 같이해 줄 사람들이 있다는 의미이기 때문에 상대적으로 평안한 상태로 죽음을 맞이하고 있는 것이다. 그렇다면 네 명 가운데 누가 가장 건강하다고 할 수 있는가?

건강을 한마디로 정의하는 것은 결코 쉬운 일이 아니다. 이를 반영하듯 세계보건기구(WHO)는 건강을 "단순한 질병이나 신체적 쇠약함의 부재만을 의미하는 것이 아니라 총체적인 신체적, 정신적, 사회적 안녕감(well-being)의 상태"로 정의하고 있다. 즉 건강은 단순히 아프지 않고, 오래 사는 정도로만 측정되는 것이 아니라 사회적, 정신적 안녕감을 포함하는 삶의 종합적인 상태를 의미한다. 또한 사회적 구조와 역사적 상황을 고려해야 한다. 건강의 정도를 판단하는 데 있어 질병여부와 수명과 같은 신체적 상황도 사회 구조와 역사상황에 따라 다르게 평가되기 때문이다. 가령 한국인의 기대수명은 현재 80세에 달하고 있으며 불과 30여 년 전인 1980년의 기대수명인 65세에 비해 15년이 증가했다. 이것만 보아서는 대한민국의 건강수준은 비약적으로 발전했다고 평가할 수 있다. 하지만 다른 한편으로 기대수명의 증가는 우리나라뿐만이 아니라 전 세계에 걸쳐 근대화에 따른 삶의 환경개선의 결과이기 때문에 대한민국의 건강수준만 특별히 좋아졌다고 말하기는 어렵다. 또한 사회계층의 차이에 따른 건강불평등은 오히려

1980년대에 비해 심해지고 있다고도 말할 수 있다. 왜냐하면 모든 사람이 의료기술 발달과 생활환경 발전의 혜택을 누릴 수는 없기 때문이다. 또한 세계화의 흐름 안에서 우리의 건강과 관련을 가지는 사회구조 역시 복합적으로 변해 가고 있다. 우리가 먹는 음식, 우리가 처방받는 약, 우리가 살고 있는 지역의 환경은 더 이상 개별적으로 분리해서 생각할 수 있는 것이 아니라 네트워크로 연결되어 가고 있는 세계적 연결망으로 생각할 수 있다. 따라서 건강은 개인적인 수준에서 기본적으로 측정되지만 개인이 살아가는 구조적 · 역사적 맥락에 따른 집합적 속성의 차원에서 이해하는 것이 바람직하다. 건강은 생물학, 의학, 약학의 측면에서만 바라보는 것이 아니라 사회학적 시각에서도 접근해야 하는 필요성이 여기서 나오는 것이다.

사회학적 상상력의 개념에 따르면 사회학은 개인의 문제(trouble) 대신 사회적 이슈(issue)에 관심을 가지고 우리의 사회적 삶을 분석하고 설명하는 관점을 제시한다(Mills, 1959). 사회구성원들의 건강상태가 순수하게 생물학적인 특성의 결과라고 한다면 이는 개인의 문제에 해당되며 사회적인 특성을 발견할 수 없을 것이다. 그러나 위에서 언급하였듯이 사회적 동물로서 인간의 건강은 필연적으로 사회구조와 역사적 측면을 반영하는 집단적 특성을 나타낼 수밖에 없다. 사람들의 건강이 모두 희망하는 만큼 좋을 수는 없으며 만일 어떤 특별한 사회적 특성을 가지고 있는 집단이 다른 집단에 비해 차이나는 수준의 건강을 나타낸다면 이는 개인적 문제가 아닌 사회적 이슈가 되는 것이다. 따라서 어떠한 계층의 구성원들이 더 건강한지 반대로 덜 건강한지 밝히는 작업은 건강을 연구하는 사회학자들의 기본 관심이 되어야 한다. 사회적 구조와 요인들이 이러한 건강불평등을 어떻게 설명하는지 밝히는 것이 사회학자들이 건강의 문제를 연구할 때 달성해야 하는 목표이다. 또한 어떠한 사회적 자원이 질병위험을 줄이고 건강을 증진시키는지 밝혀야 한다.

결론적으로 사회학적 상상력을 통한 건강의 연구는 건강의 불균등한 사회적 분포의 원인과 과정을 밝힘을 의미한다. 물론 사회학만 건강을 연구하는 학문분야는 아니다. 의학, 약학, 간호학, 보건학, 심리학 등 건강이 가지는 다양한 속성만큼 학문적 접근법도 다양하다. 인접학문과 비교해 보았을 때 사회학은 개인의 차원이 아니라 집합적 속성으로서의 건강을 사회구조적 관점에서 설명하는 것이 목적이므로 세분화된 증상이나 상태를 연구하거나 치료방법을 명시적으로 제안하지 않는다. 건강의 포괄적 특성을 고려해 보았을 때 사회학자들은 집합적 차원에서 측정, 관찰 가능한 건강의 속성에 관심을 가지며 좀 더 구체적으로는 신체적 건강, 정신적 건강, 사회적 건강, 건강 관련 행위를 중심으로 연구를 진행하고 있다. 따라서 사회학의 연구대상으로서의 건강은 어떠한 측면들이 있으며 어떠한 과정을 통해 측정되고 자료화되는지 이해하는 것은 건강의 사회학적 연구의 첫걸음이다. 2절부터는 사회학자들이 연구하는 건강상태를 하나씩 살펴보기로 한다.

2. 신체건강: 신체기능, 질병, 주관적 건강평가

신체건강은 건강의 측정에 가장 널리 사용되는 개념이다. WHO가 건강을 정의할 때 단순한 질병이나 신체적 쇠약함의 부재가 아니라고 명시하였듯이 건강여부를 판단하는 가장 기본적인 출발점이기도 하다. 신체건강은 오랜 시간 동안 의학을 중심으로 자연과학의 연구주제였다. 신체건강이 사회학적 주제로 등장하는 데에는 사회이론가 탈코트 파슨스의 역할이 매우 컸다. 구조기능론자로 잘 알려져 있는 파슨스는 건강을 개인이 사회화된 역할을 담당하는 데 필요한 최적의 능력상태로 정의하였다(Parsons, 1971). 유럽에서 출발한 사회학이론의 전통을 이어 일반이론을 형성하려는 원대한 꿈을 가졌던 파슨스는 1951년 그의 역작인 *Social Systems*에서 사회체계가 유지되는 메커니즘을 설명하기 위해 건강을 이와 관련된 의사와 환자의 관계를 통해 설명하였다. 파슨스에 따르면 사회가 유지되기 위해서는 사회성원들은 각자 부과된 역할을 수행해야 하며 질병으로 그 역할을 수행하지 못하게 되는 환자의 존재는 사회체계를 위협하는 요소로 작용하게 된다. 따라서 이러한 환자들을 치료하여 다시 사회적 역할을 수행할 수 있도록 만드는 의사들의 역할은 매우 중요하다. 파슨스의 이론은 건강의 불평등을 직접 연구하지는 않았지만 신체적 기능의 수행여부가 사회학의 주제가 될 수 있다는 점을 밝혔다는 데 그 의의가 있다.

신체건강은 여러 가지 측면으로 구성되어 있으나 주로 신체적 역할 수행, 신체고통, 질병여부, 주관적 건강평가 등이 주요 연구대상으로 사용되고 있다. 사회학은 신체건강의 사회적 분포에 주된 관심을 가지기 때문에 주로 서베이를 통한 자기기입식 정보제공을 통해 자료를 얻는 추세를 보이고 있다. 먼저 신체적 역할 수행은 특정한 일상행위에 곤란을 느끼는 정도로 측정한다. 2010년에 시행된 한국사회조사(KGSS)에서 신체건강 정도를 측정하기 위해 사용된 질문들이 〈표 1〉에 제시되었다. 구체적인 질문들을 살펴보면 주로 일상행위에서 신체적 불편함을 측정하거나, 질병유무 그리고 키와 몸무게를 통해 측정되는 체질량지수 등에 대한 정보를 얻을 수 있음을 확인할 수 있다. 주관적 건강평가(self-rated health)는 자신의 건강을 주관적인 기준을 가지고 평가하는 건강지표이다. 주관적 건강평가는 구체적인 증상이나 과학적인 진단을 토대로 하는 기준은 아니지만 본인의 전반적인 정도를 측정하는 데 매우 신뢰성 있는 지표로 인정받고 있다. 연구에 따르면 주관적 건강평가는 사망으로 측정된 신체건강을 일관성 있게 설명한다는 점에서 건강의 정도를 나타내는 사회학적 지표로 인정받고 있다 (Benjamins, Hummer, Eberstein, and Nam, 2004; Idler and Benyamini, 1997).

이러한 신체건강 불평등을 밝히기 위한 주된 연구동향은 신체건강 불평등을 설명하는 사회구조적, 인구학적, 사회심리학적 변인들을 분석하는

〈표 1〉 신체건강을 측정하기 위해 사용되는 설문 예시

질문	예시	응답방식
다음 사항은 보통 하루 동안 귀하가 하시는 행동에 대한 것입니다. 이러한 활동을 하는 데 귀하의 건강으로 인해 얼마나 제약을 받고 있는지 말씀해 주십시오.	탁자 옮기기, 진공청소기 사용하기, 볼링, 골프 등과 같은 적당한 강도의 활동들	많은 제약을 받는다 약간 제약을 받는다 전혀 제약을 받지 않는다
귀하는 통증 때문에 일상적인 일을 하는 데 얼마나 자주 방해를 받으셨습니까?		전혀 방해받지 않는다 별로 방해받지 않는다 가끔 방해받는다 자주 방해받는다 항상 방해받는다
만성질환, 오래된 건강문제는 무엇입니까?	• 고혈압 • 당뇨병 • 심장질환 • 호흡기 질환	예 아니오
귀하의 키와 몸무게는 어떻게 되십니까?		키(cm) 몸무게(kg)
귀하는 다음과 같은 질병에 대해 의사로부터 진단을 받은 적이 있습니까?	• 관절염 • 당뇨병 • 루푸스병 • 통풍 • 알코올 중독	있다 없다
과거에 운동 중 혹은 사고로 인해 다음의 부위를 다친 적이 있습니까?	• 손/손가락/손목 • 팔/팔꿈치 • 어깨 • 목 • 허리 • 무릎	있다 없다
현재 하고 계신 일들의 육체적 부담 정도는 어느 정도 힘들다고 혹은 힘들지 않다고 생각하십니까?		전혀 힘들지 않다 별로 힘들지 않다 약간 힘들다 매우 힘들다
전반적으로 귀하의 건강상태는 어떻습니까?		매우 좋다 다소 좋다 좋지도 나쁘지도 않다 다소 나쁘다 매우 나쁘다

것이다. 신체건강 정도가 사회적으로 불균형적으로 분포되어 있다면 이러한 불평등을 야기한 사회적 원인이 무엇인지 밝혀내는 것이다. 결혼과 가족관계 등을 포함하는 가족 관련 요인들(Umberson, Williams, Powers, Liu, and Needham, 2006; 손정연 · 한경혜, 2012; 이윤석, 2012; 차승은 · 한경혜, 2006), 교육, 소득, 취업지위 등을 포함하는 사회경제적 지위(House *et al*., 1994; Lantz, House, Mero, and Williams, 2005; Mirowsky and Ross, 2008; Schieman and Plickert, 2007; 김진영 · 임인숙 · 송예리아 · 한신원, 2012; 박수미 · 한성현, 2004), 이웃이나 공동체의 특성을 포함하는 사회적 환경(Browning and Cagney, 2002; Robert and Reither, 2004), 생애과정(life course)에서 연령의 의미(Thomas, 2011), 젠더(Gorman and Read, 2006; Pavalko, Gong, and Long, 2007), 자원봉사나 종교행사 참여와 같은 사회적 행위(Li and Ferraro, 2006; Musick, Traphagan, Koenig, and Larson, 2000) 들이 신체건강의 사회적 불평등을 설명하는 요인들로 널리 연구되고 있다.

3. 정신건강 : 우울과 자기통제감

신체건강은 오랫동안 개인의 건강을 측정하는 도구로 사용되어 왔던 것에 반해 정신건강은 상대적으로 늦게 사회학의 연구대상이 되었다. 근대화와 기술의 발전에 따른 의료서비스의 대중화와 삶의 환경개선에 따른 신체건강의 전반적인 향상은 삶의 질에 대한 관심을 증가시키고 정신건강에 대한 관심을 불러왔다. 사회학에서 연구하는 정신건강은 일반적으로 치료가 요구되는 정신질환 대신 심리적 안녕감(psychological well-being)을 뜻한다. 안녕감(well-being)은 우리나라에서는 먹거리와 관련되어 대중적으로 소모되고 있는 개념이지만 본래 포괄적인 의미의 만족 또는 행복감을 의미하며 이는 심리적인 측면에만 존재하는 것이 아니라 경제적 안녕감, 신체적 안녕감, 관계적 안녕감 등으로도 널리 적용될 수 있다. 사회학의 연구전통에서 보았을 때 심리적 안녕감은 매우 다양한 개념을 내포한다. 삶에 대한 만족감, 행복감, 자기존중(self-esteem), 우울증(depression), 분노(anger), 자기통제감(sense of control) 등이 해당되며, 가장 널리 사용되는 개념은 우울증과 자기통제감이다.

정신건강을 연구하는 방법은 학문적 관점에 따라 다양하나 사회학자들이 정신건강을 연구하는 방법은 정신질환 환자를 대상으로 임상을 통해 측정하는 것이 아니라 정신건강과 관련된 행위나 상태를 질문하는 서베이를 실시하고 응답자들의 답을 이용해 특정한 증상의 지표를 만드는 식으로 실시한다. 대중들의 정신건강을 측정하는 가장 일반적인 지표로 사용되는 개념은 우울증(depression)이다. 우울증을 측정하는 지표 가운데 현재 가장 널리 사용되는 개념은 Center for Epidemiologic Studies' Depression Scale(약칭: CES-D)이다. CES-D는 1977년 라드로프(Radloff)가 제안한 개념으로 우울증(depression)과 우울성 무질서(depressive disorder)를 리커트 척도로 구성된 자기기입 설문을 통해 측정한다(Radloff, 1977). 이는 미국 정신의학협회가 발간하는 진단 매뉴얼(American Psychiatric Association' Diagnostic and Statistical Manual)에 근거한 질문으로 구성된다. CES-D는 원칙적으로 20문항으로 구성되어 있으며 조사에 따라서는 일부 문항만을 선택하여 묻기도 한다. CES-D에서 물어보는 문항은 〈표 2〉에 제시되어 있다. 문항 가운데 긍정적인 측면을 묻는 문항들은 통일성을 기하기 위하여 역코딩되며 문항에 대한 응답값의 합이 클수록 더 우울증세를 보인다고 판정한다.

이러한 우울증상은 정신병(mental illness)이나 정신분열증(schizophrenia)과 같은 인지적(cognitive) 문제점과는 차이가 있는 감정적인 현상이다. 정신병은 극단적이며 지속적인 속성을 가지는 설명하기 힘든 괴로움을 의미한다(Mirowsky and Ross, 2003). 비록 우울증상은 질병으로 분류되지 않는 감정의 측면을 보여주지만 우리의 사회적 행위에 영향을 주기 때문에 연구가 필요하다. 우울증의 증상들은 현 상태에서는 정신병이라고 볼 수 없지만 정신병 혹은 자살이나 폭력과 같은 반사회적 행동으로 발전될 가능성이 크다. 또한 우울증은 그 자체가 사회적 지위와 사회적 삶의 질을 나타내기도 한다(Mirowsky and Ross, 2003). 최근에는 우울증에 집중되어 있던 기존 연구경향에서 더욱 확장되어 자기통제감 혹은 자기존중감에 대한 관심이 증가하고 있다. 자기통제감은 자신이 스스로 계획을 세우고 규제 아래 행동한다면 자신이 원하는 바를 이룰 수 있다는 믿음과 권위의 정도를 말한다(Mirowsky and Ross, 1990). 이는 사회적인 소외의 한 개념이며 무기력증의 반대 개념으로 이해할 수 있다. 따라서 개인이 높은 수준의 자기통제감을 가지고 있다면 이는 자신의 문제를 해결할 수 있고, 어려운 상황에서도 자신의 의지를 통해 극복할 수 있는 믿음이 강한 상태를 의미한다(Kim and Woo, 2011). 이러한 자기통제감의 개념은 자신의 현재 상황과 앞으로 있을 미래에 대한 종합적인 심리적 판단을 측정하기 때문에 개인의 심리상태의 다양한 측면을 보여줄 수 있다는 점에서 또 다른 함의를 내포한다.

이러한 심리적 안녕감은 사회학적 연구에서 사회불평등을 측정하는 도구로 널리 사용되고 있으며 우울증의 불평등을 설명하는 사회구조적 메커니즘을 밝히는 것이 건강의 사회학에서는 가장 중요한 연구과제 가운데 하나이다. 신체건강과 마찬가지로 정신건강을 연구하는 목적은 정신건강의 불평등을 가져오는 인구학적 · 사회구조적 원인을 파악하고 그 메커니즘을 밝혀 정책적 · 실천적 함의를 찾으려는 데 있다. 결혼과 가족관계 등을 포함하는 가족 관련 요인들(Amato, 1991; Aseltine, 1996; 송지은 · Nadine, 2007; 이미숙, 2012; 이민아, 2010), 교육 · 소득 · 취업지위 등을 포함하는 사회경제적 지위(Mirowsky and Ross, 2001; Turner and Lloyd, 1999; 김진영 · 송예리아, 2012; 허종호 · 조영태 · 권순만, 2010), 이웃 · 공동체 특성 혹은 사

〈표 2〉 CES-D 측정에 사용되는 문항 리스트

다음에 해당되는 증상을 지난 일주일 동안 얼마나 자주 경험하였는지 표시하시오. 1 : 거의 경험하지 않았다(1일 미만) 2 : 다소 경험하였다(1~2일) 3 : 때때로 경험하였다(3~4일) 4 : 대부분의 시간 동안 경험하였다(5~7일)	
I was bothered by things that usually don't bother me.	나를 귀찮게 하지 않던 일에 의해 방해받는다
I did not feel like eating; my appetite was poor	식욕이 없다
I felt that I could not shake off the blues even with help from my family or friends	나는 친구나 가족의 도움을 받고도 고비를 넘길 수 없다고 느낀다
I felt I was just as good as other people	나는 다른 사람들 만큼 좋다
I had trouble keeping my mind on what I was doing	내가 하는 일에 집중하기 어렵다
I felt depressed	나는 우울감을 느낀다
I felt that everything I did was an effort	나는 내가 노력하면 다 된다고 느낀다
I felt hopeful about the future	나는 미래가 희망적이다
I thought my life had been a failure	내 인생은 실패한 삶이다
I felt fearful	나는 두려움을 느낀다
My sleep was restless	나는 잠을 이루기 힘들다
I was happy	나는 행복하다
I talked less than usual	나는 평소보다 대화를 적게 했다
I felt lonely	나는 외롭다
People were unfriendly	사람들이 불친절하다
I enjoyed life	나는 인생을 즐긴다
I had crying spells	나는 울고싶다
I felt sad	나는 슬프다
I felt that people dislike me	나는 사람들이 나를 미워한다고 느낀다
I could not get "going."	나는 잘 지내기 어렵다

회적 환경(Hill, Ross, and Angel, 2005; Kim, 2010), 젠더와 관련된 건강불평등(Needham, 2007; 송리라 · 이민아, 2012), 연령(Yang, 2007), 자원봉사나 종교행사 참여와 같은 사회적 행위 혹은 사회적 지지(Kim, 2010; Kim and Pai, 2010; Lin, Ye, and Ensel, 1999) 등이 정신건강의 사회적 불평등을 설명하기 위한 핵심 요인으로 사회학적 연구에서 분석되고 있다.

4. 건강 관련 행위

건강 관련 행위는 질병의 위험과 발생, 그리고 삶의 질과 밀접한 관련을 가지기 때문에 건강의 사회학적 연구에서 폭넓게 다루어지고 있다. 건강 관련 행위는 건강에 영향을 주는 행위나 생활양식을 의미하며 흡연 · 음주 · 운동을 포함하는 신체적 행위, 그리고 건강검진이나 의료서비스 이용 정도가 주로 해당된다. 건강 관련 행위의 연구는 크게 두 가지 흐름으로 나누어 볼 수 있다. 첫째, 건강 관련 행위가 연구의 종속변수로 간주되어 건강 관련 행위의 불균형한 사회적 분포를 가져오는 사회구조적 요인들을 밝히는 연구이다. 이러한 연구흐름에서 주된 관심사는 어떠한 사회적 집단이 흡연이나 음주를 더 하는지? 혹은 어떠한 집단이 더 운동을 하거나 의료서비스를 받는지 밝히는 것이다. 두 번째 흐름은 건강 관련 행위가 신체건강 혹은 정신건강의 불평등을 어떻게 설명하는지에 대한 연구이다. 건강 관련 행위를 정신건강, 신체건강, 혹은 사망을 설명하는 요인으로 보아 분석한다. 건강 관련 행위들은 또한 사회경제적 지위나 사회적 관계가 건강불평등을 야기하는 메커니즘을 매개하는 요인으로도 연구되어 왔다(Lantz *et al*., 1998; Umberson, Crosnoe, and Reczek, 2010). 즉 사회경제적 지위가 높거나 사회적 관계의 질과 빈도가 높은 집단은 긍정적인 건강 관련 행위를 시행하기 때문에 더 건강한 것이라고 설명하는 것이다. 이러한 연구경향으로 보았을 때 건강 관련 행위는 건강의 사회학적 연구에서 중요한 위치를 차지한다.

신체건강과 정신건강의 예와 마찬가지로 건강 관련 행위는 일반적으로 설문을 통한 서베이 자료의 형태로 수집된다. 아래 〈표 3〉은 2010년도 KGSS 자료에서 건강과 관련된 문항들로 어떤 것이 사용되었고 어떻게 건강 관련 행위를 측정하고 있는지를 보여주고 있다.

〈표 3〉 건강 관련 행위를 측정하기 위해 사용되는 질문 예시

질문	응답방식
귀하는 술을 얼마나 자주 마십니까?	매일 마신다 일주일에 몇 번 마신다 한달에 몇 번 마신다 일년에 몇 번 혹은 그 이하로 마신다 전혀 마시지 않는다
귀하는 담배를 얼마나 자주 피우십니까?	매일 피운다 일주일에 몇 번 피운다 한달에 몇 번 피운다 일년에 몇 번 혹은 그 이하로 피운다 전혀 피우지 않는다
귀하는 땀 흘릴 정도나 숨이 가쁠 정도의 운동을 최소 20분 이상 얼마나 자주 하십니까?	매일 한다 일주일에 몇 번 한다 한달에 몇 번 한다 일년에 몇 번 혹은 그 이하로 한다 전혀 하지 않는다
귀하는 지난 3년간 건강 검진을 받은 적이 있습니까?	그렇다, 정기적으로 받았다 그렇다, 그러나 정기적으로 받지 않았다 아니다, 전혀 받지 않았다

건강 관련 행위에 대한 사회학적 연구 역시 활발하게 시행되어 오고 있다. 결혼과 가족 관계들을 포함하는 가족 관련 요인들(이윤석, 2012), 교육 · 소득 · 취업지위 등을 포함하는 사회경제적 지위가 건강 관련 행위와 가지는 관계(Crosnoe and Riegle-Crumb, 2007; 남은영 · 최유정, 2008), 이웃

공동체 특성 혹은 사회적 환경이 미치는 영향(Ross, 2000), 자원봉사나 종교행사 참여와 같은 사회적 행위나 사회적 지지가 미치는 영향(Hill, Burdette, Ellison, and Musick, 2006; 김정규, 2009) 등이 건강 관련 행위의 사회적 분포를 설명하기 위해 분석되었다. 그리고 신체건강과 정신건강의 불평등을 설명하는 요인으로서 건강 관련 행위에 대한 연구가 시행되고 있다(Carr and Friedman, 2005; House *et al*., 2000; Ross, 1994; 김주현 · 한경혜, 2012).

5. 나오며

건강은 이제 사회학의 핵심 주제 가운데 하나가 되었다. 미국사회학회에서 발행되는 분과학문 학술지 가운데 건강을 중심주제로 삼는 *Journal of Health and Social Behavior*가 가장 높은 impact factor(2012년: 3.33)를 기록할 정도로 건강에 대한 사회학적 관심은 그 어느 때보다도 높다. 이러한 추세는 우리나라의 경우도 마찬가지이다. 계속된 경제위기와 세계화의 흐름 속에서 사회적 양극화는 건강의 양극화로 이어지고 있으며, 사회학적 시각으로 건강불평등 현상을 설명하고 문제점을 개선하기 위한 사회적 대안을 제시해야 하는 수요는 계속해서 증가하고 있다. 앞으로 건강을 연구하는 사회학 문헌들은 더욱 많이 나올 것으로 예측된다.

지금까지의 연구동향을 살펴보았을 때 앞으로 사회학에서 더욱 관심을 두어야 하는 분야는 사회적 안녕감이다. 앞에서 설명하였듯이 개인의 건강은 육체적 · 정신적 안녕감은 물론 사회적 측면의 안녕감으로 구성되어 있다. 그러나 이러한 사회적 안녕감에 대한 관심은 상대적으로 미약했던 것이 사실이다. 사회적 안녕감은 여러 가지 형태로 접근할 수 있으나 사회적 지지(social support)를 중심으로 하는 사회구조 안에서 구성원들 사이의 관계적 만족도로 이해할 수 있다. 물론 사회적 지지로 대표되는 사회적 관계(social relationship)는 사회학에서 많이 연구되어 온 주제 가운데 하나이지만 대부분의 연구는 사회적 관계가 건강불평등이나 다른 행위결과의 분포를 설명하는 요인으로 사용하였다. 그러나 사회적 안녕감은 그 자체가 개인의 건강상태 가운데 한 부분을 나타내는 상태로 감안되어 연구되어야 한다. 최근에 SNS의 발달로 사회적 관계의 폭이 넓어지고 있으나 그 이면에는 대면관계가 상실되면서 오히려 소외감을 느끼고 정신적으로 격리되었다고 느끼는 사람이 증가하고 있다. 따라서 사회적 안녕감을 측정할 수 있는 지표를 개발하고 불평등 정도를 연구하는 작업은 한국의 사회학자들이 앞으로 집중해야 할 분야 가운데 하나이다.

그리고 한 가지 더 관심을 두어야 하는 분야는 건강의 다양한 측면을 동시에 고려하는 연구의 진행이다. 개인의 건강을 구성하는 요인은 다양하다. 그런데 대부분의 사회학적 연구는 어떤 특정한 건강의 측면만을 사용해 사회적 불평등을 밝히는 경향이 있다. 사회적 환경이 변하고 가치관이 다양해짐에 따라 개인의 삶의 영역을 규정하는 방식 역시 다양해지고 있다. 어떤 한 사람의 건강을 규정하는 방식 역시 점차 세분화되어 가고 있다. 그러므로 동시에 두 가지 이상의 건강지표를 사용해 새로운 개념의 건강을 측정하거나 기존의 건강지표가 가지는 의미가 사회구조적 · 역사적 환경에서 어떻게 변하는지 관심을 가질 필요가 있다. 건강의 개념에 대한 계속된 관심과 과학적인 분석은 앞으로 우리의 논의를 더욱 풍부하게 해줄 것으로 기대한다.

제 8 장

계층과 건강불평등

| 이민아(중앙대학교 사회학과) |

1. 계층에 따른 건강격차

주변에서 아픈 사람을 찾는 것은 어렵지 않다. 아픔과 질병은 지위고하를 구분하지 않고 찾아오는 것처럼 보인다. 심지어 반평생 이상 흡연을 해도 무병장수하는 사람이 있는가 하면 담배 근처에도 가본 적이 없어도 폐암으로 일찍 사망하는 사람도 있다. 이렇듯 우리 주변에서 쉽게 볼 수 있는 생로병사는 때론 운명이나 유전자가 원인인 듯 보이기도 한다.

그런데 이와는 달리 많은 건강연구들이 가난과 건강하지 못한 상태, 즉 가난과 불건강 간의 관계를 주장한다. 가난한 사람이 부자보다 일찍 죽거나 병에 걸리는 확률이 더 높다는 이야기는 정말 근거가 있는 것인가? 우리 주변에서 숱하게 찾을 수 있는 반증의 예들을 떠올리면 가난과 건강 사이의 관련성을 의심하게 된다. 그러나 우리가 일상에서 찾을 수 있는 반례의 존재가 가난과 불건강 사이의 관계를 반증하는 근거가 되지 못한다. 사회학적 관점에서 개개인의 사례에서 벗어나 사회적 규칙성을 보고자 할 때 비로소 계층과 건강 간에 존재하는 일관된 관계를 인식할 수 있다.

1980년 영국의 「블랙 보고서(Black Report)」는 계층에 따라 건강격차가 존재한다는 점을 분석적으로 보여줌으로써 건강불평등에 대한 학문적 · 국제적 관심을 높였다. 「블랙 보고서」는 1977년의 사망자료를 이용해 계급에 따라 사망률에 큰 차이가 발견된다는 사실을 보여주었고(아스타나 · 할리데이, 2009[2006]), 이는 이후에 계층에 따른 건강불평등에 대한 학문적 관심과 연구를 촉발시켰으며, 계층과 건강불평등은 여전히 주요한 연구주제이기도 하다. 이 장에서는 계층에 따라 건강에 차이가 나는지 그렇다면 왜 그러한지에 대한 논의를 살펴볼 것이다.

1) 사회계층, 계급과 사회경제적 지위

사회계층(social stratification)은 사회 내 개인과 집단 사이에 존재하는 차이, 불평등을 지칭하는 개념으로, 동일한 계층에 속하는 사람은 서로 유사한 특징을 갖는다(기든스, 2009). 계층은 위계적 구조로 구성되어 있으며, 이 구조하에 서로 다른 계층집단은 집단이 가지는 사회적 권한, 지위, 자원 등의 측면에서 차이를 갖는다. 사회구성원 및 집단 간의 차이와 불평등을 파악하고 지칭하기 위해 계급, 사회경제적 지위 등의 개념과 측정도구가 사용되고 있으며, 계급과 사회경제적 지위는 엄격하게는 서로 다른 개념이자 측정도구이지만 공통적으로는 사회구성원 간에 존재하는 계층적 차이를 포착하기 위한 개념이다.

계급(social class)은 마르크스의 이론에 뿌리를 두고 있으며 물적 자본의 소유여부나 정도를 기준으로 구분된다. 사실상 계급을 어떻게 구분할 것인가는 학자별로 상이하고 사회나 시대에 따라 변화해 왔다. 한국사회의 불평등과 계급을 연구하는 신광영(2004)은 계급을 ① 자본가계급, ② 프티부르주아지, ③ 중간계급, ④ 노동계급으로 나눈 바 있다. 이 중 자본가와 프티부르주아지는 공통적으로 소유계급이나, 프티부르주아지는 0~4명의 피고용자를 고용하는 경우이며 자본가는 5명 이상의 피고용자를 고용하는 경우이다. 또한 비소유계급인 중간계급과 노동계급은 직업지위와 특성에 따라 구분된다(신광영, 2009)[1]. 반면에 현대사회의 직업분화를 고려하여 직업유형과 지위를 기준으로 계급을 구분하기도 하며 그 기준에 따라 다양한 수의 계급을 나누어 건강연구를 수행하기도 한다(Cockerham, 2012).

물적 자본의 소유여부나 직업을 기준으로 하는 계급보다는 좀 더 다차원적 불평등을 지칭하는 개념으로서의 계층은 베버의 이론에 기반하고 있

1) 계급론 및 계급구분과 한국사회에서의 계급연구에 대한 구체적인 내용은 신광영(2004)을 참조.

으며 집단 간 다차원적인 위계의 차이를 측정하기 위한 실질적 도구이자 개념으로 사회경제적 지위(socio-economic status : SES)가 있다. 사회경제적 지위는 사회계층과 불평등의 효과를 분석하기 위해 보건 · 의료 사회학에서 널리 이용되며, 사회경제적 지위는 인간사회 내 존재하는 사람과 집단 간 차이에 교육 · 직업 등으로 형성되는 지위를 포함한다(Cockerham, 2012). 실제 연구에서는 교육수준, 직업, 소득이라는 세 요소를 모두 고려하여 연구대상자의 계층적 지위를 구분하기도 하고 세 요소의 효과를 독립적으로 분석하기도 한다.

사회경제적 지위에 영향을 미치는 세 요인인 교육수준, 수입, 직업 중에서 건강에 가장 중요한 영향을 미치는 요인은 교육수준이다(Ross and Wu, 1996). 교육수준의 영향력은 건강에만 한정되는 것이 아니라 개인의 생애과정의 전반에 나타나는데 이는 교육수준이 교육이 끝난 후 개인이 경험하는 생애과정 동안의 기회구조, 시장위치 등에 영향을 미치기 때문이다. 보통 교육과정이 끝나고 경제활동을 시작하기 때문에 교육수준은 직업과 소득에 선행하며 일반적으로 교육수준이 소득과 직업지위를 결정한다. 특히 건강과 관련해서 교육수준은 소득이나 직업에 비해 이미 소득이 없는 노년층에 대한 설명력이 높고, 조사시점에서의 소득에 비해 응답자의 삶의 궤적을 더 잘 반영할 수 있다(Ross and Wu, 1996).

2) 계층 간 건강불평등

계층 간 건강불평등이란 사망률, 정신건강, 유병률 등 다양한 차원의 건강상태 혹은 지표가 계층적 지위에 따라 차이가 나는 것을 말한다. 이미 19세기 중엽에 서구에서 진행된 연구결과도 가난한 사람이 부자에 비해 병에 걸리기 쉽다는 사실이 밝혀진 바 있다(네틀턴, 1995). 그러나 물질적 삶의 수준이 높아지고 의학이 발달한 현대사회에서도 계층에 따른 건강불평등은 여전히 존재하며 오히려 한 사회 내 빈부격차, 소득불평등이 커질수록 계층 간 건강격차가 커진다는 주장도 제기된다(윌킨슨, 2004). 한국에서도 사망률, 만성질환, 주관적 건강상태 등 여러 건강지표를 대상으로 연구가 진행되었고 계층에 따른 건강격차가 일관되게 발견된다.

3) 사망률, 만성질환과 주관적 건강상태

사망은 건강연구에서 가장 중요한 지표 중 하나다. 사망은 생존여부 자체를 의미하는 가장 중요한 건강지표이기 때문이다. 한국의 계층 간 사망불평등에 대한 연구들은 일관되게 계층이 낮아질수록 사망률이 높아짐을 보여준다. 교육수준이 낮을수록 사망률이 높아지고 육체노동자가 비육체노동자에 비해 사망위험이 높아진다(강영호 · 김혜련, 2006; 손미아, 2002).

만성질환 진단여부와 주관적 건강상태(self-rated health)는 현재 생존하고 있는 사람들의 신체건강의 수준을 반영하는 대표적인 건강지표이다. 만성질환은 진단 후 3개월 이상의 치료에도 완치가 되지 않는 질환으로 고혈압, 당뇨, 만성폐질환, 암 등을 포함한다. 주관적 건강상태는 자신의 건강상태에 대해 주관적으로 평가한 결과로, 객관적 의료검진 결과가 아니라는 점이 한계로 지적되기도 하지만 실제로 향후 건강상태를 반영하는 매우 신뢰성 있는 지표이다(Ferraro and Kelly-Moore, 2001).

한국에서도 계층요인에 따라 만성질환과 주관적 건강평가에 차이가 나타난다는 것이 발견된다. 특히 교육수준의 영향력은 한국사회에서도 중요하게 발견되었다. 김진영(2007)은 만성질환 이환율과 주관적 건강평가에 미치는 사회경제적 지위의 영향을 분석하면서 교육수준이 건강에 유의한 영향을 미친다는 사실을 보여주었다. 교육수준이 증가할수록 좋은 건강상태를 가졌으며 이러한 차이는 노년기로 갈수록 증대한다는 것이다(김진영, 2007). 교육수준은 기대여명에도 영향을 미치는데, 교육수준이 올라갈수록 기대여명도 높아졌다(강은정 · 조영태, 2009; 우해봉, 2009). 주관적 건강과 일상생활 수행능력에 관한 연구도 교육수준이 주관적 건강을 높이고 일상생활 수행능력에도 긍정적인 효과를 갖는다는 사실을 보여주었다(강혜원 · 조영태, 2007).

〈표 1〉은 2008년도 한국고령화패널조사에 참여한 45세 이상의 한국인을 대상으로 당뇨와 고혈압 유병률을 교육수준별로 살펴본 결과이다. 〈표 1〉의 결과는 교육수준이 낮아질수록 당뇨나 고혈압을 진단받은 비율이 높음을 보여준다. 초등학교 졸업 이하의 학력을 가진 사람들 중 당뇨를 진단받은 경우는 16.73%였으나 대학교 졸업 이상의 학력을 가진 사람들 중에서는 10.9%만이 당뇨를 진단받았다. 당뇨 혹은 고혈압 중 적어도 한 가지의 만성질환을 갖고 있는 사람들을 대상으로 알아본 결과도 교육수준별로 당뇨나 고혈압 유병률이 달라진다는 점을 알 수 있다. 고등학교 졸업 학력의 사람들이 대학교 졸업 이상의 한국인에 비해 고혈압 유병률이 다소 낮게 나타나긴 하나 교육수준의 전체적인 효과는 교육수준이 낮을수록 만성질환을 갖는 비율이 높음을 알려준다. 이는 연령, 소득수준 등의 요인을 통제한 상태에서 분석한 선행연구의 결과와도 일맥상통하는 것으로서, 교육수준이 낮을수록 만성질환에 걸릴 확률이 높아진다고 할 수 있다(Lee, 2011).

〈표 1〉 교육수준에 따른 당뇨 및 고혈압 유병률

교육수준	당뇨	고혈압	당뇨 혹은 고혈압
초등학교 졸업 이하	16.73	38.74	45.01
중학교 졸업	13.7	30.91	36.83
고등학교 졸업	10.26	24.42	29.22
대학교 졸업 이상	10.9	26.3	31.04

자료 : 2008년 한국고령화패널조사.

4) 정신건강

우울(depressive symptoms), 불안(anxiety) 등의 정서장애도 계층별로 그 유병률이 달라진다. 〈표 2〉는 2011년도 '정신질환실태조사' 결과로 교육수준, 취업상태, 소득수준에 따라 주요 우울장애와 기분장애의 일년 유병률이 달라진다는 사실을 보여준다. 교육수준이 낮을수록, 부분제 취업이나 미취업 상태일 경우, 소득수준이 낮을수록 우울장애와 기분장애를 갖는 비율이 커진다.

〈표 2〉 교육수준, 취업상태, 소득수준에 따른 정서장애 일년 유병률(2011년도 정신질환실태조사)

		주요 우울장애	기분장애
교육수준	무학	7.6	10.2
	1~6년	5.1	5.6
	7~9년	4.4	5.1
	10~12년	2.7	3.3
	13년 이상	2.4	2.8
취업상태	전일제	1.6	2.0
	부분제	2.8	3.1
	미취업	4.6	5.2
소득수준	하: 200만 원 미만	4.8	5.5
	중: 200~300만 원	1.8	2.2
	상: 300만 원 이상	1.9	2.1

출처 : 통계청, 국가통계포털(http://kosis.kr).

5) 영아사망과 저체중 출생아

태어난 후 만 1년이 지나지 않은 시기에 사망하는 경우를 의미하는 영아사망과 보통 출생 시 체중 2.5kg 미만을 기준으로 판단하는 저체중아 출생률도 엄마 혹은 부모의 계급, 사회경제적 지위에 따라 달라진다. 이는 임신기간 중 충분한 영양과 모태관리 임신 전 건강상태, 산전 · 산후 의료서비스의 이용 등이 계층적 지위에 따라 달라질 수 있기 때문으로 설명될 수 있다. 서구사회에서도 부모의 계층적 지위에 따른 영아사망과 저체중아 출생은 오랫동안 발견되어 온 현상이며 한국에서도 이러한 현상이 발견되었다.

한국의 영아사망에 대한 연구를 살펴보면, 엄마의 사회경제적 수준, 특히 교육수준이 고연령 산모의 영아사망에 영향을 미쳤다. 특히 중졸 이하 엄마의 영아사망 위험은 고연령이 될수록 증가하는 경향을 띠었다(김상미 · 조영태, 2011). 김상미와 김동식(2012)은 한국에서 사회경제적 지위에 따른 영아사망에 차이가 존재하며 2000년대 초반에서 후반으로 갈수록 부모의 사회경제적 지위, 특히 교육수준의 영향력이 커지고 있음을 발견하였다. 저체중 출생아의 경우도 부모의 계층지위와 긴밀한 연관을 갖는다. 이상이와 홍성철(2003)은 아버지의 직업지위와 소득수준을 기준으로 5개의 계층을 구분하였으며, 계층지위가 낮을수록 출생아 중 저체중아의 비율이 높아지고 저체중아 출생확률도 높아짐을 보여주었다.

2. 계층과 건강 간의 연결고리

사망률, 유병률, 주관적 건강상태 등의 건강지표로 측정되는 건강상태뿐 아니라 건강상태에 중요한 영향을 미칠 수 있는 건강 관련 요인도 계층에 따라 다르게 나타난다. 건강행동, 의료서비스 이용, 거주지역 등의 행동적 · 환경적 요인들을 들 수 있는데, 이러한 요인들은 계층과 건강 간의 관계를 매개할 수 있다.

1) 건강행동 : 음주와 흡연

건강행동(health behavior)은 건강관리 혹은 건강증진을 위한 행위로 정의되지만(Cockerham, 2012) 넓게는 개인의 건강상태에 영향을 미칠 수 있는 모든 행위를 포함할 수 있으며, 음주나 흡연을 대표적인 예로 들 수 있다. 건강행동은 결과적으로 개인의 신체, 정신 건강상태에 영향을 미칠 수 있기 때문에 매우 중요하며 계층에 따라 음주, 흡연, 운동, 식이 등 다양한 측면에서 건강행동에 차이가 발견된다. 계층적 지위가 낮을수록 음주, 흡연율이 높아지고 중상층 이상의 사람들은 건강과 몸가꾸기에 열중하고 유기농, 질 좋은 음식을 섭취하는 경향이 있다. 한국사회도 서구사회만큼은 아니지만 앞으로 계층에 따른 식이의 차이가 점차적으로 더 확대될 것으로 보인다. 현재 한국에서도 유기농, 친환경 식재료에 대한 관심과 소비가 높아지고 있고 질 좋은 음식은 중상층 이상이 더 소비하기 쉽다.

한국사회에서 음주는 여가 혹은 사교 활동의 하나로 인식되는 경향이 있어 한국인의 음주량은 매우 높은 편이며 이와 관련된 건강문제도 심각한 편이다. 통계청의 '사망원인통계'(2012)에 따르면 2011년 기준 음주 관련 사망자수는 총 4,493명으로 하루 평균 12.3명이 음주와 관련된 문제로 인해 사망하였다. 한국에서 음주는 중상층 이상의 집단에서도 흔한 일이기 때문에 음주는 계층과 무관할 것 같지만 음주율에도 계층적 차이는 존재한다.

〈표 3〉에는 소득수준에 따른 연간음주율과 고위험음주율이 제시되어 있다. 이에 따르면 연간음주율은 오히려 소득수준이 올라갈수록 증가하는 양상을 띠지만 연간음주자 중 고위험음주행위를 하는 사람들을 분석해 보았을 때 소득수준이 내려갈수록 고위험음주율이 높아짐을 알 수 있다. 이는 한국에서 음주가 보편적인 활동일 수 있으나 음주행위의 위험성은 계층이 낮을수록 심각할 가능성이 있다는 사실을 의미한다.

〈표 3〉 소득수준에 따른 음주율의 차이

소득수준	연간음주율	고위험음주율
하	73.0	20.2
중하	75.5	17.8
중상	81.4	15.0
상	81.1	18.0

*소득수준 : 월가구균등화소득(월가구소득/$\sqrt{가구원수}$)을 성별 · 연령별(5세단위) 사분위로 분류

*연간음주율 : 최근 1년 동안 1잔 이상 음주한 분율

*고위험음주율 : 연간음주자 중 1회 평균 음주량이 7잔 이상(여자 5잔)이며 주 2회 이상 음주하는 분율

출처 : 통계청, 국가통계포털(http://kosis.kr).

음주에 비해 한국에서 계층적 차이가 좀 더 확연히 드러나는 것은 흡연율이다. [그림 1]은 19세 이상의 성인을 대상으로 한 '국민건강영양조사'의 결과이다. 2005년부터 2011년까지 시기별로 약간의 변동은 있으나 소득수준별 흡연율의 차이가 일관되게 나타난다. 소득수준이 높을수록 흡연을 하지 않는 경향이 높아진다. 현재 금연의 필요성에 대한 사회적 합의와 압력이 커지고 있으며 이 영향력이 중상계층 이상의 사람들에게 더 강하게 작용할 수 있어 앞으로 계층 간 흡연율의 차이는 더 커질 수 있다.[2]

2) 아직까지 한국에서 여성의 흡연율은 남성에 비해 낮지만, 남성의 흡연율은 감소하는 추세인 반면 여성의 흡연율은 증가하고 있다.

[그림 1] 소득수준에 따른 흡연율의 시기별 변화

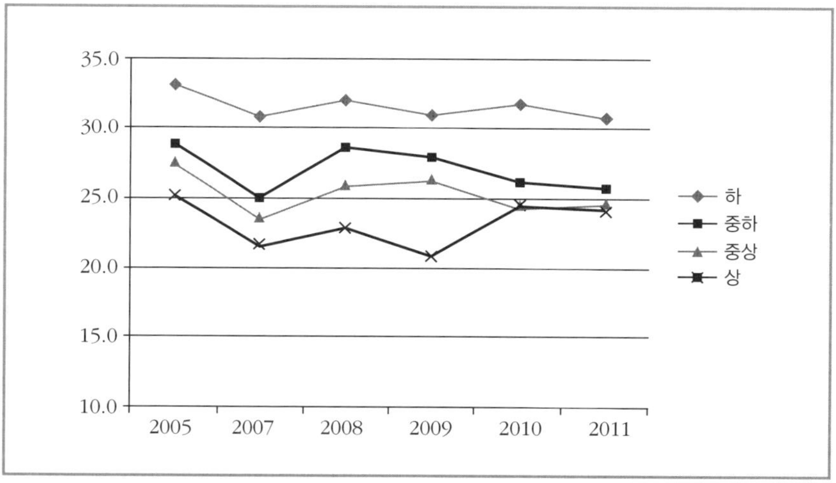

*소득수준 : 월가구균등화소득(월가구소득/$\sqrt{\text{가구원수}}$)을 성별 · 연령별(5세단위) 사분위로 분류

출처 : 통계청, 국가통계포털(http://kosis.kr).

2) 의료서비스 이용

계층에 따른 의료서비스 이용과 접근성 차이는 계층 간 건강불평등에 주요한 영향을 미칠 수 있는 요인이다. 계급, 사회경제적 지위에 따른 의료서비스 접근성의 차이는 서구사회에서도 두드러지게 나타나는 현상이다. 특히 한 사회의 의료보험의 상품화, 시장화의 수준이 높을수록 계층별 의료서비스 이용격차는 증가하며 이러한 상황에 해당하는 대표적인 국가로 미국을 들 수 있다.

한국은 미국처럼 의료보험이 시장화된 사회에 비해 상대적으로 건강보험의 공공성 수준이 높긴 하지만 한국에서도 계층에 따라 의료서비스 이용에 차이가 나타난다. [그림 2]는 소득수준별 연간 미치료율을 보여주는데, 소득수준이 높아질수록 미치료율이 감소하는 것을 알 수 있다. 물론 치료를 요하는 증상이 있음에도 병의원에 가지 않는 혹은 못 가는 이유에는 건강보험이나 소득수준만이 영향을 미치는 것은 아니다. 직업, 노동시간, 병증에 대한 인식이나 태도 등 다양한 요인이 영향을 미칠 수 있다. 그럼에도 이러한 요소들 역시 개인의 계층적 지위와 복합적으로 연관되어 있음을 인식할 필요가 있다.

[그림 2] 소득수준별 연간 미치료율(병의원)(2011년도 국민건강영양조사)

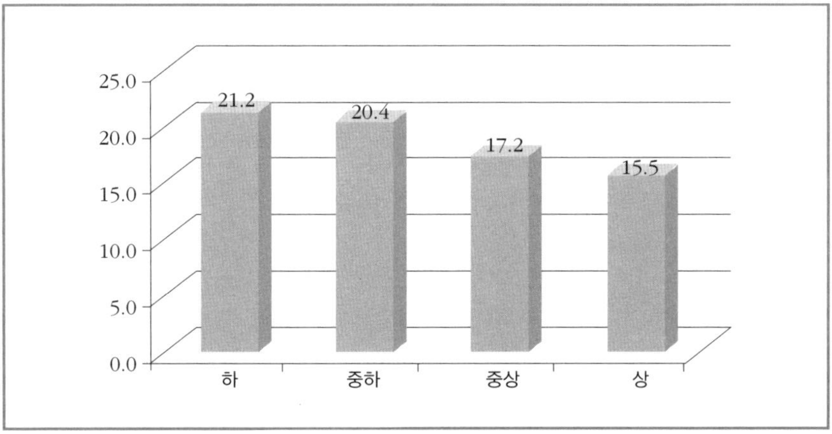

*연간 미치료율(병의원) : 최근 1년 동안 본인이 병의원(치과 제외)에 가고 싶은 때 가지 못한 분율

*소득수준 : 월가구균등화소득(월가구소득/$\sqrt{\text{가구원수}}$)을 성별 · 연령별(5세단위) 사분위로 분류

출처 : 통계청, 국가통계포털(http://kosis.kr).

3) 거주지역의 영향

계층 간 건강불평등에 영향을 주는 요인으로 거주지역에 대한 관심이 높아지고 있다. 근린지역효과(neighborhood effect) 혹은 지역의 맥락효과(contextual neighborhood effect)로도 불리는 거주지역의 영향은 개인의 삶과 건강에 해당 개인의 특성(교육수준, 소득 등)뿐 아니라 거주지역의 사회 · 경제 · 문화적 특성이 영향을 미칠 수 있음을 의미한다(Cockerham

2012). 이러한 시각은 근린지역이 "개인의 삶의 터전이면서 이웃과 상호작용하며 지역의 사회문화적 혹은 물리적 특성에 의해 영향을 받게 되는 질적인 차원의 공간"으로 사고함을 의미한다(김윤희 · 조영태, 2008: 4). 계층과 관련하여서는 개인의 계층적 지위에 따라 거주지역이 달라지고 이에 따라 거주지역의 집합적 특성이 개인의 건강에 다시 영향을 주는 관계를 상정할 수 있으며, 이러한 맥락에서 계층에 따라 거주지 분리(residential segregation)의 수준이 높은 국가나 지역에서 거주지역의 영향이 상대적으로 강하게 나타날 가능성이 있다.

지역효과를 탐구할 때 구성효과와 구별할 필요가 있는데, 구성효과란 지역의 독립적인 영향력이 존재하는 것이 아니라 단지 거주민의 개인적 특성이 모여 지역의 특성인 것처럼 관찰되는 경우를 의미하는 것으로, 이는 지역효과를 분석할 때 개인의 특성을 통제한 상태에서도 지역이 고유한 맥락적 효과를 갖는가에 대한 논의와 연결되며 개인의 특성을 넘어서는 유의미한 거주지역의 특성이 발견될 때 지역효과가 존재한다고 할 수 있다.

지역효과로 논의할 수 있는 것은 신체건강에 직접적으로 영향을 줄 수 있는 환경적 요인(위생상태, 대기오염, 상·하수도시설, 공공기반시설 등), 거주민의 사회심리적 상태에 영향을 줄 수 있는 요인(범죄, 안전, 시민의식 등) 등 다양한 측면을 고려할 수 있다(Cockerham, 2013; Ross and Mirowsky, 2001). 지역사회의 물리적 환경은 거주민의 삶에 영향을 미치는 구조적 · 환경적 기반이 된다. 공원시설의 미비 등 거주민의 신체활동에 부정적인 영향을 미칠 수 있는 환경(이경환 · 안건혁, 2008), 의료시설의 부족, 과도한 인구밀도, 비위생적인 환경으로 인한 전염병의 빠른 확산이나 사망률의 증가 등의 논리는 개인의 삶에 독립적인 영향력을 가지는 구조적 · 환경적 공간으로서 거주지역을 상정한다(Jackson *et al.*, 2000).

또한 사회심리적 맥락에서 거주지역의 빈곤상태나 유해한 환경 혹은 비행/범죄율 등이 거주민의 인식, 심리상태에 영향을 미쳐 궁극적으로 건강, 행복감, 삶의 질 등에 영향을 미칠 수 있다. 빈곤율이 높은 지역에 사는 사람들의 경우 그러한 환경으로 인한 스트레스와 희망 없음을 상대적으로 더 느낄 수 있고, 거주지역의 소득불평등이 큰 경우 상대적 박탈감을 더 경험할 가능성이 있다. 더불어 거주지역이 높은 범죄율을 갖거나 거주민이 자신의 동네가 무질서하다고 느낀다는 것은 거주민의 불안이나 스트레스를 의미하고 심리적으로 위축됨으로써 우울이나 부정적 심리상태로 나아갈 수 있다는 점을 함의한다.

3. 계층 간 건강불평등에 대한 이론적 접근

계층에 따른 건강불평등은 오랜 기간 동안 그리고 많은 사회에서 일관되게 관찰되어 왔으며, 이 현상을 설명하기 위한 이론적 논의들도 꾸준히 제기되어 왔다. 물론 사회경제적 지위가 건강에 영향을 미친다는 근본 가정에 대한 반론도 존재한다. 계층과 건강 간의 관계를 선택효과로 보는 시각으로서 건강이 나쁜 사람들이 결국 낮은 계급이나 사회경제적 지위에 머물게 된다는 것이다. 이 역시 실제 사회에서 관찰되는 일이고 이에 대한 연구결과도 존재하나 건강한 사람들의 생애과정을 추적해 보면 사회경제적 지위와 건강 간 인과관계가 보편적으로 나타난다.

1) 근본원인론

사회경제적 지위는 건강에 영향을 미치는 근본적인 원인(fundamental cause)이라고 할 수 있을까? 건강에 대한 근본원인론(fundamental cause theory)은 사회경제적 지위가 건강에 영향을 미치는 근본원인이라고 본다.

링크와 펠란(Link and Phelan, 1995)은 사회경제적 지위가 사망률과 유병률의 근본적인 원인이라고 주장한다. 사회경제적 지위를 건강 혹은 질병의 근본원인으로 볼 수 있는 근거로 몇 가지를 들 수 있는데, 먼저 사회경제적 지위가 질병에 걸렸을 때 그 질병으로 인한 위험성을 최소화하거나 줄일 수 있는 자원에 접근하는 데 영향을 미친다는 점을 든다. 질병의 부정적 효과를 줄일 수 있는 자원으로는 돈, 지식, 지위, 사회적 지지와 연결망 등이 있을 수 있는데 이러한 자원이 사회경제적 지위에 따라 차등적으로 주어진다는 것이다(Link and Phelan, 1995). 또한 시대별로 위험요소, 질병, 질병에 대한 지식, 치료 등이 변화함에도 불구하고 시대 및 지역과 무관하게 사회경제적 지위는 질병에 일관되게 영향을 미친다는 점을 지적한다(Link and Phelan, 1995; Link *et al*., 2008). 마지막으로 사회경제적 지위로 인해 파생되는 위험의 경로가 다양하고, 다양한 질병과 연관된다는 점에서 근본원인이라 칭할 수 있다는 주장이다(Link and Phelan, 1995).

2) 자원의 불평등 : 구조적 접근

계층에 의해 형성된 삶의 물질적 · 신체적 상황은 건강수준을 결정하는 주요 요인이다(아스타나 · 할리데이, 2009[2006]). 사회구성원들은 자신의 계급 혹은 사회경제적 지위에 따라 서로 다른 물질적 · 환경적 · 사회적 상황에 처하고, 그 상황은 근본적으로는 자원이 불평등하게 분배된다는 사실에서 연유한다. 낮은 계층의 사람들은 실업, 빈곤, 비위생적인 주거환경, 위험한 노동환경 등에 처하는 경우가 많으며 그만큼 높은 수준으로 건강위험요소에 노출되어 살아간다(네틀턴, 1995). 반면 계층적 지위가 높은 집단은 의료서비스 이용에 제한을 받지 않으며(Cockerham, 2013) 높은 수준의 사회적 연결망을 갖는다. 정보가 흐르고 실질적 도움을 교환할 수 있는 사회적 연결망은 건강에 이로운 영향을 미친다.

3) 사회심리적 설명

스트레스는 건강에 부정적인 영향을 미친다. 물론 인간이 살아가면서 크고 작은 스트레스를 경험하는 것은 당연한 일이며 오히려 어느 정도의 스트레스는 몸의 항상성을 높여 건강에 이롭다. 그러나 과도한 스트레스(acute stressor) 및 만성적 스트레스(chronic stressor)는 심리, 정신건강에 악영향을 미칠 뿐 아니라 장기적으로는 신체건강에까지 영향을 미친다. 선행연구는 다양한 스트레스 유발요인(stressor)을 탐색하면서 스트레스가 사망 등 신체건강에도 영향을 미침을 보여주었다(Lantz *et al*., 2005; Matthews and Gump, 2002; Krause, Show, and Cairney, 2004).

낮은 계층은 상층에 비해 만성적이고 과도한 스트레스에 노출될 가능성이 높다. 즉 계층에 따른 건강격차는 계층적 지위가 파생시키는 삶의 조건으로부터 영향을 받는 스트레스의 차이로 설명될 수 있다. 자원의 불공정한 분배, 부정적 · 경제적 상황과 노동환경, 만성적 고용불안정은 스트레스의 수준을 상대적으로 더 과도하게 높여 하층계층의 건강에 부정적인 영향을 미칠 수 있다. 물론 이러한 사회심리적 접근도 그 기저에는 계층 간에 서로 다른 구조적 · 사회적 환경의 존재를 고려한다는 점에서 구조적 접근과 일맥상통한다고도 할 수 있다.

4) 문화적 재생산 : 계층적 지위와 건강행동

부르디외는 취향이나 소비양식 등을 계급적 특성의 하나로 포함함으로써 계급에 대한 새로운 시각을 제공하였다. 아비투스(habitus)는 객관적 생활조건의 영향을 받아 형성되며 깊숙이 체화되기 때문에 다양한 영역에서 행위자의 실천과 이에 대한 인식을 형성한다(부르디외, 1995[1979]). 그러므로 아비투스는 계급별 식이, 운동 등 건강에 영향을 미치는 일상생활의 체화된 행동양식을 포함한다. 계급에 따라 건강과 관련한 서로 다른 문화적 특성을 가지며, 이는 세대를 통해 전승 즉 하나의 가족문화로 전해지면서 그 영향력을 공고히 한다.

부르디외가 논의한 계급에 따른 일상생활의 차이 및 가족문화를 통한 계급문화의 형성이 뚜렷한 프랑스사회를 토대로 하고 있다는 점에서 한국사회에의 적용에 유의해야 한다는 지적도 고려할 만하다(신광영, 2004: 108). 그러나 앞으로 한국사회에서 일상적 소비와 취향의 발현으로서 건강행동과 건강관리에 계층 간 차이가 확대될 가능성이 있다.

부르디외의 이론에 터하지 않더라도 많은 연구자들이 계층 간 문화적 혹은 행동적 차이에 주목했다. 계층적 차이가 생활방식과 건강과 관련된 태도와 행동의 차이를 낳고 이것이 궁극적으로는 건강에 영향을 미친다는 것이다. 낮은 계층의 사람은 흡연 · 음주를 많이 하고 운동을 적게 하는 경향이 있으며(네틀턴, 1995), 질병에 대해 숙명론적 시각을 갖는 경우가 많다(Cockerheim, 2012). 또한 마초적인 남성성을 추구하는 문화적 특성은 남성에게 위험한 건강행동을 유발하고 질병이나 증상에 대해 인정하지 않거나 의료서비스를 받지 않는 경향을 낳을 수 있는데(Courtenay, 2000), 이러한 마초적인 특성은 하층계급에 더 강하게 나타날 수 있다.

문화적 특성에 기반한 설명은 개인의 건강행동도 사실상 개인이 속한 계층의 문화와 습득한 생활방식에 그 뿌리가 있다는 점을 알려줌으로써 질병은 개인의 책임이라는 시각에서 벗어날 수 있게 한다. 그러나 행위에만 초점을 맞출 경우 낮은 계층의 문화 · 행동에 책임을 전가하는 결과를 낳을 가능성이 있다(네틀턴, 1995).

4. 잘살지만 건강하지 않은 사회 : 소득불평등과 건강

1) 소득불평등과 건강

산업화는 인간의 삶을 물질적으로 풍요롭게 하였을 뿐 아니라 영양 및 위생상태의 수준을 높여 건강과 수명연장에 긍정적인 결과를 낳았다. 그런 의미에서 국가의 생산성, 소득수준은 국민의 건강수준과 직결된다. 국가가 물질적으로 부유해질수록 국가 내 국민의 평균 건강수준도 높아지는 것이다. 국가의 소득수준은 국민의 평균 사망률, 영아사망률 등의 건강지표와 밀접하게 연관되며 주요 사망원인에도 차이를 낳는다. WHO의 보고에 따르면 저개발국은 전염병으로 인한 사망률이 높지만 선진국의 경우는 암, 심혈관질환 등 만성질환이 주요 사망원인으로 꼽힌다(WHO, 2013).

그러나 영국의 학자 윌킨슨(2004, 2008)은 어느 수준 이상의 물질적 풍요를 이룩한 선진국들을 비교해 보면 국민 1인당 평균소득의 증가가 반드시 국민의 평균 건강수준을 높이는 것은 아니라고 주장한다. 저개발국과 선진국을 비교할 때는 저개발국의 건강수준이 선진국에 비해 낮은 것은 사실이지만 경제적 발전을 이룬 선진국들만을 비교해 보았을 때는 국가별 소득수준이 건강수준을 온전히 설명하지 못한다는 것이다. 오히려 선진국들 중에는 다른 나라에 비해 사망률이 높고 국민들의 행복지수가 낮은 경우를 발견할 수 있는데 윌킨슨에 의하면 이를 설명할 수 있는 요인은 국가 내 소득불평등이다(윌킨슨, 2004, 2008). 소득불평등 가설이라고도 불리는 이 이론은 한 국가, 사회 내 소득차이가 커질수록 평균적인 건강수준은 낮아진다는 내용으로 건강에 대한 사회심리적 영향을 강조한다.

윌킨슨(2004, 2008)에 따르면 국가 간, 국가 내 건강불평등은 소득불평등의 정도로 설명되는데, 이는 소득불평등이 사회구성원의 상대적 박탈감과 이에 따른 스트레스와 불안을 증대시키기 때문이다. 소득불평등이 큰 사회에서 개인들은 끊임없이 다른 사람들과의 비교와 경쟁에 시달린다. 상위 소득집단으로 올라가기 위한 경쟁체제는 구성원의 불안과 우울을 증가시키는데, "빈곤계층은 사회적 박탈의 직접적이고도 물질적인 영향뿐 아니라 사회심리적인 영향도 받는다. 실제로 사회적 위계질서의 맨 밑바닥에 있는 사람들은 엄청난 물질적 박탈감으로 고통을 받을 뿐 아니라 사회심리적 · 정서적 박탈감으로도 고통받는다. 그리고 이런 사회심리적 박탈감이 물질적 박탈감의 직접적인 영향보다 건강에 더 큰 충격을 준다는 사실을 인식하는 것이 중요하다(윌킨슨, 2004: 230-231)." 널리 알려진 '화이트홀 연구(Whitehall Study)는 상대적으로 안정적인 직업을 가진 공무원들 내에서도 직급에 따라 사망률이 차이가 나타난다는 점을 밝혀냄으로써 불평등의 사회심리적 효과를 지지하는 결과를 제공한다(Marmot *et al*., 1984, 1991; 아스타나 · 할리데이(2009[2006])에서 재인용).

윌킨슨의 소득불평등과 건강에 대한 논의는 저개발국이나 개발도상국에는 적용되지 않는다. 이는 이미 윌킨슨의 주장에 내재한 부분으로 일정 정도의 건강증진을 위해서는 국가의 1인당 소득수준이 높아지는 것, 즉 어느 정도 수준의 물적 수준이 뒷받침되어야 한다. 또한 최근의 연구는 소득수준이 높은 선진국의 경우에도 윌킨슨의 주장이 유의하지 않다는 결과를 보여주기도 하였다(Beckfield, 2004; McLeod *et al*., 2004). 물질적 계급이나 사회경제적 지위는 한 가지 경로가 아니라 다양한 경로를 통해 건강에 영향을 미치기 때문에 소득불평등은 이러한 경로 중 하나이므로 소득불평등의 효과를 지나치게 강조하는 것은 타당하지 않다는 지적도 고려할 만하다(Cockerham, 2013).

그럼에도 불구하고 윌킨슨은 산업화와 경제발전이 건강불평등을 줄이지 못하는 현실에 대해 설득력 있는 주장을 제공한다. 물론 소득불평등뿐 아니라 상대적 박탈감과 불안을 가중시키는 다차원적인 경로를 고려할 필요가 있다. 비정규직의 증가와 불안, 세계화시대에 가중되고 있는 경쟁체계의 확산이 한 사회의 건강수준에 미치는 영향을 탐구할 필요가 있겠다.

2) 사회적 통합, 공동체, 사회적 자본

소득불평등이 건강에 부정적인 영향을 미치는 이유는 소득불평등이 궁극적으로 사회적 통합을 저해하기 때문이다(윌킨슨, 2004). 계층에 따라 삶의 조건과 생애기회의 차이가 큰 사회에서 사람들은 공동체 의식을 가지기 어렵다. 사회통합은 사회구성원 모두의 행복 · 건강 · 안녕(well-being)을 위한 중요한 요인이며, 이는 고전학자로는 뒤르켐과도 연관되며 근래로는 퍼트넘으로 대표되는 사회적 자본에 대한 논의와도 연관된다.

사회적 자본에 대한 논의는 부르디외에 의해 촉발되었지만 퍼트넘은 부르디외에 비해 공공선으로서의 사회적 자본 개념을 강조한다. 부르디외는 사회적 자본을 "지속적인 연결망 혹은 상호 면식이나 인지가 제도화된 관계를 가짐으로써 획득되는 실질적이거나 잠재적인 자원의 총합"으로 정의한다(Bourdieu, 1983: 248). 즉 사회적 자본은 사회적 연결망 그 자체와 그 관계를 통해 접근 가능한 자원의 양과 질이라는 두 가지 요소로 파악된다. 반면 퍼트넘(Putnam, 2007)에게 사회적 자본은 시민적 참여의 연결망이 토대가 되어 형성되는 호혜성, 규범과 신뢰이다. 그러므로 사회적 자본은 공동체의 구성원들 간 공동의 가치와 상호신뢰로 야기된, 모두에게 가용한 자원이다(Putnam, 1993; Gray, 2009). 시민적 참여가 증가하면 사회의 신뢰는 증가하며 공동체적 성격이 형성될 수 있으며, 이러한 사회는 구성원의 전반적 행복감을 증대시키기 때문에 건강에 이롭다.

특히 신뢰가 건강에 미치는 영향은 많은 선행연구에서 중요하게 다루어졌는데, 선행연구들은 사회구성원이 공공기관이나 타인에 대해 신뢰를 갖고 있을수록 건강에 이롭다는 것을 보여주었다(Lindstrom and Mohseni, 2009; O' Connor *et al*., 2011). 사회적 자본에 대한 논의는 타인에 대한 신뢰가 가능한 공동체의 긍정적 영향, 즉 사회통합의 중요성을 설파한다는 점에서 소득불평등이 사회구성원의 건강을 해친다는 점을 주장한 윌킨슨의 논의와 맞닿아 있다.

5. 맺음말

계층은 건강불평등에 영향을 미치는 가장 중요한 사회적 요소이다. 계층에 대한 개념적 정의와 측정방식은 시대와 사회마다 달라질 수 있으나 인간사회에 계속적으로 존재한 사회적 층위와 그 내의 위치가 건강에 공고한 영향을 미친다는 사실에는 변함이 없어 보인다. 계층은 개인이 처한 물질적 · 환경적 조건에 영향을 미침으로써 건강에 직접적인 영향을 미치며 계급 간 문화적 차이를 형성하고 건강행동에 영향을 준다. 뿐만 아니라 계층 간 서로 다른 수준의 사회적 지위와 소득은 상대적 박탈감을 증가시키는 등 사회심리적 조건을 만든다. 이러한 맥락에서 단지 절대적인 부, 빈곤, 물질적 조건만을 고려할 것이 아니라 상대적 빈곤, 박탈감, 소득불평등이 건강에 미치는 효과에 주목할 필요가 있다.

이러한 점은 단지 교육수준, 소득, 직업 등 계층 혹은 사회경제적 지위를 나타내는 지표의 효과뿐 아니라 노동시장 내 불평등과 고용불안정이 확대되고 있는 한국사회에서 노동시장 내 차별적 지위가 낳는 심리적 불안감, 스트레스 등이 장기간에 걸쳐 건강에 미치는 효과도 분석할 필요가 있음을 함의한다. 더불어 개인의 계층지위가 파생시키는 다양한 조건과 환경에 대해 분석의 범위를 넓힐 필요가 있다. 앞으로 계층과 건강불평등에 대한 좀 더 다양한 각도에서의 연구가 필요하다.

제 9 장

가족과 여성건강의 사회적 맥락

| 이민아(중앙대학교 사회학과) |

1. 가족은 건강에 긍정적인가?

가족(family)이란 보통 결혼이나 혈연으로 맺어진 사람들로 이루어진 집단을 의미한다. 그러나 이러한 정의는 현대사회 가족의 모습을 적절히 반영하지 못하는 것으로, 가족의 변동을 반영할 수 있는 좀 더 광의의 정의가 요구된다. 현재 서구뿐 아니라 한국사회에서도 한부모가족, 조손가족, 입양가족, 동성가족, 비친족가족 등 다양한 형태의 가족이 증가하고 있기 때문이다.[1] 그러므로 가족이란 혈연이나 결혼으로 맺어진 관계뿐 아니라 구성원 간의 애정 혹은 가족이라는 정체성을 공유하며 살아가는 사람들을 모두 포함하는 개념으로 정립될 필요가 있다(Seccombe, 2008).

가족은 구성원의 건강에 중요한 영향을 미친다. 가족은 개인이 매일 접촉하고 교류하는 사람들인 만큼 가장 밀접한 관계를 맺는 일차적 집단이며 일상생활의 터전이기 때문에 건강뿐 아니라 개인의 생애과정 전반에 영향을 미친다고 할 수 있다. 우리의 일상생활을 생각해 보더라도 가족과 함께 식사를 하며(식이습관 및 영양섭취) 가족성원의 건강행동(흡연, 운동, 음주 등)에 직·간접적으로 영향을 받는다. 뿐만 아니라 가족은 흔히 외부에서 경험하는 경제적 · 정신적 · 육체적 스트레스를 감소시켜 줄 수 있는 안식처이자 든든한 버팀목으로 인식된다. 그렇다면 가족은 건강에 긍정적인가?

1) 가족의 긍정성 : 사회적 통합과 건강

인간은 사회적 존재이며 가족은 현대사회에서 개인이 맺는 기초적인

---

1) 2005년과 2010년의 「인구주택총조사」 결과를 비교해 보면 한국가족의 변화를 짐작할 수 있다. 5년의 기간 동안 부부와 자녀로만 이루어진 2세대 가구는 감소하였고(2005년 42.18%에서 2010년 37%로) 한부모와 자녀로 이루어진 가구는 증가한 것으로(8.70%에서 9.19%로) 나타났다. 또한 조손가구도 2005년 0.37%에서 2010년 0.69%로 증가하였다.

단위의 사회적 관계이다. 가족은 개인에게 가장 밀접한 타인이며 가족이 없다면 물질적 · 도구적 · 정서적 측면에서 취약한 존재가 될 수 있다. 가족과 건강 간의 관계를 탐구하는 연구들은 주로 이러한 측면에서 가족의 긍정성을 강조해 왔다. 가족은 경제생활의 기본단위이므로 개인에게 경제적 · 물질적 자원을 제공하는 터전이며 식이, 거주 등에 관련된 도구적(instrumental) 자원을 제공한다. 더불어 가족은 살아가면서 어려움이나 고난을 겪을 때 위로와 정서적 지지(emotional support)를 주기도 하여(Aldwin and Gilmer, 2004) 가족의 존재는 정신건강 및 신체건강에 긍정적인 영향을 미칠 수 있다. 가족이 건강에 미치는 긍정적인 영향은 가족이 기본적으로 경제적 안녕(economic well-being)과 사회적 지지(social support)를 제공할 수 있다는 점에 기인한다(Ross, Mirowsky, and Goldsteen, 1990).

가족의 긍정성은 고전 사회학자인 뒤르켐으로 거슬러 올라간다. 뒤르켐은 기혼과 미혼, 자녀의 유무를 기준으로 자살률을 비교하였고 기혼이 미혼보다, 자녀가 있는 경우가 그렇지 않은 경우보다 자살률이 낮다는 점을 지적했다(뒤르켐, 2008[1897]). 이는 사회적 관계를 맺는다는 것이 갖는 긍정적인 영향을 의미하는 것으로 가족의 존재가 개인이 느끼는 사회적 통합의 수준을 높이기 때문으로 설명된다.

이러한 측면에서 가족의 긍정적 영향은 사회적 통합의 효과로 사고될 수 있다. 가족의 유무를 기준으로 비교하였을 때 가족이 있는 사람이 없는 사람에 비해 사회적 통합의 수준이 높고 이것이 건강행동이나 건강 자체에 긍정적인 영향을 줄 수 있기 때문이다. 가족의 존재는 사회적 통합의 수준(social integration)을 반영하고 소속감과 정체성의 원천이 되며 고독감과 사회적 소외감을 낮춤으로써 정신건강에 긍정적인 역할을 하고(Ross, Mirowsky, and Goldsteen, 1990) 나아가 구성원 간 통제를 통해 긍정적인 건강행동, 건강관리를 가능하게 한다(Rogers, 1996).

2) 가족의 부정성 : 가족의 이면

가족의 긍정성을 인정한다고 하더라도 가족이 늘 그리고 온전히 기능적이거나 긍정적인 것만은 아니다. 가족 내에는 가정폭력, 학대, 가족 내 불평등 등 여러 가지 부정적인 측면이 존재하기도 한다. 극심한 가족갈등, 가족불평등하에서 가족의 존재가 긍정적인 영향을 미치리라고 기대하기는 어렵다. 오히려 가족구성원의 우울감, 좌절감을 증대시키고 음주, 흡연 등의 부정적 건강행동을 증가시킬 수 있다. 가족으로 인한 스트레스가 오랜 기간 동안 만성적으로 지속될 경우 가족구성원에 미치는 영향은 정신건강, 건강행동을 넘어 신체건강 및 사망확률에도 확대될 수 있음은 물론이다.

또한 가족은 경제적 단위이자 사회적 지지를 제공함으로써 구성원을 외부의 위험요소들로부터 보호하기도 하지만 반대로 개인에게 여러 가지 의무를 지우기도 한다(Ross *et al*., 1990). 남성생계부양자 규범이 보편적인 사회일수록 가족의 경제적 상황에 대한 남성의 책임은 더 커지며 반면 가사노동과 육아로 인한 여성의 의무와 헌신도 요구된다. 사실상 가족을 포함한 모든 사회적 관계가 긍정적이기만 한 것이 아니라 감정적 · 육체적 · 경제적 긴장을 초래할 수 있다(Rook, 1984).

이러한 맥락에서 가족의 긍정성만을 강조하는 시각은 가족을 신화화하고 그 이면을 보지 못하게 할 가능성이 있다. 특히 서구에 비해 복지체계가 약하고 강한 가족주의를 갖고 있다고 평가되는 한국사회에서는 가족이 수행해야 하는 부담이 과중한 현실을 고려할 필요가 있다. 한 사회에서 보편적으로 받아들여지는 가족의 유형이 항상 건강에 긍정적인 영향을 미치는 것은 아니며 혼자 사는 1인 가구가 반드시 건강에 부정적이라 전제할 수도 없다. 가족 내에서도 불평등과 갈등이 있다면 건강에 부정적일 것이며 1인 가구의 경우도 가구원이 처한 개인적 · 사회적 맥락에 따라 건강에 미치는 영향은 다를 수 있다(이민아 · 김지범 · 강정한, 2011).

2. 가족효과에 대한 접근 : 구조적 접근과 질적 접근

1) 구조적 환경으로서의 가족 : 가족구조와 결혼상태

건강에 대한 가족효과를 탐색하는 방식으로 먼저 객관적 구조로서의 가족의 유형 혹은 변화에 초점을 맞추는 방식을 들 수 있다. 주로 가족의 구성이나 유형 등을 기준으로 논의하는 방식으로 현 사회에서 존재하는 다양한 가족의 유형을 건강의 측면에서 비교하고 그 원인을 추론한다. 이러한 접근방식의 대표적인 연구대상으로 가족구조와 결혼상태(marital status)를 들 수 있다.

(1) 가족구조

가족구조(family structure)란 한 가족 내의 객관적 · 구조적 형태를 지칭하는 개념으로 함께 사는 세대의 수, 자녀유무, 결혼해체 여부 등으로 구분될 수 있다. 2세대 가정, 3세대 이상 가정, 한부모가정, 조손가족 등 다양하게 가족구조를 구분하기도 한다. 가족구조와 유사한 용어로서 가구구성(household composition) 혹은 동거형태(living arrangement)가 있다. 이 두 용어는 누구와 사는가를 기준으로 한다는 점에서 가족과 유사하나 가구는 함께 사는 사람들만을 지칭하는 용어이며 가족처럼 혈연이나 결혼, 한가족이라는 정체성, 구성원 간의 애정이나 친밀성에 근거하지 않는다는 점에서 가족보다는 광의의 개념이라고 볼 수 있다.

연구에 따라 사용하는 개념에는 차이가 있지만 가족구조 혹은 가구구성이 건강에 미치는 영향에 관심을 기울이는 연구들은 주로 '함께 살아가는 존재'의 긍정적 영향을 강조한다. 가족구조, 가구구성, 혹은 동거형태는 개인의 사회통합수준을 반영하는 변수이자 구조적 조건으로 고려되어 왔던 것이다(Alwin, Converse, and Martin, 1985). 사망률을 포함한 다양한 건강지표가 가족구조 혹은 가구구성에 따라 다르게 나타난다(Rogers, 1996; Meadows, 2009). 보통 양부모가족에 비해 한부모가족이, 배우자와 함께 사는 사람보다는 이혼, 별거를 한 사람이, 누군가와 함께 사는 사람에 비해 혼자 사는 사람(1인가구)이 획득할 수 있는 물질적 · 도구적 · 정서적 자원의 수준이 상대적으로 취약하기 때문에 건강에 부정적인 영향을 미친다고 인식된다. 이러한 가족구조 내 성원들은 사회적 · 경제적 관계(ties)에서 소외될 수 있고 이에 따라 소속감, 안정감 등의 측면에서 취약하여(Ross *et al*., 1990) 건강상태가 하락한다. 또한 사회 · 경제적 연결망이 부족하거나 사회적 편견이나 차별에 노출될 가능성이 많기 때문에 정신건강 및 신체건강에 부정적인 영향을 미칠 수 있다.

(2) 결혼상태

결혼은 가족을 구성하는 주요한 방법 중 하나이다. 현재 평균 초혼연령과 미혼율이 증가하고 있어 결혼의 실태와 의미도 변동하고 있으나 여전히 결혼은 생애과정의 중요한 단계이자 중장년 및 노년기 삶에 중요한 영향을 미치는 요인임에는 틀림이 없다. 결혼상태(marital status)는 일반적으로 배우자가 있는 상태(혼인 중)와 이혼, 별거, 사별, 미혼(결혼한 적 없음)으로 나뉜다. 여기에 연구에 따라서는 동거(사실혼)가 갖는 상이한 의미와 맥락을 분석하기 위해 일반적인 결혼과 동거를 구분하여 조사하기도 한다.

결혼상태는 현재 개인이 처한 사회적 환경을 반영하는 지표인 만큼 건강에 주요한 영향을 미치는 요인으로 알려져 왔다. 결혼과 건강, 삶의 질에 대한 연구는 결혼이 일반적으로 개인의 건강과 삶에 긍정적이라고 주장한다. 결혼은 개인에게 경제적 · 도구적 · 정서적 혜택을 제공해 주는데, 이는 결혼한 사람이 비혼자보다 경제적으로도 넉넉하고 더 행복하고 건강하다는 주장으로 연결된다(Waite and Gallagher, 2000). 결혼으로 인해 규모의 경제를 운영할 수 있어 물질적 · 경제적으로 윤택해지며 함께 고난과 역경을 헤쳐가면서 위로와 정서적 지지를 얻음으로써 건강에 긍정적이다. 또한 결혼은 배우자의 건강행동을 통제하고 건강관리를 촉진할 수 있다(Ross *et al.*, 1990).

많은 선행연구들이 결혼한 사람이 비혼자에 비해 사망률, 신체건강, 정신건강의 측면에서 더 건강하다는 점을 보여주었다(Mirowsky and Ross, 1989; Litwack and Messeri, 1989). 사별, 이혼, 별거 등의 결혼해체는 그 과정 자체가 높은 수준의 스트레스를 동반하는 사건이므로 혼인 중인 사람과 비교했을 때 상대적으로 취약할 수 있다. 또한 결혼한 적 없는 미혼자의 경우도 배우자가 있는 사람에 비해 경제적 · 정서적 측면에서 취약한 환경에 놓일 수 있는데 이러한 문제는 연령이 증가할수록 커질 수 있다.

그러나 결혼과 건강의 긍정적 관계를 결혼의 선택효과(selection effect)로 보는 시각도 존재한다. 이는 건강하고, 경제적으로 유리한 위치에 있는 사람들이 결혼을 할 수 있으므로 역인과관계를 주장하는 논리이다. 그러나 선택효과를 주장하는 연구의 경우도 인과관계가 모호하다는 지적을 받는다(Ross *et al.*, 1990).

2) 질적 환경으로서의 가족 : 가족관계, 가족응집력, 친밀성

가족구조, 결혼상태 등 가족의 구조적 측면이 한 개인이 가진 사회적 통합의 수준을 반영한다고 할지라도 특정한 가족구조나 유형이 그것의 효과를 보장하는 것은 아니다. 이 때문에 가족의 구조적 측면보다는 질적 측면을 봐야한다는 주장이 제기되며 이러한 측면에서 가족관계나 가족응집력의 효과에 주목할 수 있다.

실제 수행된 연구들은 긍정적인 가족관계가 자살충동이나 생각을 낮추고(최연희 · 김수현, 2008; 최인 · 김영숙 · 서경현, 2009) 정신건강 및 안녕감에 긍정적인 영향을 미친다는 사실을 보여주었다(Bell and Bell, 2012; Barret, 2005). 가족갈등은 노인의 우울을 높이지만 가족친밀감은 우울을 낮추었고(강월숙 · 문재우 · 박재산, 2011) 가족응집력이 높을수록 우울(김유심 · 곽지영, 2010)과 문제음주는 감소하였다(권중돈 · 김동기 · 김기수 · 박수진, 2012). 결혼도 배우자와의 관계, 결혼생활의 질이 좋을 때 정서적 지지의 원천이 될 수 있다(Ross *et al*., 1990).

이러한 연구들은 가족성원 간의 정서적 지지나 감정교환이 건강에 긍정적인 영향을 미치는 보호요인이 될 수 있지만 가족의 존재 자체가 정서적 지지를 담보하는 것은 아니라는 점을 함의하며, 이러한 측면에서 가족의 질적 측면을 볼 필요가 있다. 가족관계가 부정적인 경우, 심각한 가족갈등이 있거나 가족관계가 정서적 지지를 제공하지 못할 경우 가족은 건강에 부정적인 영향을 미친다. 더불어 음주, 흡연 등의 부정적 건강행동과 심리적 스트레스를 증가시킴으로서 건강에 부정적인 영향을 줄 수 있다. 심각한 가족갈등, 가족 내 학대경험, 가정폭력 등은 가족구성원에게 심각한 심리적 트라우마를 남겨 향후의 삶에 지속적인 영향을 미칠 수 있음은 물론이다.

3. 여성건강의 실태 : 성별에 따른 건강격차

가족의 효과는 가족유형, 가족관계 등에 따라 달라지지만 동일한 가족 내에서도 성별에 따라 건강의 수준이 다르다. 3～4절에서는 여성건강의 실태와 이에 대한 이론적 논의를 다루고자 한다.

1) 여성건강 : 낮은 사망률과 높은 유병률

인간의 평균수명은 산업혁명과 근대화를 거치며 급속히 증가하였고, 이제 우리는 100세 시대를 눈앞에 두고 있다. 노인학에서는 100세 이상의 노인에 대한 연구도 활발히 진행되고 있는 실정이다. 통계청에 따르면 한국인의 평균수명(0세 기준의 기대여명)도 1970년 기준으로 61.93세에서 2011년 기준 81.2세로 가파르게 상승했다(통계청, 각 연도).

이러한 평균수명을 성별로 비교해 보면, 여성이 남성보다 오래 산다는 것을 알 수 있다. 이는 산업화된 대부분의 나라에서 공통적으로 나타나는 현상으로 한국도 예외는 아니다. 산업화는 남녀 모두의 평균수명을 증가시켰으나 상대적으로 여성의 평균수명이 더 급격히 증가하였다. 1960년 기준 한국 남성의 평균수명은 51.1세, 여성의 평균수명은 53.7세로 그 차이는 약 2.6년이었으나(OECD, 2009), 1970년 기준 한국 남성의 평균수명은 58.67세, 한국 여성의 평균수명은 65.57세로 여성이 남성에 비해 약 6.9년 이상 더 생존하였다(통계청, 각 연도). 2011년 기준으로는 남성의 평균수명이 77.65세, 여성의 평균수명이 84.45세로 남성과 여성 간의 평균수명 격차는 약 6.8년이다(통계청, 각 연도). 이러한 평균수명의 격차는 1985년에 최고치를 경신하였는데 그 당시 성별 수명차이는 약 8.4년이었으며 그 후로 성별 차이가 점차 감소하고 있는 추세이다. 비록 성별 평균수명의 차이는 감소하고 있으나 아직까지 여성이 더 오래 사는 것은 틀림없는 사실이다.[2]

반면 여성은 남성보다 오래 살지만 남성보다 질병에 걸릴 확률이 높다. 이러한 특징은 서구사회에서도 일관되게 나타나는데 심혈관계 질환, 악성

---

2) 산업화된 서구사회에서도 여성과 남성의 수명차이가 감소하고 있다. 왜 평균수명의 차이가 줄어들고 있는가도 중요한 연구주제 중의 하나가 될 수 있다. 여성의 경제활동이 증가하여 일로 인한 스트레스가 증가하고 흡연, 음주 등의 부정적인 건강행동이 증가하고 있음을 그 원인으로 지적하기도 한다(Cockerham, 2012).

신생물 등 생명에 치명적인 영향을 미치는 질병은 남성이 더 잘 걸리는 데 반하여 여성은 상대적으로 오래 지속되지만 치명적이지는 않은 질병에 걸릴 확률이 높다는 보고도 있다. 물론 여성이 정말 남성보다 더 질병에 잘 걸리는가에 대한 논란도 존재한다. 임신, 출산과 관련된 질병, 무력상태 등을 제외하고 비교하더라도 일반적으로 여성이 남성보다 유병률이 높은 것으로 발견되기도 하고(랜들리, 2004), 임신 · 출산과 관련된 질병을 제외하였을 때 15~44세 사이 남성과 여성의 차이는 거의 사라진다는 연구결과도 존재한다(MacFarlane, 1990; 네틀턴, 1995에서 재인용). 평균수명의 차이에 비해 남성과 여성 유병률의 차이는 다소 명확하지 않은 것이 사실이나 많은 연구들이 여성이 남성에 비해 질병을 진단받거나 인식할 확률이 전반적으로 높다는 사실을 보여준다.

왜 이러한 차이가 발생하는가? 건강에 나타나는 성차는 생물학적 · 사회적 요인의 복합적인 작용에 의해 나타나는 것으로 어느 한 요인만으로 온전히 설명되지는 않는다. 여성과 남성은 서로 다른 해부학적 · 생리학적 특성을 가지고 있으며 생물학적 연구들은 남성이 여성에 비해 생물학적으로 취약하다는 주장을 하기도 한다. 실제로 남성이 여성이 비해 출생 전과 신생아기의 사망률이 높고 내분비 성호르몬 때문에 치명적인 질병인 심혈관계 질환 등의 발병률이 높고(Cockerham, 2012) X염색체 유전자가 감염성 질환에 대한 면역성을 높인다는 주장도 있다(네틀턴, 1995). 그러나 생물학적 차이는 일부분을 설명할 수 있을 뿐 여성과 남성의 차이를 충분히 설명하지 못한다. 일례로 왜 산업화가 여성의 수명에 더 큰 영향을 미쳤는가는 생물학적 차이만으로는 설명되지 못하며 성별에 따른 건강격차를 좀 더 명확히 설명하기 위해서는 사회적 조건과 맥락을 고려할 필요가 있다.

2) 여성의 정신건강

여성은 남성보다 우울과 불안 등의 정서장애(mood disorder)를 겪을 확률이 높다. 실제로 이는 서구뿐 아니라 한국에서도 나타나는 현상이다. 국민건강영양조사에 따르면 2011년 우울증상 경험률[3]은 전체 만 19세 이상 응답자의 13.4%였으며 이는 2010년의 12.8%에 비해 다소 상승한 수치이다(보건복지부, 2010). 이러한 우울증상 경험률을 성별로 비교해 보면, 남성은 전체 남성응답자 중 10.2%, 여성은 전체 여성응답자 중 16.5%가 우울증상을 경험하여 여성이 남성에 비해 우울증상 경험률이 높다. 이러한 차이는 모든 연령대에서 일관되게 나타난다. 〈표 1〉은 일반적으로 연령이 상승할수록 우울증상 경험률이 높아지며[4] 연령대와 무관하게 여성이 남성보다 우울증상을 더 겪는 것을 알 수 있다. 왜 여성은 남성에 비해 우울한가?

〈표 1〉 연령대별 남성과 여성의 우울증상 경험률(2011년도 국민건강영양조사)

연령대	전체	남성	여성
19~29	13.6	10.7	16.6
30~39	11.6	10.6	12.7
40~49	11.4	7.4	15.5
50~59	15.2	11.8	18.5
60~69	15.0	11.1	18.5
70+	15.9	10.2	19.5

출처 : 통계청, 국가통계포털.

3) 우울증상경험률은 최근 1년 동안 연속적으로 2주 이상 일상생활에 지장이 있을 정도로 슬프거나 절망감을 느낀 사람들의 비율을 말하며, 만 19세 이상을 대상으로 조사했다(보건복지부, 2010).

4) 이러한 사실은 한국의 65세 이상의 노인자살률이 다른 연령대에 비해 매우 높다는 사실과도 연관된다. 2011년 기준 65세 이상 한국의 노인 십만 명당 자살률은 79.7이며, 이는 20세 이상 전 연령대 자살률인 31.7과 비교했을 때 매우 높은 수치이다(통계청, 2012).

우울증은 주로 일상생활에서 계속적으로 느끼는 부정적인 감정과 불면증, 집중력 장애 등 신체화 현상을 포괄하는 증상으로서 한국사회에서도 계속적으로 증가하고 있다. 여성이 왜 더 우울한가에 대한 생물학적 이유로는 여성이 남성보다 세로토닌(serotonin)이라는 신경전달물질이 낮은데 이것이 우울증을 높일 수 있다고 지적된다(김증임 외, 2007). 사회학적 설명으로는 젠더불평등, 사회화과정의 차이 및 이로 인한 사회적 역할의 차이로 설명되며 여성은 남성에 비해 스트레스에 노출되기 쉽다는 점이 지적될 수 있다. 즉, 여성은 남성에 비해 일상적 · 만성적 스트레스와 정서적 부담을 더 지게 될 가능성이 있다.[5]

3) 여성건강에 관한 쟁점: 결혼은 여성건강에 긍정적인가?

결혼이 이혼, 별거, 사별 등 결혼해체에 비해 건강에 긍정적이라는 사실에는 많은 연구자들이 동의하고 있는 것으로 보인다. 결혼한 경험이 없는 미혼의 경우도 결혼에 대한 사회적 규범성이 높지 않은 젊은 시기에는 결혼을 하지 않은 것이 더 행복하고 건강에 이로울 수 있으나 연령이 증가할수록, 결혼이 보편적으로 받아들여지는 사회일수록 결혼으로 인한 혜택은 커질 수 있다. 그러나 결혼이 남성과 여성 모두에게 긍정적인 효과를 갖는가에 대해서는 논란이 존재한다. 결혼제도 내 남녀관계가 평등하지 않으므로 결혼이 남녀 모두에게 공히 긍정적인 효과를 갖지는 않을 수 있다는 것이다. 많은 연구들이 최소한 결혼이 여성건강에 부정적이지는 않다 하더라도 사망을 포함한 신체건강과 정신건강의 측면에서 남성이 여성에 비해 결혼으로 인한 혜택을 더 많이 받는다는 점을 보여주었다(Litwack and Messeri, 1989; Gove, 1984).

---

5) 좀 더 자세한 논의는 4절에 제시됨.

건강지표 중 우울증상은 결혼상태에 따른 남성과 여성의 건강수준의 차이를 드러내는 데 효과적이다. [그림 1]은 2009년도 한국종합사회조사 자료[6]를 이용하여 결혼상태별로 남성과 여성의 우울수준이 어떻게 다르게 나타나는지를 알아본 결과이다.[7] 결혼상태를 구분하지 않은 상태에서 남성과 여성의 우울증상 평균을 비교해 보면 전체적으로 여성이 남성에 비해 높은 수치의 우울증상을 겪고 있는 것을 알 수 있다. 반면 우울증상을 결혼상태에 따라 비교해 보면, 사별이나 이혼, 별거 등의 결혼해체의 경우 전반적으로 남녀 모두의 우울증상을 높이지만 그 부정적 효과는 남성에게 더 큰 것을 알 수 있다. 이에 비해 배우자가 있는 상태인 기혼의 경우 여성의 우울증상이 남성에 비해 높게 나타난다. 배우자가 있는 상태는 결혼해체에 비해 우울증상을 낮추는 효과가 있는 것은 사실이나 결혼이 정신건강에 미치는 긍정적인 효과는 남성에게 더 클 수 있다는 것이다.

---

6) 한국종합사회조사 KGSS는 전국의 18세 이상의 남녀를 대상으로 매년 실시하는 조사로, 분석결과를 한국인에 일반화할 수 있는 대표성 있는 자료조사이다.

7) 우울은 PHQ-9(The Patient Health Questionnaire-9) 척도로 측정되었으며, 지난 2주간 응답자가 겪은 우울 증상에 관한 9개의 문항으로 구성되었다(Han, Jo, Kwak, Pae, Steffens, Jo, and Park, 2008). '귀하는 지난 2주 동안 다음의 증상들 때문에 얼마나 자주 시달렸습니까?' 라는 질문에 대한 응답범주는 '전혀 없었다', '일주일 미만', '일주일 이상', '거의 매일' 로 구성되어 있으며, 설문에 포함된 총 9개의 우울증상 관련 증상은 다음과 같다. ① 잠들기 어렵거나 자꾸 깨어남, 또는 너무 많이 잠, ② 피곤감, 기력이 저하됨, ③ 식욕저하 또는 과식, ④ 일을 하는 것에 대한 흥미나 재미가 거의 없음, ⑤ 가라앉은 느낌, 우울감 또는 절망감, ⑥ 내 자신이 나쁜 사람이라는 느낌-또는 내 자신을 실패자라고 느끼거나, 나 때문에 내 가족이 불행하게 되었다는 느낌, ⑦ 신문을 읽거나 TV를 볼 때 집중하기 어려움, ⑧ 남들이 알아챌 정도로 거동이나 말이 느림, 또는 반대로 너무 초조하고 안절부절못해서 평소보다 많이 돌아다니고 서성거림, ⑨ 나는 차라리 죽는 것이 낫겠다는 등의 생각 또는 어떤 면에서건 내 스스로에게 상처를 주는 생각들. 총 9개의 문항의 값을 모두 더한 값이 각 응답자의 우울수치이며, 값이 높을수록 높은 수준의 우울감을 의미한다(최솟값 0, 최댓값 27).

[그림 1] 결혼상태에 따른 성별 우울의 수준(2009년도 한국종합사회조사)

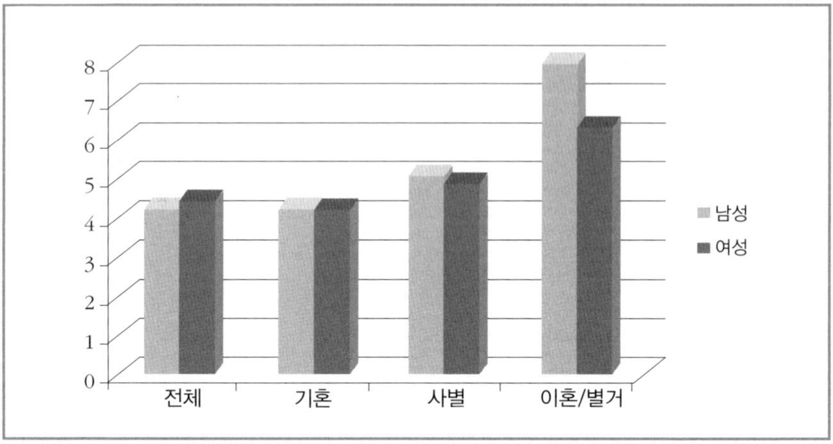

이러한 결과는 선행연구와도 일맥상통하는 것으로, 한국노인인구를 대상으로 분석해 보았을 때 배우자가 있는 여성은 배우자가 없는 남성에 비해 우울증상의 수준이 높았으나, 사별이나 이혼 · 별거 등의 결혼해체는 남성노인의 우울증상에 더 부정적인 영향을 미쳤다(이민아, 2010). 결혼이 정신건강에 갖는 긍정적인 효과는 남성노인에게 더 크게 나타난다(이민아, 2010; 이미숙, 2012).

사실 결혼이 남성에게만 혹은 남성에게 더 긍정적인 효과를 갖는가는 결혼과 건강을 둘러싼 오래된 논쟁거리 중 하나이다. 성차를 고려하지 않은 채 결혼의 긍정적인 효과만 강조하는 것은 결혼이 여성에게 갖는 불평등성과 착취적 성격을 드러내지 못하는 일이 된다는 비판이 제기된다. 결혼이라는 제도는 남녀 간 젠더 불평등에 기반해 있으며 여성은 주로 남성의 보조자 역할이나 가사노동, 돌봄노동을 수행하고 있기 때문에 여성이 가정 내에서 경험하는 스트레스는 매우 높을 수 있다. 가부장제로 대표되는 남성우위의 결혼 및 가족문화 속에서 여성은 남성의 경제 · 사회활동을 위한 조력자의 위치에 서며 가사노동, 자녀양육 등의 의무를 수행하지만 수행한 일에 대한 정당한 보상을 받지 못한다.

그러나 점차로 젠더 불평등의 수준이 완화되고 성역할 규범의 경계가 무너지고 있는 사회일수록 결혼효과에 나타나는 성차는 감소될 가능성이 있다. 결국 결혼이 여성건강에 미치는 영향은 사회마다 시대마다 달라질 수 있는 것이다. 결혼 이후의 삶이 불평등하거나 억압적일수록 가족 및 사회의 가부장성이 높을수록 결혼은 여성에게 부정적일 수 있다. 이러한 의미에서 결혼과 여성건강의 관계는 한 사회 내 가족, 여성인권, 성역할 규범 등 다양한 측면을 반영할 수 있다.

4. 성차에 대한 이론적 접근

왜 여성은 남성보다 오래 살지만(물론 수명의 성차는 줄고 있다) 건강하지 못한가? 특히 왜 여성은 우울이나 불안 등의 정서장애의 측면에서 더 취약한가는 중요한 이론적 논쟁점이다. 성별에 따른 건강격차가 건강지표에 따라 다르게 나타나듯이 이에 대한 이론적 시각도 명료하게 합치되기보다는 다양한 시각들이 존재한다. 그중 많은 연구자들이 남성과 여성이 갖는 사회적 역할의 차이와 젠더 불평등에 주목한다.

1) 성역할 규범, 사회적 역할, 일 · 가정 양립 : 긍정 또는 부정?

성역할 규범(gendered norm)이란 여성 · 남성에게 적합하다고 고려되는 행동, 사고방식을 포괄하는 것으로 이러한 성역할 규범을 익히고 내면화하는 과정이 젠더 사회화(gender socialization)이며, 이는 성별에 따라 어떠한 역할을 맡고 어떻게 수행해야 하는가에 대한 인식에 영향을 미친다. 이 과정에서 여성은 엄마, 아내, 돌봄 제공자로서의 정체성을 갖도록 사회화되고 남성에 비해 관계중심적인 성향을 발전시키게 된다. 여성의 관계중심적인 성향은 여성이 남성에 비해 감정적 공감과 교류를 중시하고 정서적 의존경향을 갖게 함으로써 역설적이게도 결과적으로 우울증을 높이는 효과를 줄 수 있다(Turner and Turner, 1999). 또한 여성은 결혼 후 직장생활을 하는 경우에라도 남성에 비해 가사노동, 육아노동, 돌봄노동을 더 수행하며 이에 대한 책임감을 갖는다.

다중역할이론(Multiple role theory)이나 차별적 노출이론(differential exposure theory)은 여성이 다양한 역할을 수행해야 하는 현실을 논의하는 것으로 여성, 특히 결혼한 여성은 남성에 비해 많은 역할을 수행하고 이로 인한 부담과 갈등을 느끼게 된다고 주장한다(Bird, 1999). 반면 남성은 경제활동과 개인의 성취를 최우선으로 허용하는 규범하에서 경제활동만을 주요 역할수행으로 상정할 수 있기 때문에 여성에 비해 정신적 · 육체적 부담이 덜하다. 남성이 가사노동과 육아를 분담하는 경우에도 여성에 비해 보조적인 역할에 머무르는 경우가 많다는 사실은 이러한 현실을 반영한다. 실제로 경제활동을 하는 남녀를 대상으로 남성은 퇴근 후 집에 들어오면 분비되는 스트레스 호르몬의 양이 감소하지만 여성은 감소하지 않는다는 것을 보여준 연구(Lundberg, 2005)는, 가정이 여성에게 쉼터가 되지 못한다는 점을 보여준다.

여성에 부과되는 과중한 부담은 2교대 근무, 일 · 가정 양립의 어려움으로 표현되기도 한다. 남성에게 일이 없는 경우, 즉 실업은 남성의 건강에 부정적인 영향을 미칠 것임은 누구나 예상할 수 있을 것이다. 실업상태는 경제적 어려움과 더불어 자존감, 성취감, 소속감에 악영향을 미쳐 건강에 부정적인 영향을 미친다. 반면 여성의 경우는 일이 주는 효과가 남성에 비해 명확하지 않을 가능성이 있다. 현대사회에서 여성의 경제활동참여가 확대된 것은 사실이나 결혼한 여성이 경제활동을 하는 경우에도 여전히 가사노동과 육아는 여성의 몫인 경우가 많기 때문에 여성에게 일이 있다는 것은 그만큼 수행해야 하는 역할이 더 늘어난다는 것을 의미한다.

그러나 여성이 일을 갖는다는 것이 반드시 부정적인 것은 아니다. 많은 연구자들이 일 · 가정 양립의 긍정적인 효과를 주장하기도 한다. 여러 역할을 수행하며 이를 조화시키는 것이 여성의 건강에 이롭다는 것이다(Verbrugge, 1983; Barnett and Hyde, 2001). 다양한 역할참여를 통해 자아존중감, 자기 안정성과 같은 심리적 자원과 경제적 도움, 성공을 경험할 수 있는 기회 등을 얻을 수 있다. 이러한 점에서 여러 역할을 수행하는 것이 긍정적인 효과를 가져올 수 있으며(Barrnett and Hyde, 2001), 역할이 과중하게 주어지는 것 자체보다는 역할을 수행하면서 느끼는 갈등이나 부담이 정신건강에 부정적인 영향을 미칠 가능성이 있다(Coverman, 1989).

결국에는 일하는 여성의 가사노동과 육아를 남성배우자가 분담하고 지원할 때, 정서적 · 도구적으로 지지해 주는 경우에 여성의 일 · 가정 양립은 건강에 긍정적일 수 있다. 이는 여성의 일이 건강에 미치는 효과가 사회문화적 맥락에 따라 달라질 수 있음을 의미한다. 여성의 경제활동이 사회적으로 가치 있는 일로 여기지고, 가사노동과 양육이 남녀 모두의 일로 인식되고 실천되는 사회일수록 여성의 일은 여성건강에 긍정적인 영향을 미칠 수 있을 것이다. 그러나 그렇지 않은 사회 분위기에서의 일 · 가정 양립은 여성건강과 결혼생활의 질에도 부정적인 영향을 미친다.

물론 아직까지 가사노동과 양육이 주로 여성의 책임으로 인식되는 사회일지라도 여성이 일을 갖고 있다는 것이 여성건강에 긍정적일 수 있다. 여성이 여러 역할을 성공적으로 조화시키지 못하더라도 일하는 여성은 근무시간 동안 가사노동과 돌봄노동에서 잠시나마 벗어나 해방감을 느끼거나 가족관계나 개인문제에서 오는 여러 심리적 갈등을 잊을 수 있기도 하다. 또한 일을 함으로써 느끼는 성취감, 자아존중감, 경제적 만족 등 여러 긍정적인 측면이 있을 수 있다. 이는 가사노동을 전담하는 전업주부 여성에 비해 경제생활을 하는 여성이 소득과 자존감, 성취감 면에서 더 이로운 위치에 있을 수 있다는 점을 의미한다. 전업주부, 취업한 여성, 취업한 남성 순으로 우울증이 높다는 사실은 이러한 가능성을 뒷받침한다(Cockerham, 2012).

2) 젠더 불평등

성역할 규범으로 인한 성별 사회적 역할의 차이와 일 · 가정 양립으로 인한 어려움도 근본적으로는 젠더 불평등의 범주에 속하는 것이다. 여기에 더하여 성별에 따른 구조적 불평등도 중요하게 논의될 필요가 있다. 지난 세기 동안 젠더 불평등은 많이 완화되었고 젠더관계에도 급격한 변화가 일어난 것이 사실이지만 여전히 성별에 따른 자원, 생애기회, 노동시장 내 지위 등의 측면에서 불평등이 존재한다. 여성은 남성에 비해 소득수준이 낮고 빈곤에 빠질 확률이 높다. 특히 서구에 비해 한국은 여성가구의 빈곤위험이 지속적으로 증가하고 있으며, 노인인구의 여성화와 함께 빈곤노인 여성의 증가도 목도되고 있다(김수정, 2008). 또한 여성은 남성에 비해 노동시장 내 구조적 차별로 인해 비정규직 · 일용직 · 저임금노동 · 실업에 처할 확률이 높고, 이러한 상황은 다시 빈곤여성의 증대로 이어진다(김혜영 · 이은주 · 윤홍식, 2005). 이러한 현실은 여성에게 높은 스트레스와 경제적 부담을 부여하기 때문에 이로 인한 건강상의 문제가 발생할 수 있음은 자명하다.

3) 건강행동의 차이

남성과 여성의 서로 다른 건강행동도 여성과 남성의 건강차이에 대한 중요한 접근방식의 하나이다. 이는 정신건강의 측면보다는 신체건강, 특히 여성이 왜 더 오래사는가에 대한 질문에 답하는 데 효과적이다. 여성이 남성에 비해 전반적으로 건강에 이로운 행위를 한다는 것이다. 여성은 남성보다 건강에 이로운 생활습관을 갖는다고 알려져 있는데, 보통 남성은 여성에 비해 흡연, 음주 및 운전, 성적 행동 등 여러 측면에서 더 위험한 행동을 하는 경향이 있다(네틀턴, 1995). 또한 여성은 남성에 비해 건강상태에 대해 예민하며 병원에 자주 가는 반면 남성은 증상이 있어도 무시하는 경향이 있다(네틀턴, 1995). 이러한 차이는 모두 여성과 남성의 젠더 사회화 및 사회문화적 가치관과 연관된다. 남성성이 강조되는 사회일수록 남성은 위험을 수반하는 행동을 하고 병원에 가지 않는 경향이 있다는 것이다.

그러나 흥미로운 점은 이러한 건강행동상의 차이가 시대의 변화에 따라 달라지고 있다는 점이다. 일례로 서구뿐 아니라 한국에서도 남성은 점차 담배를 끊고 있는 반면 여성의 흡연율은 증가하고 있다. 〈표 2〉에 제시되어 있듯이, 한국의 '국민건강영양조사' 결과에 따르면 2005년에서 2011년까지 한국여성의 흡연율은 점차 증가해 왔다. 물론 아직까지 여성의 흡연율은 남성의 흡연율에 비해 매우 낮은 것은 사실이나 전반적으로 증가하고 있다는 사실이 중요하다. 여성흡연에 대한 사회적 편견 때문에 여성흡연율이 실제보다 매우 저조하게 조사되었을 가능성이 있다. 또한 지

〈표 2〉 성별에 따른 흡연율(국민건강영양조사, 2005~11년)

	남성	여성
2005	52.3	5.7
2007	45.1	5.3
2008	47.7	7.3
2009	46.7	6.9
2010	48.1	6.1
2011	46.8	6.5

출처 : 통계청, 국가통계포털.

난 시대에 비해 몸, 건강관리를 중시하는 남성들이 증가하고 있는 것도 사실이다. 앞으로 여성과 남성 간의 건강행동상의 차이는 계속적으로 변동할 것으로 생각되며, 이것이 여성과 남성 간 평균수명격차가 줄어드는 상황에 대한 부분적인 답이 될 수도 있을 것이다. 사회문화적 가치관, 젠더관계, 여성의 사회적 지위 등 여러 가지 요인의 변화와 함께 성별에 따른 건강격차에도 변화가 발생할 수 있다.

성별에 따른 건강격차는 한두 가지 요인으로는 설명이 되지 않는다. 생물학적 요인과 더불어 다양한 사회적 요인이 함께 고려될 때 성차에 대한 설득력 있는 설명이 제시될 수 있을 것이다.

5. 맺음말

가족의 존재는 건강에 긍정적인 영향을 줄 수 있지만 그 효과는 가족이 놓인 사회적 맥락과 가족관계의 질에 따라 달라질 수 있다. 결혼의 효과도 결혼이 갖는 사회적 의미와 그로 인해 구성되는 삶의 환경에 따라 달라질 수 있다. 많은 선행연구들이 결혼의 긍정적 효과를 주장하였으나 이러한 긍정적 효과가 모든 사회에 보편적일 수는 없다. 더불어 결혼이 남녀에게 서로 다른 영향을 미치는지도 시대와 사회마다 다를 수 있다.

가족과 결혼은 개인이 생애과정 동안 겪는 여러 생애위기의 부정적 영향을 감소시킬 수 있는 보호요인이나 대처자원이 될 수 있을 때 긍정적일 수 있다. 현재 세계화와 노동시장 유연화의 확산으로 인해 일자리의 불안정성과 노후에 대한 불확실성이 커지고 있는 상태에서 가족과 결혼이 대처자원이 될 수 있을지 반대로 결혼지체와 가족해체가 확산될지 확실하지 않다. 더구나 사회적 안전망이 미비한 한국사회의 경우 가족이 매우 중요한 위치를 차지할 것으로 판단된다. 최근 몇몇 선행연구가 대처자원으로서의 가족의 효과를 검증하였으나(김진영 · 임인숙 · 송예리아 · 한신원, 2012; Guarino and Sojo, 2011) 가족효과(구조적 측면과 질적인 측면을 모두 고려한)에 대한 좀 더 다양한 측면에서의 연구가 필요하며, 경제위기와 고용불안정성의 확산으로 인해 생애과정의 지체, 즉 늦은 결혼과 출산도 증가하고 있는 만큼 가족의 변화와 건강 간의 관계에 대한 연구도 필요할 것으로 보인다.

제 10 장

생애주기, 생애과정과 건강불평등

| 이민아(중앙대학교 사회학과) |

인간의 삶은 크게 출생, 성장, 노화의 과정을 거치며 그 끝에는 죽음이 있다. 모든 사람들이 반드시 노화과정을 거치고 사망하는 것은 아니나 인간의 삶은 일반적으로 이러한 과정을 거치며 보통 사람들은 각 시기마다 다른 생물학적 · 사회적 · 심리학적 특징과 필요사항이 존재한다고 믿는다. 가장 기본적으로는 각 시기에 맞는 영양과 건강관리가 이루어져야 건강하게 오래 살 수 있다는 점을 들 수 있다. 일례로 우리는 유아기나 아동기에 균형 잡힌 질 좋은 영양공급이 성장발육이나 인지발달에 중요하다는 점을 상식으로 생각한다. 더불어 인간은 사는 동안 신체적 발달과 노화뿐 아니라 심리적 · 사회적 발달과 변화 및 적응의 과정을 거친다.

인간이 거치는 이러한 과정, 신생아기부터 노년기까지의 과정은 사회학, 교육학, 심리학, 노인학 등 여러 학제에서 관심을 가지고 탐구해 온 주제이기도 하다. 이 장에서는 인간의 삶의 과정, 즉 생애과정을 건강의 측면에서 논의한다. 특히 생애주기, 생애과정에 따른 건강격차 혹은 건강불평등은 어떻게 형성되며 이에 대한 이론적 접근과 경험적 연구를 논의함으로써 건강의 문제가 인간의 생애과정 전반에 걸쳐 지속적으로 연관되는 문제인 동시에 개인이 처한 사회적인 환경과 조건의 영향을 받는 것임을 논의하고자 한다.

1. 생애주기와 건강

1) 생애주기

생애주기(life cycle)란 출생 후 노년기까지의 기간을 의미하며 인간의 전체생애는 그 특성에 따라 각각의 생애단계(life stage)로 구성된다. 생애주기가 대부분의 사회에 보편적으로 존재하는 인간 삶의 과정을 지칭하는 개념이긴 하지만 생애주기 내 생애단계를 어떻게 규정할 것인가는 사실 연구마다 차이가 있으며(Hunt, 2005), 생애주기를 논의하는 연구자들은 특히 인간의 발달과정에 그 초점을 두고 연구를 진행한다. 생애주기 및 인간의 발달과정을 논의한 대표적 학자로는 에릭슨을 들 수 있는데, 에릭슨은 이전의 학자들과는 달리 인간의 발달과정을 노년기까지 포함하고 인간의 생애주기를 총 8개의 생애단계로 나누었다(에릭슨, 2008[1991]).[1] 에릭슨에 따르면, 인간에게는 각 생애단계별로 사회심리적 과제가 주어지며 이러한 과제를 달성하고 관련된 위기를 극복하는 것이 발달과정의 중요한 특징이며 이러한 생애단계, 즉 발달단계의 연속적 과정은 모든 인간에게 나타나는 보편적인 모습이다(박아청, 2010).

에릭슨이 제시한 것처럼 생애주기를 8단계로 나누지 않더라도 다양한 학제에 속한 여러 학자들이 각 생애단계에 대해 학문적 관심을 가지고 연구해 왔다. 크게는 영유아기, 아동기, 청소년기, 성인기, 노년기로 구분하여 각 단계에 나타나는 특성과 심리적 · 사회적 환경의 영향에 대해 탐구한다.

2) 생애단계와 건강

생애주기별, 즉 각 생애단계(life stage)와 건강의 관계를 탐구하는 심리학적 · 사회학적 연구들은 주로 각 단계의 특성과 관련하여 건강에 영향을 미치는 요인을 발굴해 왔다. 각 단계에 대한 시기 구분은 학자나 연구마다 그리고 사회마다 다른 경향이 있음을 주지할 필요가 있으나 여기에서는 일반적으로 사용되는 시기구분을 기준으로 논의하고자 한다.

---

1) 8가지의 생애단계는 유아기, 초기아동기, 놀이기, 취학기, 청소년기, 전기성인기, 성인기, 노년기로 구분된다(에릭슨, 2008[1991]). 고전사회학자인 미드나 발달심리학자인 피아제 등도 자아, 인지발달에 대한 이론을 제공하였으나 아동발달에 초점이 있었으며, 노년기까지 포함하여 인간의 생애주기를 논의하진 않았다.

(1) 영유아기 및 아동기

각 시기에 대한 구분은 연구마다 다를 수 있으나 보통 영유아기는 출생 후부터 초등학교 취학 전까지를 지칭하며, 아동기는 초등학교 취학 후(만 6세)부터 졸업(만 13세)까지의 시기를 말한다. 또한 영유아기를 영아기와 유아기로 구분하여 연구를 진행하는 경우도 많은데, 보통 유아기는 만 1세부터 6세까지를 말한다.

영유아기 및 아동기의 건강격차도 여러 방면에서 관찰이 되는데, 한국의 선행연구는 출생부터 영아기(만 1세 이전)를 대상으로 저체중아, 영아사망률에 나타나는 불평등 현상을 분석하였다. 부모의 사회경제적 수준이 낮을수록 영아사망, 저체중 출생아의 비율이 높아진다는 사실은 초기 생애단계에서부터 건강격차가 존재함을 보여준다(김상미 · 조영태, 2011; 김상미 · 김동식, 2012; 이상이 · 홍성철, 2003).

유아기 및 아동기에 대한 연구로는 이 시기가 자아발달에 매우 중요한 시기라는 점에서 이와 관련된 연구들을 많이 찾아볼 수 있다. 두 시기에 나타나는 자아존중감(고진영 · 이경화, 2003) 등의 발달적 특성을 탐색하는 연구가 많으며 부모의 사회경제적 조건에 따라 아동기의 성장과 발달에 차이가 존재한다는 사실도 보고된다(보건복지부 · 서울대학교 산학협력단, 2009).

(2) 청소년기

청소년기는 약 만 12세부터 18세까지이며 보통 중·고등학교를 다니는 시기를 의미한다. 산업화된 사회에서 청소년기는 아동기와 성인기를 잇는 과정으로, 성인기를 위해 교육을 받고 어느 정도의 독립성을 갖추어 가는 시기로 인식된다(Hunt, 2005). 건강과 관련된 측면에서 보면 청소년기는 아동기와 더불어 상대적으로 질병에 의한 사망률이 다른 연령대에 비해 떨어지고 만성질환이 비교적 드물기 때문에(아스타나 · 할리데이, 2009[2006])

신체 건강문제에 대한 연구가 상대적으로 미흡할 수 있다. 그러나 아동기와 청소년기에도 건강위험 요소는 존재하며 정서 및 행동장애, 비만 및 섭식장애, 흡연 등의 건강행동이 이 시기에 주요하게 대두된다. 특히 한국사회는 청소년기 학업에 대한 경쟁과 스트레스가 과중하여 청소년의 자아존중감, 우울, 자살위험성, 스트레스 등의 정서 및 정신건강의 문제가 매우 심각하다. 실제로 청소년의 우울, 행복감, 자살생각 등에 영향을 미치는 사회적 요인을 찾으려는 연구가 많이 진행되고 있으며 한국 청소년의 정신건강을 증진하기 위한 실천적 방안도 모색되고 있다(최인재 · 모상현 · 강지현 · 김윤희 · 이재연, 2011).

(3) 성인기

성인기는 보통 20대에서 65세 이전의 시기를 의미하며, 그 기간이 길기 때문에 초기 성인기(early adulthood)와 성인기(adulthood)로 나누거나 좀 더 세분화하여 청년기, 장년기, 중년기로 나누기도 한다. 성인기는 이전 시기와는 달리 신체적 · 정서적 발달단계를 마치고 노동시장 내 독립적인 경제활동의 주체로 인식된다는 점에서 청소년기와는 다른 사회적 맥락에 위치하고 있다. 물론 초기 성인기에 해당하는 청년들 특히 대학생들은 아직 교육과정에 있기 때문에 30대 이상의 성인과는 다르다는 점을 지적할 필요가 있다. 현재 노동시장의 유연화와 고용불안정으로 인해 부모세대에 대한 청년기 성인들의 경제적 · 정서적 의존도가 높아지고 노동시장 진입을 연기하는 등 생애과정의 지체화 현상이 나타나고 있다. 이러한 현상은 초기 성인기를 후기 청소년기로 명명하는 연구들과 일맥상통한다.

건강과 관련하여서 청년기 혹은 초기 성인기에 대한 연구들은 음주, 흡연 등 건강행동에 초점을 맞추거나 취업스트레스 등을 포함한 정신건강을 탐구하는 경우를 볼 수 있다. 초기 성인기뿐 아니라 성인기를 포함하여 이전의 생애단계와 다른 특징으로 노동시장 내의 위치를 고려하지 않을 수 없는데, 성인기에는 실업, 고용불안정, 해고경험, 비정규직 여부 등의 노동시장 내 지위가 건강에 주요한 영향을 미치는 요인이라 할 수 있다.

(4) 노년기

현재 가장 일반적으로 받아들여지고 있는 노년기의 기준은 65세이다. 연구에 따라서는 60세 이상을 노인으로 정의하는 경우도 있으나 65세가 가장 일반적으로 그리고 법적으로 받아들여지는 노년기의 시작점이다. 물론 평균수명이 증가하고 있고 이에 따라 건강수명도 증가하고 있는 지금 노인의 기준을 더 높여야 한다는 사회적 목소리도 존재한다.

일반적으로 노년기는 은퇴 후 삶의 환경이 변화해 가는 시기로 인식된다. 서울시 복지재단의 조사에 따르면 2012년 기준 평균 은퇴연령은 약 53세(한겨레신문, 2012.12.13.)로 사실상 대부분이 주요 일자리에서 65세 전에 은퇴하지만 은퇴 후 경제생활에 계속적으로 참여하는 경우도 많다. 일반적으로 경제생활을 해 왔던 사람의 경우는 은퇴 후 사회적 연결망의 축소를 경험하고 새로운 환경에 적응해야 하며 경제생활을 하지 않았던 사람의 경우도 배우자의 은퇴로 인해 형성된 새로운 환경에 대한 적응이 요구된다.

노인으로서 자신의 위치에 적응하는 과정은 새로운 갈등, 심적 부담, 자아상실감 등을 유발할 수 있을 뿐 아니라 노년기는 신체건강이 쇠퇴하고 여러 가지 건강문제를 경험할 수 있는 시기이다. 이러한 맥락에서 노년기는 우울증, 불안 등의 정서장애 증상이 증가하는 시기이기도 하다. 실제로 많은 연구들이 한국노인의 우울, 불안, 자살위험성 등에 대해 관심을 기울여 왔다.

노인의 우울, 불안, 자살위험성 등도 노인이 처한 사회적 환경에 따라 다르게 나타난다. 노년기 배우자의 부재는 우울 등의 정신건강에 부정적인 영향을 미치며(이민아, 2010), 경제적 어려움이나 부정적인 신체건강도 노인의 우울을 증가시키는 요인이다(이민아, 2010; 신경림 · 김정선, 2003). 또한 궁극적으로 건강에 부정적인 영향을 미칠 수 있는 요소로서 노인빈곤, 1인가구의 증가 등도 중요하게 고려되고 있다.[2)]

생애주기, 생애단계에 주목하는 연구들은 특정한 생애단계에 초점을 맞추고 각 단계의 건강에 영향을 미치는 요인을 추적한다. 생애주기론처럼 인간의 삶에 주목하지만 인간의 삶에 미치는 사회적 영향력과 그 다양성 및 생애단계의 연속성을 강조하는 시각으로 생애과정론이 있다.

2. 생애과정론

생애과정적 접근(life course perspective) 혹은 생애과정론(life course theory)은 건강, 보건문제에 특화된 이론은 아니지만 특정 생애단계에 초점을 맞추는 것에서 벗어나 인간의 생애 전반을 총체적으로 볼 필요가 있다는 인식을 확산시켰으며 건강연구에 중요한 영향을 미쳤다. 생애과정론에 따르면 생애과정은 연속적 과정이며 건강도 이전 생애단계와 이후 생애단계의 연관성 속에서 파악할 필요가 있다. 더불어 생애주기론에 비해 각 생애단계, 전체의 생애주기가 갖는 보편성에 대한 가정을 비판하고 사회에 따라 존재할 수 있는 생애과정의 차이와 사회적 영향력을 강조한다(Hunt, 2005). 생애과정론은 건강, 나이듦(aging), 노년 연구에 매우 중요한 영향을 미쳤으며 생애과정론에 기반한 새로운 이론적 시도를 낳았다.

---

2) 한국의 노인빈곤율은 매우 높은 편으로 중위가구소득 50% 미만의 기준으로 측정되는 상대빈곤에 기초할 때 한국노인의 45%가 빈곤상태인데, 이는 OECD 국가 중 매우 높은 수준이다(한국보건사회연구원, 2009).

1) 생애과정론의 태동

생애과정론은 생애주기론에 비해 인간의 삶에 대한 사회적 영향을 좀 더 적극적으로 끌어안은 관점이라고 할 수 있다. 생애과정론은 인간의 삶, 생애주기라는 것이 고정되어 있는 것이 아니라 사회의 영향을 받는다는 사실에서 출발한다. 생애과정론은 미국과 북유럽에 정착한 폴란드계 이민자와 폴란드에 남아 있는 사람들의 삶을 비교한 고전연구인 〈The polish Peasant in Europe and America〉의 영향을 받아 발전하였다(Thomas and Znaniecki, 1918~1920; Elder, Johnson, and Crosnoe, 2004에서 재인용). 이 연구는 두 개의 다른 세계에 살고 있는 폴란드인이 어떻게 사회 변화와 변동에 영향을 받는가를 보여줌으로써 인간의 삶이 사회 속에 배태되어 있는 것이라는 점을 보여주었고 이에 대한 학문적 관심을 촉발시켰다. 이후 1950년대부터 본격적으로 생애과정에 대한 다양한 연구가 수행되기 시작했고 서구에서 1960년대와 70년대에 횡단면자료가 아닌 종단연구방법이 도입되면서 생애과정을 분절적인 단계가 아니라 연속적 과정으로 보고 실제로 분석할 수 있는 방법론적 진보가 가능해졌고 이에 따라 생애과정에 대한 학문적 관심은 더욱 증폭되었다(Elder and Giele, 2009).

2) 생애과정의 개념

생애과정은 기본적으로는 생애주기처럼 출생 후 사망에 이르는 인간의 삶을 아우르는 기간을 의미한다. 그러나 생애과정론에서 강조하는 생애과정은 발달심리학이나 생애주기론에서 논의하는 생애주기나 생애단계와는 차별점을 갖는다. 발달심리학이 보편적 생애단계를 상정하고 각 생애단계를 분절적으로 탐구하는 데 비해 생애과정론은 발달과정과 개인의 실제경험을 연관시키고 전체 생애과정을 연속적으로 파악하고자 한다(Elder and

Giele, 2009). 그러므로 각 단계를 독립적으로 연구하는 것보다는 단계 간의 연속적 영향을 중시하게 된다. 생애과정론의 가장 중요한 시각 중의 하나는 생애과정을 역사적 · 사회적 맥락에도 변동하는 것으로 파악한다는 점이다. 물론 생애주기론도 각 생애단계의 발전이 사회적 환경의 영향을 받을 수 있다는 점을 인정하지만 각 생애단계가 어느 사회에나 보편적으로 존재하는 것으로 사고하였으며 개인의 발달과업 성취와 그 기제를 더 중시했다는 점에서(에릭슨, 2008[1991]) 생애과정론과 다르다.

이러한 맥락에서 생애과정의 맥락화(contextualization)가 매우 중요하다. 한 사회성원의 생애과정은 그 사회의 구조적 환경, 역사적 시점과 사건, 그 시대의 사회문화적 가치 등을 떠나서는 온전히 설명될 수 없는 것이기 때문이다(Elder, Johnson, and Crosnoe, 2004). 그러한 의미에서 생애과정론은 인간의 삶을 사회 속에 위치지어야 함을 강조하며 이는 고전사회학에서부터 지속되어 온 사회의 영향력, 사회에 배태되어 있는 존재로서의 인간의 삶에 대한 강조와 그 맥을 같이한다고 할 수 있다.

3) 생애과정론

인간의 생애과정은 어디서, 언제 살아가느냐와 무관하지 않다. 인간의 삶은 특정한 지역과 역사적 시간에 위치지어지기 때문에(Elder and Giele, 2009) 이에 대한 인식 없이는 생애과정을 온전히 이해할 수 없다. 그러므로 생애과정론에서 인간의 생애과정을 이해하는 데 역사적 · 지리적 맥락을 고려하는 것이 매우 중요하다. 이러한 지점에서 출생코호트(birth cohort) 개념이 중요하게 등장하는데, 출생코호트란 특정 기간에 태어나 비슷한 역사적 경험을 공유하는 사람들로 흔히 세대(generation) 개념과 혼용되기도 하나 세대보다는 협의의 개념이라고 할 수 있다.

생애과정론 연구자들이 세대보다는 코호트에 초점을 맞추는 것은 세대 개념이 내포하는 재생산적 순환성을 지양하고 좀 더 역사적 맥락에 정확하게 위치시키기 위함이다(Elder, Johnson, and Crosnoe, 2004). 세대 개념에 기반하면 세대 간 전승되는 사회화와 그로 인한 보편성을 가정하게 되지만 코호트는 특정 역사적 시점과 그 당시의 사회적 맥락을 강조하게 된다는 점에서 세대와 다르며 이로서 연령과 역사적 시간을 결합한 개념이 된다(Elder, Johnson, and Crosnoe, 2004). 그러므로 코호트는 역사적 사건의 영향력을 세밀하게 잡아낼 수 있는 개념적 도구가 되며 동일한 역사적 사건도 그 사건이 일어난 당시의 개인의 연령 혹은 연령대에 따라 영향이 달라질 수 있음을 함의한다.[3)]

출생코호트가 역사적 사건과 연령을 결합한 개념적 도구라는 점을 떠올릴 때 생애과정론에서 바라보는 생애과정을 좀 더 쉽게 이해할 수 있다. 생애과정을 올바르게 이해하기 위해서는 무엇보다도 연속적 과정으로서의 생애과정에 대한 이해와 역사적 · 사회적 영향력에 대한 인식이 중요하다. 이러한 점에서 인간의 생애과정은 이러한 역사적 · 사회적 사건 혹은 맥락의 시점(timing)과 무관하지 않게 된다(Putney and Bengtson, 2004). 개인의 생애에 영향을 미치는 역사적 · 사회적 변동, 미시적 삶의 변화도 언제 일어났는가에 따라 그 영향력이 달라질 수 있다는 것이다. 특정한 사건이 생애과정의 어느 시점에 일어났는가는 그 사건의 영향력, 지속성, 결과에 영향을 줄 수 있다(Elder and Giele, 2009).

또한 생애과정론은 인간의 삶이 가진 사회적 배태성이라는 특징에 주목하며 개인의 사회적 관계들과 그 영향에 대해서도 주의를 기울인다. 인간의 삶은 개인이 가지고 있는 사회적 관계들, 사회적 관계의 변화에 영향을 받는다(Elder and Giele, 2009). 건강과 나이듦(aging)에 대해 연구들이

---

3) 출생코호트는 유사한 역사적 경험을 공유하기 때문에 다른 코호트와는 구별되는 특징을 갖게 되며 흔히 한국의 IMF세대, 베이비붐 세대 등으로 사용하는 개념이 사실상 코호트 개념과 유사하다고 할 수 있다.

생애사건에 주목하는 것도 이러한 이유에 있다. 생애사건은 주로 결혼, 출산, 이혼 등 개인의 사회적 관계에 변화를 야기하는 사건들을 포함할 수 있고 반대로 이러한 사건들은 개인이 갖는 사회적 관계에 변화를 유발하여 삶 자체에 변동을 가져올 수 있다.

3. 생애과정론에 기반한 건강과 나이듦에 대한 이론적 발전

1) 누적적 (불)이익론

누적적 불이익론(Cumulative advantage/disadvantage theory)은 생애과정론에 입각하여 생애과정을 분절적인 과정이 아니라 연속적인 과정으로 보고 특히 개인이 겪는 어려움, 역경, 고난 등이 생애과정 전반에 미치는 영향을 건강과 나이듦에 초점을 맞춰 탐구하는 이론이다.[4] 생애과정은 분절적으로 구분되는 것이 아니라 서로 연속적으로 영향을 미치는 것이기 때문에 생애 초기에 겪은 어려움, 역경, 불이익 등은 그 당시에만 영향을 미치는 것이 아니라 생애 후반기까지 누적적으로 영향을 미치고 이것이 건강불평등을 낳는다(O' Rand, 1996). 특히 노년기는 생애과정에 미치는 사회적 격차, 불평등의 영향이 잘 관찰될 수 있는 시기이며, 이러한 점에서 생애과정론이 서로 다른 출생코호트 간의 차이를 강조했다면 누적적 불이익론은 상대적으로 출생코호트 내의 차이를 더 드러내려 했다고 할 수 있다.

무엇보다도 생애과정 동안 겪는 어려움, 역경, 혹은 불이익, 그 반대로 이익, 혜택, 이로운 자원 등은 사회적으로 구성 · 배치되는 것이기 때문에

4) 물론 누적적 불이익론이 건강과 노년 연구에만 적용되는 것은 아니다. 실제로 범죄, 계층 등 다양한 분야에서 불평등의 누적적 과정 개념을 적용하여 연구를 진행한다.

사회체계 혹은 구조의 영향과 사회 내 불평등의 존재를 전제하며 개인이 아닌 사회적 단위의 불평등 효과에 초점을 맞춘다(Dannefer, 1987; O'Rand, 1996). 즉, "개인이 생애과정에서 경험하게 되는 자원의 불평등한 접근과 분배는 계속적으로 지속되거나 시간이 지날수록 축적되어 전체인구 단위의 불평등을 생산하게 된다"(O' Rand, 2009: 121). 누적적 불이익론은 사회적 수준의 불평등 형성과 심화의 맥락을 포착하고자 했다고 할 수 있다. 이러한 맥락에서 영유아기, 아동기에 경험하게 되는 불평등은 그 당시의 삶에만 영향을 미치는 것이 아니라 그 효과가 이후의 생애단계, 즉 전체적인 삶의 궤적에 영향을 미치고 궁극적으로는 노년기 건강과 죽음의 문제에까지 영향을 미친다.

누적적 불이익론은 기능주의자인 머튼(Merton)의 연구에 영향을 받아 촉발된 것으로 머튼은 학문세계에서 젊은 학자가 내놓은 초반의 학문적 성과가 해당 학자에 대한 계속적인 관심과 보상으로 이어지고 결국 계속적인 성과로 이어지게 된다는 점을 발견하였고, 성경의 마가복음에서 차용하여 '매튜효과(Matthew effect)' 라고 명명했다(Merton, 1973, DiPrete and Eirich, 2005에서 재인용).[5] 이는 초기에 획득한 이익이 시간이 갈수록 더 커지고 확대된다는 것을 의미하며 반대로 생애초기에 경험하게 되는 불이익의 부정적 영향도 시간에 따라 더욱 확장될 수 있다는 점을 함의한다.

여기에서 누적(accumulation)이라는 개념이 중요하게 대두되는데, 생애초기에 주어진 불이익 혹은 이익은 생애과정 동안 더욱 더 쌓이고 확대된다는 점에서 축적되는 것이다(DiPrete and Eirich, 2005). 이익, 혹은 자원분배의 불평등은 시간의 흐름에 따라 쌓여 전체적인 수준에서의 불평등을 야

5) 머튼의 연구결과가 실제 노인, 건강에 적용이 되어 활발하게 탐구된 것은 1980년 후반에 들어서이며, 이러한 연구들은 특히 성, 인종, 계급 등과 같은 주요 사회적 지위에 따라 주어지는 자원의 불평등한 분배로 인한 영향이 생애과정 동안 누적되어 노년기 출생코호트 내부의 건강불평등의 심화 혹은 노년기 삶(빈곤, 경제적 불평등 등을 포함하여)에 영향을 미치는지에 관심을 기울였다(O' Rand, 2009).

기하기 때문에(DiPrete and Eirich, 2005) 불평등의 형성과 동학을 좀 더 명확히 이해하고 연구하기 위해서는 생애과정이라는 장기간에 걸친 누적의 과정을 탐구할 필요가 있게 되는 것이다.

이익 혹은 불이익의 누적적 효과를 반영하는 요인 중의 하나가 교육수준이다. 잘 알려진 바와 같이, 교육수준은 삶의 궤적과 건강에 가장 중요한 영향을 미치는 자원 중 하나이며 교육수준의 효과는 생애 전반에 걸쳐 누적된다. 개인의 교육수준이 이후 생애과정에서 다른 자원에 대한 접근과 획득 가능성에 영향을 미치기 때문에 그 효과가 증폭될 수 있는 것이다. 실제로 상당한 수의 연구들이 교육수준이 높을수록 건강이 좋고(Keddie, Peek, and Markides, 2005) 사망률도 낮다는 사실을 보여주었다(Franzini and Spears, 2003, Winkleby and Cubbin, 2003). 이러한 연구들은 높은 교육수준이 개인이 획득할 수 있는 자원(일례로 좋은 직업과 높은 소득)의 수준을 높임으로써 그 효과가 생애과정 동안 지속된다는 점을 보여준다. 뿐만 아니라 높은 교육수준은 생애과정에서 겪을 수 있는 역경이나 불이익의 가능성과 효과를 감소시키고 건강에 부정적인 영향을 미칠 수 있는 위험에 노출될 확률을 줄여준다.

이렇듯 누적적 불이익론은 생애 초반 혹은 중반에 개인이 경험, 획득할 수 있는 (비)자원, (불)이익 등의 지속적 효과와 이로 인한 불평등의 형성을 강조했다고 할 수 있다.

2) 누적적 불평등론

누적적 불평등이론(Cumulative inequality theory)은 누적적 불이익과 건강 간의 관계에 대한 기존 이론들을 통합하려는 최근의 시도로서 나이듦(aging), 노화과정에 대한 중위수준의 이론틀을 지향한다(Ferraro and Shippee, 2009). 누적적 불평등론도 누적적 불이익론과 유사하게 사회체계가 불평등을 생성한다는 점을 전제로 하며 이러한 불평등은 생애 초기부터 그 영향이 시작되고 발달과정뿐 아니라 이후 교육수준 등의 개인적 특성을 형성하고 생애과정 동안 그 영향이 축적되어 개인의 삶의 궤적과 생물학적인 건강상태에까지 영향을 미친다(Ferraro and Shippee, 2009). 생애초기의 이익이나 불이익이 중요한 이유는 이익은 이후에 생애기회를 낳지만 불이익은 위험에 노출될 가능성을 높인다는 데 있다.

이렇듯 개인의 삶과 죽음은 불평등, 불이익이 누적되는 과정으로 설명되지만 누적적 불평등이론은 그러한 불이익의 영향은 생애과정에서 동원할 수 있는 자원(resource), 인간행위자(human agency), 혹은 당면한 위험(risk)의 영향에 따라 달라지기도 한다는 점을 강조한다(Ferraro, Shippee, and Schafer, 2009). 자원은 생애과정에 누적되는 불이익이나 어려움의 발현 및 영향을 최소화할 수 있는 사회적 요인이기 때문에 개인이 생애과정에서 획득한 자원은 개인의 건강수준에 영향을 미치는 중요한 요소다. 더불어 자원의 획득, 혹은 불이익에의 노출이 생애과정의 어느 시점(timing)에 일어났는가 그리고 얼마나 지속(duration)되는가에 따라 그 효과가 달라지므로 이를 고려할 때 불평등의 형성 메커니즘을 좀 더 명확하게 규명할 수 있다(Ferraro, Shippee, and Schafer, 2009).

누적적 불평등론이 강조하는 인간행위자의 중요성, 사회적 관계의 영향력 등은 생애과정론에서도 주요하게 강조되는 것으로(Elder, Johnson, and Crosnoe, 2004) 누적적 불평등론만이 이에 대해 강조했다고 볼 수는 없다. 누적적 불평등론의 의의는 생애과정론에 기반하여 나이듦이라는 과정, 노화과정에 발현되는 불평등에 초점을 맞추고 검증 가능한 중위수준의 이론틀을 제공하려 했다는 점에서 찾을 수 있다.

4. 생애과정과 건강불평등 : 몇 가지 주제

1) 어린 시절과 노년기 건강

생애과정론에 기반한 건강연구들은 생애초기(영유아기와 아동기)의 환경과 경험이 생애후기(성인기와 노년기)의 건강상태에 미치는 영향에 대해 관심을 기울인다. 영유아기와 아동기의 영양결핍이 이후 성장과 발육, 나아가 성인기 이후의 건강상태에까지 영향을 미칠 수 있는 것과 같이 어린 시절의 고난, 어려움, 불이익 등은 생애 후반기의 건강상태에도 영향을 미친다. 생애과정론에 기반한 많은 연구들이 아동기의 경험이 생애 후반기 건강에 미치는 영향에 대해 탐색하였는데 아동기는 인지, 신체발달의 측면에서 매우 중요한 시기이자 아동기의 경험은 향후의 행동이나 개인이 삶에 대해 갖는 태도나 열망의 수준에까지 영향을 줄 수 있는 시기이기 때문이다(McLeod and Almazan, 2004).[6]

어린 시절의 영향을 논의하면서 가장 중요한 요인으로 이야기할 수 있는 것이 어린 시절 가족의 계층이다. 부모의 사회경제적 지위에 따라 영유아기나 아동기의 경험과 삶의 물질적 조건이 달라지며 이 효과는 성장한 이후에도 축적되어 노년기 건강상태에까지 영향을 미친다. 경제적으로 여유로운 가정에서 성장하는 아동이 빈곤가정의 아동에 비해 영양상태, 주거환경, 의료서비스 이용의 측면에서 더 질 좋은 환경에서 성장할 수 있다(Uhlenberg and Mueller, 2004). 또한 낮은 계층일수록 부모의 음주, 흡연 행위에 일찍 노출될 가능성이 많으며 가족 내 식이습관, 건강행동에 직접

6) 여기서의 아동기는 반드시 초등학교 취학 후(만 6세)부터 졸업(만 13세)까지의 시기를 가리키는 것은 아니다. 아동기의 기준은 학자마다 다른 경향이 있으며 생애과정론에 입각한 건강연구자들은 아동기(childhood)를 신생아기부터 청소년기까지를 모두 아우르는 기간으로 설정하기도 한다(McLeod and Almazan, 2004). 핵심은 어린 시절의 경험이 성인기 이후의 건강에도 영향을 미칠 수 있다는 점이다.

적으로 영향을 받을 가능성이 있다. 계층적 지위에 따라 건강행동과 건강 관련 지식과 믿음이 달라진다고 가정했을 때 이러한 특성은 부모에서 자녀에게로 대물림되며 생애과정을 통해 지속적으로 영향을 미칠 수 있는 것이다. 부모의 사회경제적 지위로 인한 여러 차이는 생애과정 동안 지속되고 축적되면서 성인기 이후의 건강과 사망률에까지도 영향을 미치게 된다(Palloni, 2006; Bowen, 2009; Bauldry, Shanahan, Boardman, Miech, and Macmillan, 2012).[7]

어린 시절의 환경과 이후 생애과정 동안의 건강 간의 관계에 대한 연구들은 두 요인 간의 관계를 다양한 각도에서 규명한다. 어린 시절의 가난이나 불운한 경험은 이후 생애과정에서 지속되는 건강행동 및 정신건강에 영향을 미쳐 결과적으로 건강상태에 영향을 미치고 궁극적으로는 신체건강에까지 영향을 미친다(Bauldry *et al*., 2012; Schafer and Ferraro, 2013). 사실상 성인이 된 후에 지니게 된 개인의 사회경제적 지위와 건강행동은 모두 개인의 건강에 중요한 영향을 미치는 요인으로서, 이 요인들의 특성이 사실상 어린 시절 부모의 사회경제적 지위에 따라 다르게 형성된다는 점에서 생애후반기의 건강과의 연관성을 강조할 수 있다(Bowen, 2009). 사회경제적 지위뿐 아니라 어린 시절에 경험한 신체적 학대, 부모의 문제음주, 가족구조, 가정 내 흡연 등 여러 요인들이 아동의 건강행동과 비만, 우울증 등의 건강상태에 영향을 미치고 이러한 영향은 성인기, 노년기의 건강에까지도 지속된다(Schafer and Ferraro, 2013; Bauldry *et al*., 2012).

---

7) 사실상 부모의 사회경제적 지위가 한 개인의 삶에 미치는 영향이 다방면에서 관찰되는데, 부모의 계층적 지위가 자녀에게 대물림되는 현상이 가장 잘 알려진 예일 것이다. 부모의 계층적 지위는 아동, 청소년기의 학업성취도, 대학진학률, 취업률에 영향을 미치는데 흔히 부모가 제공하는 경제적 조건과 교육환경, 사회문화적인 특성 등이 영향을 미친다고 알려져 있다. 이에 비해 어린 시절 부모의 사회경제적 지위와 노년기 건강은 상대적으로 많이 연구된 편은 아니다.

2) 노년기 건강불평등의 확대 혹은 수렴?

사회경제적 지위에 따른 건강격차는 노년기가 될수록 더 커지는가, 즉 분기되는가 아니면 줄어드는가, 즉 수렴되는가는 노년기 건강불평등과 관련된 주요한 쟁점 중의 하나다. 노인들의 건강격차를 비교한 연구들은 서로 상반된 연구결과를 보여주는데, 교육수준에 따른 건강격차는 연령이 증가할수록 수렴되는 것으로 나타나기도 하고(House *et al*., 1994; Beckett, 2000) 반대로 건강격차가 증대되는 것으로 나타나기도 한다(김진영, 2007; 박경애, 1999). 교육수준에 따른 건강격차가 연령이 증가할수록 수렴되는 현상을 보여주는 연구는 주로 사회경제적 지위에 따른 건강격차는 생애 초기에 가장 작은 수준이었다가 성인기로 갈수록 커진 후 다시 노년기에는 줄어드는 양상을 갖는다는 점을 강조한다(House *et al*., 1994).

누적적 불평론이나 누적적 불이익론의 입장에서 노년기 건강불평등의 수렴현상은 선택효과(selection)로 인한 것으로 해석될 수 있다. 불평등의 효과는 생애단계를 통해 축적되기 때문에 취약집단의 경우는 그렇지 않은 집단에 비해 이른 시기에 사망하게 된다(Ferraro and Shippee, 2009). 노년기에 취약집단 중 사망하지 않은 사람들은 그 집단 내에서는 상대적으로 건강한 사람만 남기 때문에 이는 관찰에 오류를 발생시킨다. 즉 노인집단만을 비교할 경우 취약집단과 그렇지 않은 집단 간의 건강차이가 다른 생애단계의 사람들에 비해 줄어든 것처럼 보이는 것이다. 그러므로 사실상 노년기는 교육수준 등의 사회경제적 지위에 따른 건강불평등이 가장 커지는 시기가 된다. 사회경제적 지위를 포함한 여러 요인들의 영향은 개인의 일생 동안 축적되는 것이므로 노년기는 그 영향력이 가장 극대화될 수 있는 시기라고 할 수 있으며, 이 시기의 격차를 어떻게 줄일 것인가는 보건정책의 문제와도 직결된다.

3) 자원의 동원, 생애사건의 시점과 삶의 궤적

사회경제적 지위나 조건에 따른 건강불평등이 생애과정 동안에 발생하는 여러 조건이나 사건에 따라 달라지는가도 중요한 연구주제가 될 수 있다. 생애과정론에서 주요 생애사건이 일어난 시점의 중요성을 강조하였듯이 인간의 삶은 초기조건에 따라 고정되어 있는 것이 아니라 살아가면서 발생하고 경험하는 여러 사건과 조건의 변화 및 그 시점에 따라 변동할 수 있다. 일례로 배우자의 사망, 즉 사별은 매우 충격적이며 심리적 스트레스를 증가시키는 사건이지만 그 효과의 정도는 배우자의 사망이 어느 시기, 즉 어느 연령대에 일어났느냐에 따라 다를 수 있다. 살면서 일어나는 많은 사건과 역할의 변화(life transitions)는 보통 연령대에 따라 기대되는 변화인데 이러한 기대에 어긋나는 사건이 발생할 때 그 효과는 더 커진다(McLeod and Almazan, 2004). 어린시절의 경험과 성인기 이후의 건강 간의 관계가 갖는 의미와 강도는 고정된 것이 아니라 사회적 · 역사적 맥락, 경험의 특수성, 이후에 경험하는 사건과 자원의 동원 정도에 따라 달라질 수 있음을 인지하는 것이 중요하다(McLeod and Almazan, 2004).

5. 맺음말

생애주기에 초점을 둔 건강연구는 특정 생애단계를 중심으로 그 단계에 보편적으로 나타나는 특징을 잡아내고 이에 따른 건강형성 맥락을 살펴볼 수 있다는 장점이 있다. 그럼으로써 각 생애단계에 요구되는 자원과 필요를 드러낸다. 반면 생애과정론은 인간의 삶의 전체를 종합적으로 사고하고 사회적 · 역사적 맥락의 중요성을 포착했다는 데 중요한 의의가 있다. 생애과정에 영향을 받은 누적적 불이익론이나 누적적 불평등론은 생애과정론에서 주로 논의하는 출생코호트 간 차이뿐 아니라 생애과정 전반을 통해 형성되고 구조화되는 코호트 내의 차이점을 포착하게 한다. 생애과정론 및 후속 이론에 기반한 건강연구는 현재 서구에서 매우 중요한 학문적 위치를 차지하고 있다.

그러나 상대적으로 한국에서는 생애과정론에 입각한 건강연구가 그리 많이 수행되지 못했다. 여러 이유가 있겠지만 가장 중요하게는 조사자료의 한계를 언급할 수 있겠다. 아직까지 한국사회에서 생애과정의 변동과 맥락을 효과적으로 보여줄 만한 장기간에 걸친 종단자료가 많지 않은 상황이다. 물론 한국에서도 한국인의 삶과 건강에 대한 종단자료의 수집과 축적이 진행되고 있으므로 앞으로 건강과 관련하여 역사적 사건과 시대의 흐름 및 영향을 포착할 뿐 아니라 생애과정의 연속성을 규명할 수 있는 경험적 연구가 활발히 진행될 것이라 생각된다.

제 11 장

보건의료 서비스에의 접근성 및 이용

| 조영태(서울대학교 보건대학원) |

1. 들어가며

인생을 살면서 서럽거나 서글플 때가 종종 생긴다. 개인마다 그런 경우가 다양하겠지만 공통적으로 서럽거나 서글퍼할 때가 있다. 바로 아플 때이다. 특히 아파서 무언가 중요한 일을 해야만 하는데 하지 못할 때 더욱 그러하다. 그런데 아플 때 이상으로 더욱 서럽고 서글플 때가 있다. 그것은 바로 아파도 제대로 치료를 받지 못할 때이다. 신체적 아픔은 물론 정신적 아픔에 대한 적절한 치료를 받을 수 있는 것과 관련한 의료사회학의 영역이 보건의료 서비스에의 접근성과 이용이다. 접근성은 아플 때 적절한 의료서비스에 접근할 수 있는지, 즉 아플 때와 같이 의료서비스가 필요할 때 원하는 치료를 받을 수 있는지의 여부를 의미하고, 이용은 말 그대로 내가 치료받을 수는 있지만 실제로 그 서비스를 이용하는지의 여부를 의미한다. 만일 아플 때 치료받을 수조차 없는 상황이라면 그것을 이용하는지의 여부는 생각할 필요도 없을 것이다. 반대로 치료받을 수 있는 조건들은 갖추어져 있지만 여러 가지 이유로 이용하는 데 제약이 있을 수도 있다. 그러므로 아플 때 혹은 건강을 관리하기 위해 필요한 서비스에의 접근성과 이용을 이해하기 위해서는 접근성과 관련된 맥락의 이해가 이용에 관한 것보다 선행하는 것이 일반적이다.

그런데 나의 건강을 유지하는 데 있어 필요한 서비스는 단순히 의원의 의사를 찾아가서 진찰을 받거나 병원에 가서 각종 진단장비를 이용하여 아픈 곳을 찾아내어 수술하거나 치료를 받는 것만이 아니다. 필요할 때 독감예방주사를 맞을 수 있고, 금연을 하고 싶을 때 쉽게 찾아가서 도움을 받을 수 있는 것과 같은 다양한 종류의 서비스도 필요하다. 바로 전자가 우리가 일반적으로 건강과 관련하여 쉽게 생각할 수 있는 의료서비스이고, 후자가 중앙이나 지방 정부가 국민과 지역사회 주민들의 전반적인 건강 증진과 유지를 위해 제공하는 보건서비스이다. 의료사회학의 영역에 의료와 보건은 모두 포함되기 때문에 접근성이나 이용에 대한 논의는 의료서비스와 보건서비스를 동시에 다루는 것이 일반적이다. 물론 의료서비스와 보건서비스는 그 성격과 내용이 다르고 서비스가 공급자에서 소비자로 전달되는 체계가 매우 다를 수 있기 때문에 둘을 공통적으로 다루기는 쉽지 않다. 그럼에도 불구하고 의료서비스와 보건서비스는 한 사회가 견지하고 있는 거시적인 보건의료정책에 의해 결정되고, 보건은 의료에 의료는 보건에 많은 영향을 주고받기 때문에 서비스 접근성과 이용을 논의할 때 많은 경우 보건과 의료를 함께 고려한다.

그렇다면 무엇이 보건의료 서비스에의 접근성 혹은 나아가 이용여부를 결정하게 될까? 의료서비스의 경우 그 비용이 만만치 않기 때문에 아플 때 적절한 치료를 받을 수 있는 비용을 지불할 수 있는지의 여부가 아무래도 가장 중요할 것이다. 하지만 국가마다 의료비 지불과 관련한 의료보험 혹은 건강보험 제도가 상이하기 때문에 같은 질병이라도 국가별로 의료서비스에의 접근성이 크게 다르다. 예컨대 건강보험제도가 전혀 없는 곳에서 모든 의료서비스는 개인이 지불해야 하기 때문에 접근성이 매우 취약할 것이다. 반면 모든 의료서비스를 국가나 지역사회 혹은 직장과 같은 공적 영역에서 운영하는 건강보험을 통해 제공하는 나라에서는 아플 때 본인이 직접 지불해야 하는 비용이 낮거나 없을 수도 있고, 접근성은 상대적으로 양호할 것이다. 보건서비스의 경우도 마찬가지인데, 지역사회에서 지역주민들이 건강을 유지하고 증진할 수 있는 다양한 서비스를 지속적으로 제공해주고, 그 장소와 시간도 사람들이 쉽게 이용할 수 있는 곳으로 마련하는 경우 보건서비스에의 접근성은 양호할 것이다. 반대로 건강증진과 유지를 순전히 개인 스스로의 책임으로 간주하는 곳에서는 보건서비스에의 접근성이 매우 열악할 것이다. 이와 같이 보건의료 서비스에의 접근성은 사회나 국가가 견지하는 보건의료정책에 의해 크게 영향을 받는데(Hsieh *et al*.,

2013), 특히 건강보험시스템이 어떠한가가 의료서비스 접근성의 매우 중요한 결정요소가 된다. 한편, 보건의료 서비스에의 접근성을 결정하는 다른 요소들도 많이 존재한다. 예컨대 집에서 서비스를 받을 수 있는 곳까지의 거리, 물리적으로 이동해 갈 수 있는 수단과 시간, 외국인의 경우 언어와 문화 등 다양한 요소들이 보건의료서비스에의 접근성과 이용여부를 결정할 수 있다.

보건의료 서비스에의 접근성과 이용은 그 자체로 개인의 건강수준을 결정하는 매우 중요한 요소일 뿐만 아니라 사회 전반적으로 볼 때 얼마나 건강과 질병이 형평하게 분포되어 있는지의 여부를 결정하는 주요 요소 가운데 하나이기도 하다(Goddard and Smith, 2001). 동일한 질병을 앓더라도 누군가는 의료서비스에의 접근성이 충분한 반면 다른 누군가는 접근성이 열악하다면 이 차이로 인한 건강수준의 차이가 발생할 수 있다. 혹은 아무리 접근성이 동일하더라도 실제로 의료서비스를 이용하는지에 따라 그 결과에 차이가 발생하게 된다. 이러한 일은 개인뿐만 아니라 지역사회 혹은 대규모 국가 간에서도 발생할 수 있는데, 각 사회의 보건의료 정책에 따라 접근성에서 차이가 나타나고 이는 인구집단 간 건강격차로 이어지게 된다.

이 절은 보건의료 서비스 접근성과 이용여부에 대한 의료사회학 영역에서의 대표적인 이론적 접근을 소개하면서 어떠한 개인 및 사회적 요소들이 접근성과 이용여부에 영향을 미치는지를 고찰하기 위해 기술되었다. 더불어 우리나라에서 주요하게 다루어지고 있는 보건의료 서비스 접근성에 대한 논의도 함께 고찰하고자 한다.

2. 앤더슨의 행위모형

보건의료 서비스에의 접근성과 이용에 대한 의료사회 연구들에서 가장 많이 적용되는 이론적 모형은 앤더슨(Ronald M. Anderson)의 행위모형이다. 이 모형은 미국 UCLA 사회학과 교수인 앤더슨이 1968년에 처음 소개한 이후 본인을 비롯한 여러 학자들에 의해 보완 발전되어 왔다. 이 모형은 왜 사람들이 의료서비스를 이용하는지, 이용에 있어서 장애물은 어떠한 것들이 있는지를 확인하고, 어떻게 하면 의료 서비스를 필요로 하는 사람들이 원하는 서비스를 모두 받을 수 있게 할 것인지에 관한 정책의 방향을 모색하기 위해 개발되었고, 시대와 상황에 맞추어 보완되어 왔다(예 : Aday, 1993; Andersen *et al*., 1994). 비록 이 모형의 개발이 미국의 사회적 맥락을 반영하여 이루어졌지만, 그 내용이 매우 보편적이어서 거의 대부분 국가들의 보건의료 서비스 접근성과 이용에 대한 논의에 적용되어 왔다. 그리고 초기 모형에서 분석의 기본단위로서 가족이 제시되었지만 미국은 물론 많은 국가들에서 가족이 분화되고 복잡해지면서 점차 분석의 단위도 개인으로 변화되었다.

[그림 1]은 앤더슨이 스스로 보완 발전시킨 행위모형의 가장 최근 모형이다(1995). 가장 최근 모형이지만 이미 20여 년 전에 발표되었기 때문에, 그 이후에도 많은 연구자들이 연구의 대상이 되는 시대와 장소적 맥락을 반영하여 수정된 모형을 제시하여 왔다. 그럼에도 불구하고 기본이 되는 주요 명제는 거의 모든 수정모형에서도 유지되어 왔으므로 여기서는 앤더슨에 의해 1995년에 발표된 모형을 소개하고자 한다.

[그림 1] 앤더슨의 의료서비스 접근성에 대한 행위모형

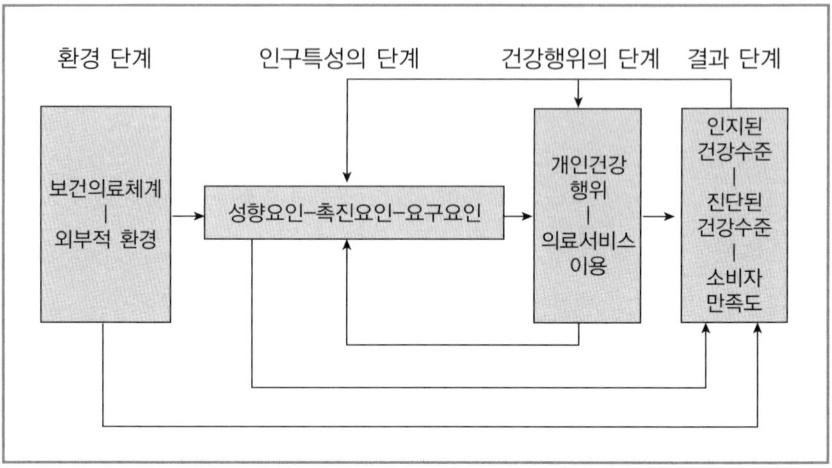

자료 : Andersen(1995).

1) 환경 단계

그림에서 확인할 수 있는 것과 같이 보건의료 서비스 접근성은 크게 네 가지 단계로 구성된다. 첫 번째 단계는 '환경(environment)' 의 단계로서 여기에는 한 사회의 전반적인 보건의료체계(health care system)와 기타 물리적 혹은 사회적 조건들이 포함된다. 앞서 언급한 바와 같이 기본적으로 아플 때 의료서비스를 찾아갈 수 있는지 혹은 어느 정도까지의 서비스를 받을 수 있는지의 여부는 그 사회가 견지하고 있는 보건의료체계에 따라 결정된다. 우리나라의 경우 전 국민이 건강보험에 가입하는 것을 의무로 하고 있기 때문에 거의 대부분의 질병이 보험에 의해 보장되고 있다. 그렇기 때문에 한방진료를 포함한 일반 의원을 찾아갔을 때 혹은 처방에 의해 약을 구매할 때 소비자가 직접 지불하는 비용은 그리 높지 않다. 하지만 같은 질병이라도 어떠한 수준의 치료를 원하는지에 따라, 혹은 질병의 종류에 따라 건강보험으로 보장되지 않는 경우가 있고 이때는 소비자가 많은 비용

을 지불하게 된다. 전 국민을 대상으로 하는 의료보험제도가 없는 나라도 있다. 미국이 그 대표적인 예인데, 정부나 지역사회 등 공공영역이 주도하는 보험이 없기 때문에 우리나라의 생명보험과 같이 민간보험회사가 건강보험 서비스를 제공하고 있다. 물론 민간보험이기 때문에 가입자가 내는 보험료가 천차만별이고 그에 따라 보험으로 보장받을 수 있는 질병의 종류나 보장금액도 매우 다르다. 뿐만 아니라 건강보험 가입이 의무가 아니기 때문에 소득이 낮은 사람들은 의료서비스에의 접근성 자체가 결여된 경우가 많다. 하지만 양질의 건강보험에 가입하고 있는 경우 최소한의 본인 부담금만으로도 거의 모든 질병에 대한 의료서비스를 보장받을 수도 있다. 한편, 영국이나 예전에 공산주의 국가였던 동유럽의 많은 나라들은 건강과 질병치료를 기본적인 인권의 차원에서 접근하므로, 모든 질병의 치료가 무상으로 제공된다. 이들 국가의 보건의료 서비스에의 접근성은 제도상에서 볼 때 다른 제도를 가진 국가들보다 월등히 높다고 할 수 있다. 하지만 무상의료 서비스는 많은 사람들로 하여금 의료서비스에 대한 의존도를 높이기 때문에 의료자원의 부족을 야기하여 필요한 때에 적절한 의료서비스를 받지 못하는 경우가 발생하기 쉽다(Cockerham, 2011).

보건의료체계 이외에도 보건의료 서비스에의 접근성에 영향을 줄 수 있는 환경적인 요인들이 존재하는데, 크게 두 가지로 나뉠 수 있다. 첫 번째는 물리적인 환경으로 거리, 공간, 교통 등 실제로 보건의료 서비스를 이용하는 데 있어 장애가 되는 물리적인 조건들이 포함된다. 두 번째는 서비스 환경으로, 지역사회가 개인들의 보건의료 접근성 향상을 위해 제공해주는 각종 서비스를 의미한다. 예컨대 보건소에서 금연교실을 개설할 때 보다 많은 직장인들이 금연교실에 등록할 수 있도록 저녁시간이나 주말에 개설하는 것, 농어촌지역과 같이 의료기관이 부족한 곳에서 원격진료시스템을 마련하여 기술을 통해 물리적인 거리를 제거하려는 노력 등 직·간접적으로 보건의료 서비스 이용에 영향을 미칠 수 있는 지역사회 정책들이 여기에 포함된다.

2) 인구특성의 단계

두 번째 단계는 인구특성의 단계(population characteristics)로서 말 그대로 개인이 지니고 있는 인구사회학적 특징들(성향요인, predisposing factor)과 개인의 행동과 가치관에 영향을 줄 수 있는 가족, 친지, 혹은 지역사회의 다양한 특징들(촉진요인, enabling factor), 그리고 건강과 질병에 대한 인식(요구요인, need factor)이 여기에 포함된다. 사실 앤더슨의 보건의료 서비스 이용모형에서 가장 중심적인 부분이 바로 이 인구사회학적 특징들에 대한 단계이다. 앞서 언급한 바와 같이 앤더슨의 모형은 1960년대 말 처음 소개가 된 이후에 수차례에 걸쳐 다양한 사회 및 제도적 변화들과 함께 관련된 다른 이론들을 수렴하며 발전되어 왔다. 그런데 초기 모형으로부터 지금까지 변함없이 계속 유지되고 있는 단계가 바로 이 인구특성 단계로서, 보건의료 서비스 접근성과 이용에 관한 수많은 연구들이 이 인구특성 단계로만 구성된 모형을 준거로 사용하여 왔다. 즉 성향요인부터 시작되어 촉진요인과 요구요인을 거쳐 보건의료 서비스에의 이용이 완성된다는 모형이었는데, 이후 다양한 사회 및 제도적 변화들이 모형에 고려되면서 현재 이 절에서 소개하는 모형으로 발전된 것이다.

(1) 성향요인

먼저 성향요인(predisposing factor)은 개인의 질병여부 이전에 존재하는 기본적인 특성들이다. 교육수준, 직업, 사회적 네트워크, 문화 등 사회구조적인 특성들, 태도, 가치관, 보건의료 서비스에 대한 지식수준 등과 같은 건강에 대한 태도, 그리고 연령, 성 등과 같은 인구학적 특성들이 성향요인으로 간주된다. 이 성향요인들은 앞서 환경의 단계에서 제시된 조건들이 동일할 때 개인 간 보건의료 서비스의 접근성에서의 차이를 가져오는 중요한 변수들이 된다. 예컨대 누군가가 학력이 낮고 소득수준이 낮은 경우 아무리 건강보장제도가 잘 갖추어졌다 할지라도 건강증진 및 치료와 관련한 자원이 낮을 수밖에 없고, 이는 접근성에서의 제한으로 이어지게 된다.

(2) 촉진요인

위의 성향요인은 다시 개인이 실제로 보건의료 서비스 이용을 촉진(enable)할 수 있는 다양한 요소들에 영향을 미친다. 여기에는 개인, 가족이나 친지들의 의료서비스 자체에 대한 지식, 실제 보험가입여부, 돌봐줄 수 있는 사람을 찾을 수 있는 네트워크 등과 같은 다소 개인적인 요소들과, 지역사회에 실제 존재하는 의료진이나 시설, 서비스 이용을 위해 기다려야 하는 시간 등 지역적 요소들이 포함된다.

(3) 요구요인

개인이 기본적으로 보건의료 서비스에 접근하고 이용하기 위해서 사실 가장 직접적으로 필요한 것이 바로 서비스에 대한 필요성 혹은 요구(need)이다. 만일 질병이 없거나 건강증진에 대한 기본적인 요구가 없으면 서비스에 대한 접근성 자체가 필요없다. 그런데 개인이 질병이 있는지 건강증진에 대한 욕구가 있는지는 개인이 지니고 있는 건강 및 질병에 대한 인식과 경험에 의해 크게 영향을 받게 된다. 좋은 예를 이주민들의 의료서비스 이용요구에서 찾을 수 있다. 매우 이질적인 문화권으로 이주한 경우 질병에 대한 인식 자체가 크게 다를 수 있고, 어떠한 서비스를 필요로 하는지 역시 상이할 수 있다. 이는 궁극적으로 서비스 접근성과 이용여부에 영향을 주게 된다. 한편, 의사나 보건소 직원과 같이 보건의학적 지식이 있는 사람들의 건강상태에 대한 평가도 매우 중요한 요구요인이다. 왜냐하면 한 개인이 스스로 의료서비스를 받을 필요가 없다고 생각했더라도, 의학적 지식이 있는 주변의 전문가가 병원을 찾아가 보라고 권유하는 경우 스스로의 건강에 대한 판단이 바뀌고 실제 의료서비스를 찾게 되는 경우가 많기 때문이다.

3) 건강행위의 단계

보건의료 서비스에의 접근성 혹은 이용에 이르는 다음 단계는 건강행위(health behavior)의 단계이다. 환경요소들과 개인이 지니는 다양한 특성들은 개인이 어떠한 건강 관련 행위를 하는지 여부에 영향을 주게 되고, 이는 보건의료 서비스를 이용하는 데 있어 매우 중요한 결정요인의 하나로 작동한다. 인생을 살아가면서 보건의료 서비스의 이용이 한 번에 그치는 사람은 없다. 누구나 수차례에서 수십 차례까지 보건의료 서비스를 이용하게 되는데, 건강행위의 단계는 바로 여기에서 매우 중요한 요소로 작동한다. 여기에는 다음 두 가지가 고려된다. 먼저 건강행위(personal health practice)로서 개인이 스스로의 건강을 유지 증진시키기 위해 어떠한 행동을 하는지 여부이다. 무엇을 먹는지, 운동은 하는지, 담배와 술은 평상시에 조심하는지, 적절한 수면을 취하는지 등의 다양한 개인의 건강행위는 건강상태에 영향을 줄 수 있다. 보건의료 서비스의 이용은 궁극적으로 개인의 건강상태에 따라 최종 결정되기 때문에 개인의 건강행위는 건강상태를 결정하는 가장 근접한(proximate) 요소로서 작동하게 된다. 두 번째는 의료서비스 이용과 직접 관련된 요소들(use of health services)로서 어디에 위치한, 어떤 종류의 서비스를 어떤 목적으로 사용했는지, 그리고 서비스를 받기까지 얼마나 많은 시간이 걸렸는지 등을 의미한다. 이러한 요소들은 이전 단계에서 제시된 다양한 요인들에 의해 영향을 받지만, 두 번째 이상 반복된 보건의료 서비스의 이용에 있어서는 다시 이전 단계에 영향을 미치는 매우 중요한 기능을 하게 된다.

4) 결과 단계

마지막은 건강결과(health outcomes)의 단계로서, 이전 단계였던 건강행위의 단계와 마찬가지로 그 이전 단계들인 환경과 인구특성 단계에 제시되었던 요소들에 의해 결정되기도 하지만, 반대로 반복되는 서비스 이용의 경우 다시 이전 단계들에 환류되는 영향력을 미치게 된다. 여기에는 개인이 스스로 인지하는 건강수준, 실제 진단된 건강수준, 그리고 소비자로서의 만족도가 포함되는데, 이 단계는 서비스 접근성의 효율성(efficiency)과 효과성(effectiveness)을 높이기 위한 정책의 마련에 매우 중요한 기여를 하게 된다(Andersen *et al*., 1994). 즉 보건의료 서비스를 이용하는 궁극적인 이유는 개인의 건강을 증진시키거나 질병을 치료하기 위함이기 때문에, 접근성 혹은 이용여부를 결정하는 가장 중요한 요소가 바로 본인 스스로가 건강을 어떻게 인지하고 있는지 그리고 의료진의 진단이 어떠한지이다. 또한 서비스를 이용한 소비자로서 그 서비스의 다양한 요소(예컨대 편리함, 비용, 친절함, 전문성, 서비스의 질, 근접성 등)들에 대한 만족도는 서비스의 접근성과 이용여부를 결정짓는 데 있어 매우 중요할 뿐만 아니라 접근성 개선을 위한 정책을 마련하는 데 있어서도 매우 중요하게 사용된다.

3. 우리나라의 보건의료 서비스 접근성 및 이용에 미치는 주요 요소들

우리나라는 1989년부터 실시된 전국민건강보험 서비스로 인해 기본적으로 모든 국민들이 보건의료 서비스의 접근성이 다른 어떠한 나라들에 비해 나쁜 편이 아니라고 할 수 있다. 특히 앞서 언급한 바의 미국과 같이 건강보험을 개인이 알아서 가입해야 하는 국가들에 비해서 우리나라의 서비스 접근성은 매우 양호한 편임에 틀림없다. 그럼에도 불구하고 모든 질병이 건강보험으로 보장받을 수 없고, 같은 질병이라도 의사나 병원에 따라 받을 수 있는 서비스의 양과 질이 달라지기 때문에 아직까지 우리나라의 의료서비스 접근성에는 수많은 장벽이 존재하는 것이 사실이다. 보건서비스의 경우도 마찬가지인데, 비록 중앙정부에서 기본적인 보건서비스를 각 지역의 보건소 혹은 지소를 통해 공급하고 있지만, 보건소의 서비스 제공을 위한 예산의 많은 부분을 지방자치단체가 스스로 조달해야 하기 때문에 지방자치단체의 재정자립도에 따라 지역마다 보건서비스 접근성에 큰 차이가 존재한다. 여기서는 질병의 치료를 위해 필요한 의료서비스를 중심으로 어떠한 장애요인이 우리 사회에 존재하는지 그 특성을 살펴보고자 한다.

1) 개인의 사회경제적 수준

비록 전국민건강보험제도가 존재하지만 우리나라의 의료제도는 기본적으로 시장 메커니즘에 기반하고 있다. 즉 의료서비스 수요자들은 거의 모두 건강보험에 가입되어 있지만, 공급자인 의원과 각급 병원들은 시장 메커니즘을 통해 서비스를 공급하고 있기 때문에 서비스의 양과 질에 있어 매우 큰 편차를 지니고 있다. 예컨대 간단한 감기증세에 대해 어떤 의원에서는 약처방도 없이 그냥 쉴 것을 권유하는 반면, 다른 곳에서는 항생제 처방을 하기도 하고, 또 다른 곳에서는 폐렴이 의심된다는 이유로 엑스레이를 찍을 것을 권유하기도 한다. 이처럼 우리나라의 의료서비스 시장은 공급자 중심으로 되어 있고, 의료보험이 모든 질병을 전액 보장하는 것이 아니기 때문에 많은 경우 양질의 필요한 의료서비스를 받기 위해서는 소비자가 많은 비용을 지불하게 된다. 특히 희귀성 질환이나 중증 질환의 경우는 더욱더 그러하다. 그러므로 보험이 보장하는 이상의 의료서비스에 대한 비용을 지불하기 위해서는 소득이나 자산과 같은 개인의 경제적인 자원수준이 매우 중요한 장애요인이 된다. 실제로 소득수준으로 인해 의료서비스 접근성의 차이가 발생하고 이로 인해 다시 건강불평등(김순양 · 윤기찬, 2011; 김도영, 2012)이 발생하고, 나아가 전반적인 삶의 질(박형존 · 박수지, 2012)에까지 영향을 주는 것으로 보고되고 있다.

의료서비스 접근성보다 실제 이용여부에 더 많이 영향을 주는 개인의 사회경제적인 특성은 바로 교육수준이다. 특히 그 의료서비스가 건강검진이나 건강증진과 같은 예방적 성격을 띠고 있는 경우 더욱더 그러하다(최령 · 황병덕, 2011). 교육수준은 기본적으로 개인의 직업적 지위를 결정짓는 매우 중요한 요소이면서 동시에 개인이 건강과 질병에 대해 지니고 있는 가치관이나 개념에 많은 영향을 주는 요소이다. 건강검진이나 금연, 절주, 운동과 같은 건강증진 행위는 건강을 유지하거나 증진시킬 수 있는 매우 중요한 예방적 의료행위이다. 특히 건강검진은 현재 우리나라에서 만 40세가 넘는 모든 국민건강 가입자들에게 매 2년에 1회씩 무료로 제공하고 있어 접근성에 있어서는 모든 국민들이 동일하다고도 볼 수 있다. 하지만 실제로 건강검진 서비스의 이용은 교육수준에 따라 매우 차별적인데, 교육수준이 낮을수록 검진수진율이 현저하게 낮은 것이 현실이다(강민정 · 이명순, 2011). 이와 같은 결과는 교육수준이 낮은 개인들이 건강에 대한 개념이 열악하기 때문에 예방적 활동을 중요하지 않게 여기는 것뿐만 아니라, 이들의 직업적 특성이 건강검진을 반드시 받도록 요구하거나 받을 수 있는 시간적 여유를 제공하지 못하고 있기 때문이기도 하다.

2) 공공보건의료 서비스의 수준

이처럼 우리나라의 의료서비스가 시장 메커니즘에 기반을 두고 있기 때문에 전국민을 대상으로 한 건강보험제도가 있음에도 불구하고 의료서비스 취약계층들이 존재한다. 특히 위에서 적시한 바와 같이 사회경제적 수준이 높지 않은 사람들일수록 보건의료 서비스에의 접근성이 취약하다. 그렇기 때문에 정부에서는 공공보건의료 서비스를 공급하고 있는데, 기초자치단체의 보건소 및 보건지소에서부터 시립병원이나 요양원, 그리고 국립의료원에 이르기까지 다양한 공공보건의료 서비스가 존재한다. 공공보건의료 제도만으로 볼 때, 민간부문의 의료서비스로부터 소외받은 국민들의 상대적으로 낮은 수준의 접근성 보완에 공공보건의료 서비스가 기여하고 있음에 틀림없다. 하지만 여전히 의료취약지역이 존재하고 생명과 직결되는 응급의료 서비스의 수준이 높지 않은 것과 같이 아직까지 우리나라의 공공보건의료 서비스는 민간영역에 비해 상대적으로 낮은 수준에 있다고 보고되고 있다(오영호, 2013). 예컨대 2011년 현재 우리나라의 전체 의료기관수에서 공공부문이 차지하고 있는 비중이 5.87%이고, 병상수도 12%에 불과하다. 중앙정부의 예산에서 공공보건의료에 지출되는 예산의 비중도 2007년에 1% 수준으로, 일본(20%)이나 싱가포르(6%) 등 우리와 유사한 보건의료제도를 지니고 있는 나라들보다 현격히 낮다. 공공보건의료 서비스 수준이 높지 않다는 것은 사회경제적 수준이 높지 않은 사람들의 전반적인 보건의료 서비스에의 접근성이 취약하다는 것을 의미하고, 이는 나아가 의료와 건강의 불평등을 심화하는 결과를 낳고 있다(오영호, 2012).

3) 의료서비스 분포의 불균형

우리나라의 의료서비스 접근성의 또 다른 중요한 장애요인은 바로 보건의료 서비스가 지역적으로 불균형하게 분포되어 있다는 것이다(윤태호, 2010). 현재 우리나라의 대부분의 주요 병원들이 서울을 비롯한 수도권에 몰려 있다는 것은 어렵지 않게 알 수 있다. 이는 단순히 서울 및 수도권에 인구가 집중되어 있기 때문이 아니라, 그동안 우리나라가 산업화되는 과정에서 사회적 자원과 투자가 서울 및 수도권에 집중된 결과로, 보건의료 서비스의 양과 질 역시 서울과 수도권에 집중되어 발전되어 왔다. 예컨대 2010년을 기준으로 인구 10만 명당 의사수는 서울이 약 260명으로 16개 시도의 다른 지역에 비해 월등히 많았다(부산시 약 190명, 경상북도 약 125명)(오영호, 2011). 최근에는 KTX가 전국의 주요 도시들을 서울과 일일생활권으로 만들면서 역설적으로 의료서비스 접근성이 더욱 악화되고 있다는 연구도 발표되었다(김진현 · 이재희 · 이진희, 2010). 교통여건이 좋아지면 보건의료서비스에의 접근성이 좋아지는 것이 일반적이다. 하지만 우리나라의 경우 KTX가 일상화되면서 지방의 환자들이 서울에 있는 의료서비스에 의존하는 비중이 심화되어, 의료서비스의 양과 질에 대한 투자가 지방에서 서울로 집중되는 결과를 낳게 되었다. 이로 인해, 지방의 보건의료 서비스를 제공하는 병의원들은 환자의 수가 급격하게 줄어들어 서비스 개선을 위한 투자의 여지가 줄어들게 되었고, 이들 서비스를 이용할 수밖에 없는 지방거주 이용자들의 보건의료 서비스 접근성이 오히려 악화된 것이다. 보건의료 서비스에 대한 요구가 더욱 절실한 고령자의 수와 비중이 서울과 수도권보다는 지방이 더 높다는 현실을 고려할 때, 보건의료 서비스의 지역적 불균형 분포는 우리나라의 보건의료 서비스 접근성 향상을 위한 매우 중요한 현안 과제임에 틀림없다.

4) 외국인을 위한 보건의료 서비스의 부재

2012년 현재 우리나라에 체류하고 있는 외국인은 합법(약 145만 명)과 불법(약 18만 명)을 모두 포함하여 전체인구의 약 3%에 이르고 있다고 한다(법무부, 2013). 우리나라뿐만 아니라 거의 모든 나라에서 다음과 같은 이유로 외국인들은 내국인에 비해 보건의료 서비스 접근성이 열악한 것이 사실이다(조영태 · 강초록 · 라채린, 2011). 먼저 외국인들은 체류자격에 따라 건강보험과 같은 건강보장체계에 가입되지 않을 수 있다. 설사 가입자격이 있다고 하더라도 가입 절차나 방법 등에 대한 지식이나 정보의 부재로 인해 건강보험에 가입하지 못하거나 안할 가능성도 높다. 또한 건강보험이 있다고 하더라도 건강이나 질병에 대한 문화적 차이로 인해 질병을 가지고 있어도 실제 보건의료 서비스를 이용하기가 쉽지 않다. 게다가 언어구사능력은 서비스 이용에 있어 매우 중요한 장애요인이 된다. 외국인들의 서비스 접근성 및 이용여부에 있어 내국인에 비한 상대적 열악성은 예방적 의료서비스에서 더욱 자명하다. 앞서 언급한 바와 같이 건강검진 등의 예방적 의료서비스는 내국인들 사이에서도 개인이 지닌 사회경제적 지위에 따라 접근성에서 큰 격차를 보이고 있다. 우리나라에 체류하고 있는 외국인들의 대부분은 이주노동자와 혼인이주자로서 이들의 사회경제적인 지위는 높지 않다. 그렇기 때문에 위에서 나열한 외국인으로서 갖게 되는 장애요인 말고도 낮은 사회경제적 지위로 인해 이들이 지니고 있는 예방적 보건의료 서비스 접근성은 내국인에 비해서도 매우 낮은 수준이라 할 수 있다(조영태 외, 2012).

4. 나오며

우리나라는 국민의 건강을 기본권으로 헌법에서 보장하고 있다. 즉 질병을 치료하고 건강을 유지 증진시키는 일 자체가 헌법으로 보장받고 있는 국민들의 기본적인 권리인 것이다. 보건의료 서비스에의 접근성과 이용여부는 질병의 치료와 건강 유지 및 증진에 있어 가장 기본적인 요소이기 때문에, 결국 이들은 기본권을 보장하는 근본적인 조건임에 틀림없다. 이 절은 이처럼 국민들의 기본권 보장의 기초가 되는 보건의료 서비스의 접근성과 이용에 대한 보건사회학의 대표적인 이론적 접근을 소개하고, 우리나라의 접근성 및 이용에 있어 나타나는 장애요인들을 고찰하였다. 글의 모두에서 밝힌 바와 같이 아프면 서러운데, 이보다 더 서러운 것이 바로 아파도 적절한 보건의료 서비스를 받지 못하는 상황이다. 우리나라는 현재 매우 빠른 인구 고령화와 외국인 인구 증가를 경험하고 있다. 이는 경제적 자원이 취약하면서 많은 보건의료 서비스를 필요로 하는 인구와 문화, 언어 등에서 매우 취약한 서비스 접근성을 지니는 인구의 급속한 증가를 의미한다. 앞으로 아파서 서러울지라도 필요한 서비스를 받지 못해 더 서러운 사람은 증가하지 않도록 보건의료 서비스 접근성과 이용에 대한 정부와 사회의 많은 관심과 노력이 필요하다.

제 12 장

스트레스와 사회적 관계로 바라본 건강불평등

| 김중백(경희대학교 사회학과) |

1. 스트레스는 인생의 동반자인가?

우리가 매일 사용하는 언어를 살펴보면 사람들이 어떠한 삶을 살아가고 있는지 대략 짐작할 수 있다. 가령 포털 사이트의 실시간 검색어는 현재 대한민국에서 가장 화제가 되고 있는 인물이나 사건이 무엇인지 알려준다. 그렇다면 영어교육의 중요성이 대두되고 국제화된 시대에 살고 있는 우리가 가장 많이 사용하는 외래어를 살펴본다면 이는 우리가 어떤 생각을 가지고 어떠한 삶을 살고 있는지 이해하는 데 도움이 될 것이다. 어떤 외래어가 먼저 생각나는가? 아침에 동료들에게 반갑게 인사할 때 사용하는 '굿모닝' 일까, 아니면 말끝마다 버릇처럼 사용하는 '오케이' 일까? 놀랍게도 '스트레스' 가 설문조사에서 1위를 차지했다고 한다. 물론 이 조사결과가 우리나라 사람들이 스트레스라는 단어를 하루에 구체적으로 몇 번이나 사용하는지 엄밀하게 보여주는 결과는 아니지만 현대 한국사회에서 스트레스가 대중에게 얼마나 큰 의미를 가지는지 보여주는 데에는 충분하다고 하겠다.

우리는 엄마로부터 태어나는 그 순간부터 다양한 사회적 맥락 안에서 여러 사람과 사회적 관계를 맺으며 새로운 사회적 지위와 역할을 부여받는다. 희로애락(喜怒哀樂)은 이러한 삶의 여정을 압축적으로 보여주는 표현이다. 인생에서 기쁨과 즐거움이 있다면 슬픔과 분노가 있다. 사실 우리의 인생은 수많은 역경과 고난, 즉 스트레스를 헤쳐 나가는 과정이라고도 할 수 있다. 막 태어난 아기가 엄마의 젖이 빨아지지 않아서 받는 스트레스, 학생 시절에 성적과 교우관계에서 받는 스트레스, 중년기 시절 결혼과 직장 생활에서 받는 스트레스, 노년기 시절 건강과 외로움에서 받는 스트레스 등 스트레스는 인간이라면 누구나 경험하게 되는 인생의 동반자이다. 따라서 우리가 사용하는 외래어 가운데 스트레스가 1위를 차지한 것은 놀라운 결과가 아닐 수도 있다. 점차 복잡해지고 불확실해져 가는 현실에서 불안감을 느끼지 않고 스트레스 없는 삶을 산다는 것은 오히려 불가능한 일이 아닐까?

우리의 삶에서 스트레스가 중요한 의미를 가지는 이유는 스트레스가 삶의 질에 부정적인 영향을 미치기 때문이다. 특히 스트레스는 건강과 밀접히 관련되어 있다. 우리는 흔히 스트레스는 만병의 근원이라는 말을 듣곤 한다. 거의 모든 성인병의 원인으로 스트레스가 제시된다고 해도 과언이 아니다. 병리학적 측면에서 보았을 때 스트레스는 질병과 밀접한 관계를 가지고 있다. 그런데 이러한 스트레스가 사회학적 의미를 가지게 되는 이유는 스트레스의 발생이 무작위로 결정되는 것이 아니라 개인의 사회적 지위, 역할, 사람들과의 관계 그리고 개인이 위치한 사회구조의 특성에 크게 영향을 받기 때문이다. 즉 스트레스의 분포는 사회적으로 결정되는 경향을 가지고 있다. 모든 사람이 어느 정도의 스트레스를 가지고 있는 것은 사실이지만 스트레스를 유발하는 요인과 스트레스가 증가되는 과정은 지극히 사회적이라는 것이다. 따라서 스트레스는 건강의 사회적 불평등을 설명하는 중요한 이론적 배경이 된다.

이렇게 스트레스를 받으면 우리는 어떻게 반응하는가? 어떤 사람은 친구들과 술을 한잔하기도 하고, 마구 먹기도 하고, 혼자 걷기도 하고, 친구들과 대화를 나눔으로써 잊어버리려 할 것이다. 스트레스의 종류가 다양한 만큼 스트레스로 인해 받는 영향과 스트레스를 극복하기 위해 시행하는 방법 역시 사람에 따라 매우 다르다. 그런데 스트레스에 대처하는 자원 가운데 주변에 있는 사람들과의 상호작용은 중요한 역할을 담당한다. 위에서 제시한 몇 가지 스트레스 대처법을 보면 사회적 관계에서 발달되는 관계적 자원이 큰 부분을 차지함을 알 수 있다. 이는 인간이 사회적 동물이란 점을 감안해 보았을 때 논리적으로 당연한 결과이기도 하다. 인간이 집단생활을 하고 사회적 동물로서 진화된 가장 큰 이유는 함께 힘든 일을 이겨낼 수 있기 때문이다. 그리고 현대사회로 접어들수록 삶의 영역이 넓어지고 있으며 사회적 관계 역시 확대되고 있다. 즉 스트레스에 대처하는 방법으로 사회적 관계는 큰 역할을 담당한다.

따라서 스트레스와 사회적 관계는 건강의 사회적 분포를 설명하는 중요한 이론적 의의를 내포하며 사회적 관계는 스트레스가 건강에 미치는 영향을 상쇄하는 데 자원으로서 중요한 함의를 내포한다. 따라서 이 장에서는 스트레스를 유발하는 스트레스 요인, 스트레스가 건강에 미치는 부정적 효과를 중재, 감소시키는 자원으로서의 사회적 관계가 건강불평등과 자살의 논의 과정에서 어떻게 연구되어 왔으며 그 의미는 무엇인지 논의하도록 한다.

2. 스트레스와 건강

스트레스(stress)는 사회학뿐만 아니라 의학 혹은 보건학에서도 널리 사용되는 개념이다. 스트레스는 개인들의 적응이 요구되는 사회환경적 요구나 목적을 달성하려는 수단의 부재 상태로 정의된다(Lin and Ensel, 1989). 그리고 이러한 스트레스를 유발하는 외적 요인들을 스트레스 요인(stressor)이라 한다. 스트레스 요인과 스트레스를 구분하면 스트레스는 내적인 자극을 의미하며 스트레스 요인은 외부의 도전 혹은 장애를 의미한다. 스트레스는 개인의 요구, 가치, 개념, 혹은 자원이나 기술이 외부 조건이나 환경과 불일치하거나 갈등을 일으키는 과정에서 발생한다(Aneshensel, 1992). 이러한 점으로 보았을 때 스트레스는 개인의 수준에서 측정되지만 스트레스가 발생하는 과정과 환경은 사회적 환경과 구조에 밀접하게 관련되어 있으며 사회적 자원과 능력의 불균형한 분포에 따라 스트레스를 인지하는 정도가 다를 수 있음을 알 수 있다.

스트레스 요인은 사회학적으로 중요한 의미를 가진다. 특히 생애사건

(life event)은 가장 광범위하게 적용되는 스트레스 요인이다. 생애사건은 대부분 사람들의 일상행동에 영향을 주는 객관적 사건의 발생을 뜻하며 결혼, 취업, 거주지 이동, 은퇴, 출산, 지인의 죽음 등 매우 다양한 사건들이 모두 포함된다(Lantz, House, Mero, and Williams, 2005; Lin and Ensel, 1984; Seeman and Seeman, 1992). 이러한 생애사건은 인간이라면 거의 누구나 경험하는 사건들이지만 그 분포가 사회계층에 따라서 차이를 나타낸다는 점에서 사회학적 의미를 가진다(Kessler, House, and Turner, 1987). 특히 많은 사회학자들은 이혼이나 실업, 혹은 학업중단과 같이 스트레스에 영향을 주는 부정적인 생애사건들의 불균형한 사회적 분포에 관심을 가진다. 하지만 생애사건에 대한 사회학적 연구들은 많은 비판을 받고 있기도 하다. 가장 근본적인 비판은 변화가 반드시 부정적인 영향만을 가져오지는 않는다는 것이다. 즉 모든 변화가 부정적인 것도 아니며 인간은 변화에 적응할 수 있는 능력을 갖추고 있다는 것이다. 또한 어떠한 생애사건은 사람에 따라 부정적인 영향과 긍정적인 영향을 각각 가질 수 있다. 가령 이혼은 일반적으로 부정적인 생애사건으로 간주되나 갈등이 오랜 시간 지속되었던 부부에게는 오히려 긍정의 측면도 생길 수 있는 것이다. 이는 곧 생애사건이 그 자체만으로 의미를 가지는 것이 아니라 생애사건이 발생하는 사회적 맥락이 고려될 때 스트레스 요인으로 의미를 가지게 됨을 뜻하며 이러한 측면의 연구가 더욱 진행되어야 한다(Pearlin, 1989).

생애사건 이외에도 중요한 스트레스 요인으로 만성 스트레스 요인(chronic stressor)이 있다. 생애사건은 어떤 특별한 사건이나 상황의 발생이 스트레스를 유발하는 과정에 초점을 맞추고 있는 데 반해 만성 스트레스 요인은 일반적인 사람들이 일상에서 쉽게 경험하게 되는 갈등이나 좌절로 인한 스트레스 요인을 의미한다(Avison and Turner, 1988). 이러한 만성 스트레스 요인은 사회적 역할을 중심으로 형성되며 개념을 기준으로 다음과 같이 구분할 수 있다. 개인의 역량을 넘어서는 요구가 있을 때 발생하는 역할 과부하(role overload), 인간관계에서 발생하는 갈등(interpersonal conflict), 의도하지 않게 축소되거나 줄어든 역할을 담당해야 하는 역할 억압(role captivity), 그리고 역할의 변화에서 필연적으로 수반되는 역할 재구성(role restructuring) 등이 있다(Pearlin, 1989). 실제 연구에서 스트레스 요인은 매우 다양한 형태로 관찰된다. 경제적 곤란, 실업, 낮은 교육수준, 직무환경 등을 포괄하는 사회경제적 지위(Grzywacz, Almeida, Neupert, and Ettner, 2004; 김왕배, 이경용 · 이가람, 2012), 거주지역의 빈곤함과 무질서와 같은 환경요인(Ross and Mirowsky, 2009; 김윤희 · 조영태, 2008), 남녀구분에 따른 역할과 지위의 차이(Avison and McAlpine, 1992; 송리라 · 이민아, 2012), 부모의 이혼이나 가족구성원 간의 불화 등으로 나타나는 가족요인(Amato and Sobolewski, 2001; 박수미 · 한성현, 2004) 등이 스트레스를 발생시키며 그 결과로 건강이나 건강행위, 혹은 다른 행위나 상황에 부정적인 영향을 미치게 된다. 따라서 스트레스 요인을 이해하기 위해서는 스트레스가 어떤 독립적인 상황이나 사건에서 유발되는 것이 아니라 포괄적 의미의 사회적 구조와 맥락 안에서 서로 어떻게 연결되어 상호관계를 가지는지 밝혀야 한다. 또한 스트레스 요인의 의미를 형성하는 사회적 가치가 무엇인지 밝히는 데 주안점을 두어야 할 것이다.

스트레스 요인은 사회적으로 분포되어 있으며 모든 개인이 같은 수준의 스트레스 요인을 경험하는 것은 아니기에 이는 건강의 불평등을 가져오는 핵심 사회적 기제가 된다(Thoits, 2010). 하지만 모든 사람이 스트레스 요인을 경험한다고 하더라도 건강이 동일한 수준의 영향을 받는 것은 아니다. 왜냐하면 스트레스 요인은 건강에 영향을 주는 하나의 요인이며 건강과 관련된 다른 요인이 스트레스 요인과 건강의 관계에 영향을 미칠 수 있기 때문이다. 따라서 스트레스 요인이 건강에 미치는 영향을 이해하기 위해서는 건강을 둘러싼 다양한 측면을 고려해야 한다. 스트레스 요인과 건강의 연구에서 중요하게 고려되는 측면은 자원(resource)이다. 자원은 건강의 증진에 도움을 주거나 건강을 위협하는 요인들을 억제하는 효과를 가지는 개인적 특성, 배경, 혹은 자질 등으로 정의할 수 있다. 자원은 매우 다양한 요소들로 구성되는데 교육, 직업지위, 소득과 같은 사회경제적 자원(socioeconomic resource)과 사회적 지지나 사회적 통합으로 대표되는 사회심리적 자원(psychosocial resource)으로 크게 구분된다. 이러한 자원들은 무작위로 분포하는 것이 아니라 사회적 구조 안에서 배태(embedded)되어 있다. 이는 건강에 영향을 미치는 자원은 누구나 동일한 수준으로 가지고 있는 것이 아니라 사회계층 안에서의 위치와 사회적 역할에 따라 크게 좌우됨을 의미한다. 따라서 스트레스와 건강에 대한 연구는 스트레스 요인과 자원이 어떠한 관계를 가지고 건강에 영향을 미치는지에 집중되어 왔다.

스트레스 요인과 자원이 건강과 관련되어 연구되는 경향은 모형을 통해 이해할 수 있다. 엔젤(Ensel)과 린(Lin)은 스트레스가 건강에 미치는 영향을 총 여섯 가지 모형으로 나누어 각각 설명하고 있다(Ensel and Lin, 1991). 이 모형들을 이해하는 것은 매우 중요하다. 왜냐하면 스트레스와 건강에 관련된 대부분의 사회학적 연구는 논리적으로 이 논문에서 제시된 여섯 가지 모형 가운데 하나에 해당되기 때문이다. 이 글에서는 여섯 가지 모형 가운데 연구에 가장 널리 적용되는 독립모형(independent model), 쇠퇴모형(deterioration model), 상쇄모형(buffering model)을 집중적으로 소개하기로 한다. 독립모형은 스트레스 요인과 자원이 서로 간섭하지 않고 건강에 독립적인 영향을 미치는 모형을 뜻한다. 일반적으로 스트레스 요인은 건강에 부정적인 영향을 미치고 자원은 건강에 긍정적인 영향을 미친다. 좀 더 구체적인 예로 살펴본다면 실업을 스트레스 요인으로, 사회적 지지를 자원으로, 우울증을 건강으로 본다면 실업상태의 사람은 비실업상태의 사람보다 우울 정도가 높으며, 강한 사회적 지지를 가지는 사람은 약한 사회적 지지를 가지는 사람보다 우울 정도가 낮다. 독립모형은 이때 실업상태와 사회적 지지가 우울증에 미치는 효과가 서로 영향받지 않음을 의미한다. 이에 반해 쇠퇴모형은 일종의 경로모형으로 실업상태가 우울증에 미치는 영향은 일부 혹은 전체가 사회적 지지를 통해 전달된다고 주장한다. 실업상태에 있는 사람이 비실업상태에 있는 사람보다 더 우울한 이유는 실업상태 자체가 원인이 되기도 하지만 직장을 잃게 됨에 따라 직장의 동료로부터 얻을 수 있는 사회적 지지를 잃게 되기 때문에 우울증이 높다고 설명한다. 이 모형에 따르면 자원은 스트레스 요인과 건강 사이에 일종의 매개효과로 작용한다. 상쇄모형은 건강의 사회심리적 연구에서 가장 중요한 위치를 차지한다(Cohen and Wills, 1985). 상쇄모형에 따르면 스트레스 요인이 건강에 미치는 부정적 영향은 개인이 보유한 자원에 따라 상쇄될 수 있다고 한다. 위의 예를 따르면 실업상태에 있는 사람이 우울증이 높은 것은 사실이나 그 정도는 개인의 사회적 지지의 정도에 따라 일정하지 않으며 만약 자원으로서의 사회적 지지를 가지고 있으면 스트레스 요인으로서의 실업이 건강에 미치는 부정적인 효과를 상쇄할 수 있다는 것이다. 이러한 상쇄효과는 스트레스와 건강의 연구에 매우 광범위하게 사용되고 있으며 건강의 불평등을 해소하는 의미로서의 자원의 의미를 설명한다는 데 의미를 가지고 있다(Kim and Ross, 2009; Schieman and Meersman, 2004; Wheaton, 1985; 이미숙, 2012; 이민아, 2010). 따라서 스트레스 요인과 건강에 대한 이해를 위해서는 자원의 사회적 분포에 대한 관심을 가져야 한다. 한 가지 유의할 점은 여기에서 소개한 세 가지 모형은 서로 완전히 다른 것이 아니기 때문에 설정한 연구문제에 따라 가장 적당한 모형을 찾는 과정이 요구된다.

결론적으로 스트레스 요인과 건강의 불평등은 다음의 두 가지 연구주제로 크게 귀결된다(Turner *et al*., 1995). 첫째, 어떠한 특성을 가진 사회적 집단이 스트레스 요인에 더 노출되거나 경험하게 되어 나쁜 건강을 가지게 되는가? 이는 사회적 노출 가설(social exposure hypothesis)로 불린다. 스트레스 요인이 사회적으로 배태되어 있다면 어떤 집단이 스트레스 요인을 경험하는지 밝히는 질문에 사회학자들은 답해야 한다. 두 번째, 스트레스 요인을 경험하거나 스트레스 환경에 노출되어 있는 사람들이 모두 같은 수준의 건강을 보이는 것이 아니라면 무엇이 이러한 차이를 가져오는가? 이는 사회적 취약가설(social vulnerability hypothesis)이라고 불린다. 사회적 취약가설은 자원의 역할에 주목하며 특히 상쇄효과 메커니즘을 통한 사회심리적 자원의 역할에 큰 실질적 · 정책적 함의를 부여한다. 사회구조적으로 개선이 상대적으로 쉽지 않은 사회경제적 자원에 비해 사회심리적 자원은 건강의 불평등을 감소시킬 수 있는 자원으로 동원 가능한 측면이 크기 때문에 중요한 주제로 다루어져 왔다. 따라서 다음 절에서는 사회심리적 자원 가운데 가장 중요한 사회적 관계가 가지는 의미를 집중적으로 살펴보기로 한다.

3. 사회적 관계와 건강

사회적 관계(social relationship)는 사람들 사이에 형성되고 유지되고 있는 관계를 총칭한다. 사회적 관계는 사회학에서 매우 중요한 개념이다. 왜냐하면 사회학의 본질은 인간 개인의 탐구에 있는 것이 아니라 인간의 집합생활이 가지는 사회적 사실(social fact)의 의미를 밝히고 설명하는 것이며 사회적 관계는 그 가운데서도 핵심이 되기 때문이다. 일찍이 사회학의 창건자인 에밀 뒤르켐은 기계적 연대(mechanic solidarity)에서 유기적 연대(organic solidarity)로의 사회적 관계의 변화를 근대사회의 특징으로 설명하였다. 같은 역할을 수행함으로써 형성되었던 사람들 사이의 관계가 다른 역할을 수행함으로써 사회적 관계가 확산되는 결과로 이어졌고 이는 곧 근대사회의 출발에 중요한 의미를 가진다고 보았다(뒤르켐, 2012). 또한 짐멜은 집단구성원의 수가 집단의 행동에 미치는 효과를 분석하면서 이자관계

(dyad)에서 삼자관계(triad)로 변화하면 사회의 구조적 변동이 생긴다고 주장하였다(권태환 · 홍두승 · 설동훈, 2009). 이와 같이 사회적 관계는 사회학이 태동할 때부터 가장 중요한 주제 가운데 하나이다.

건강의 사회학적 이해에 사회적 관계는 중요한 위치를 차지한다. 뒤르켐이 그의 저서인 『자살론』에서 사회적으로 지나치게 강하거나 약한 통합관계에 위치한 집단의 자살률이 더 높다는 것을 밝혔듯이 사회적 관계의 형태나 강도는 인간의 행위에 영향을 미친다. 이는 건강불평등의 사회학적 설명에도 적용될 수 있다. 미국의 사회학자 하우스(House)와 동료들은 사회적 관계는 건강불평등을 설명하는 핵심 기제 가운데 하나라고 주장하면서 사회적 관계의 부족은 건강의 위험요인을 증가시킨다고 밝혔다(House, Landis, and Umberson, 1988).

사회적 관계는 매우 포괄적인 의미를 가지기 때문에 실제 연구는 주로 다음의 사회적 지지, 사회적 참여, 사회적 자본과 같은 구체적인 개념을 이용하여 시행된다. 먼저 사회적 지지(social support)는 사회적 관계에서 본인이 주변인들에 의해 어떻게 도움받고 보살핌을 받는지에 대한 개인의 생각이나 의견을 뜻하며 어려움에 처했을 때 자신의 상황을 들어주고 보살펴 줄 수 있는 사람이 있는지, 개인으로서 존중받고 사랑받으며 가치 있게 여겨지는지를 나타내는 개념이다(Lin, Ye, and Ensel, 1999; Thoits, 1995). 사회적 지지는 기능적인 측면에서 실제적인 도움을 주는 기능적(instrumental) 지지, 배려받고 사랑받는 느낌을 의미하는 정서적(emotional) 지지, 문제해결에 도움을 주는 정보를 제공하는 정보적(informative) 지지, 자신의 평가와 관련된 평가적(appraisal) 지지로 구분할 수 있다(Taylor, Repetti, and Seeman, 1997). 사회적 참여(social participation)는 경제적 이익을 직접 추구하지 않는 조직과 제도에 참여하는 행위를 의미하며 가장 대표적인 것은 종교행사 참여, 자원봉사 참여, 지역공동체 행사 참여 등이 있다. 사회적 자본(social capital)은 콜만과 퍼트남이 제안한 개념으로도 잘 알려져 있으며 사회적 관계에서 존재하는 신뢰와 상호교류가 개인의 이익을 위한 잠재적인 자원으로 사용되는 경우를 의미한다(Kawachi, Kennedy, Lochner, and Prothrow-Stith, 1997). 따라서 사회적 자본은 주로 사람들 간의 신뢰도나 응집도를 사용해 측정되나(Carpiano and Kimbro, 2012) 최근의 연구에 따르면 사회적 관계에서 직업지위를 이용하여 측정하기도 한다(Song, 2011). 위의 세 개념은 사회적 관계를 측정하는 구체적인 지표로 사용되며 서로 밀접하게 연관되어 있어 실제 연구에서 때로는 엄밀하게 구분되지 않고 사용되기도 한다. 가령 이웃 수준의 사회적 자본을 측정하는 데 사회적 응집도, 사회적 지지, 사회적 참여가 사용되기도 한다(Carpiano and Kimbro, 2012). 따라서 연구의 목적에 따라 측정되는 방식에 다소 차이는 있지만 사회적 관계는 위에서 논의한 개념들로 측정되고 지표화된다.

사회적 관계가 건강에 영향을 미친다면 그 이유는 무엇일까? 기존 연구에 따르면 생물학적 · 행위론적 · 심리적 기제가 사회적 관계와 건강의 관계를 설명한다(House, Landis *et al*., 1988; House, Umberson, and Landis, 1988). 생물학적 관점에서 보았을 때 사회적 관계는 인간의 신경계통에 작용해 성장호르몬의 분배를 촉진하기 때문에 건강에 긍정적인 영향을 미친다고 한다. 행위론적으로 보았을 때 사회적 관계는 건강을 증진하는 행위와 관련이 있다. 가령 사회적 관계의 존재는 개인의 건강 관련 행위, 음주, 흡연, 운동, 예방적 의료행위 등을 촉진시키도록 하여 건강에 기여한다고 한다. 심리학적 관점으로 보았을 때 중요한 타인의 존재 혹은 타인과의 관계의 형성은 개인의 정서적인 상태를 조절해 주어 건강에 긍정적인 영향을 미친다고 한다. 이러한 메커니즘을 통해 사회적 관계는 건강의 불평등을 설명하게 된다.

사회적 관계가 건강에 영향을 미치는 방식에 대한 연구경향은 크게 두 가지로 나눌 수 있다. 먼저 사회적 관계가 직접적으로 건강에 영향을 미치는 관계를 분석하는 연구의 경향이 있다. 이러한 연구들에 따르면 사회적 관계는 건강에 기여하는 사회적 자원으로 긍정적인 영향을 준다. 사회적 지지, 사회적 참여, 혹은 사회적 자본으로 측정되는 사회적 관계는 건강과 건강 관련 행위에 직접적으로 긍정적인 영향을 미치며 이는 스트레스 모형에서 제시된 독립모형 혹은 쇠퇴모형에 해당된다(Burr, Tavares, and Mutchler, 2011; Ellison, Boardman, Williams, and Jackson, 2001; Kim, 2010; 김두환 · 김지혜, 2011; 최해경, 2006). 두 번째로는 사회적 관계가 사회적 자원의 측면에서 스트레스 요인의 부정적인 효과를 상쇄하는 작용을 분석할 수 있다. 이는 스트레스모형에서 제시된 상쇄모형에 해당되며 자원으로서의 사회적 관계의 존재는 스트레스 요인이 건강에 미치는 부정적인 효과를 감소시키는 결과를 가져온다.

다음 [그림 1]은 상쇄효과를 그래프를 통해 나타내는 방식을 설명해 주고 있다(Kim and Ross, 2009: 732에서 가져옴). 이웃 공동체의 무질서 정도에 대한 인식이 스트레스 요인으로 *X*축에 표시되었으며, 이는 회귀모형에서 독립변수를 뜻한다. 우울증이 건강을 측정하는 지표로 사용되었고 *Y*축에 표시되며, 이는 회귀모형에서 종속변수를 뜻한다. 사회적 지지(social support)가 사회적 자원으로서 고려되었으며, 이는 조절변수이다. 그림에 따르면 이웃 무질서가 증가할수록 우울증이 증가하는 경향을 보여주고 있으나, 이웃 무질서가 우울증에 미치는 영향은 낮은 수준의 사회적 지지나 사회적 연결을 가진 사람에 비해 높은 수준을 나타낸 사람에게 낮음을 알 수 있다. 즉 스트레스 요인이 건강에 미치는 영향의 정도가 사회적 관계의 정도에 따라 차이가 나며 사회적 관계가 강할수록 스트레스 요인이 건강에 미치는 부정적 효과는 감소한다. 이러한 사회적 관계의 상쇄효과는 여러 연구에서 자세하게 다루어졌으며, 이는 여전히 스트레스와 사회적 관계를 연구하는 가장 중요한 흐름이다(Cohen and Wills, 1985; Kawachi and Berkman, 2001; Thoits, 2011; 손정연 · 한경혜, 2012).

[그림 1] 상쇄효과의 메커니즘

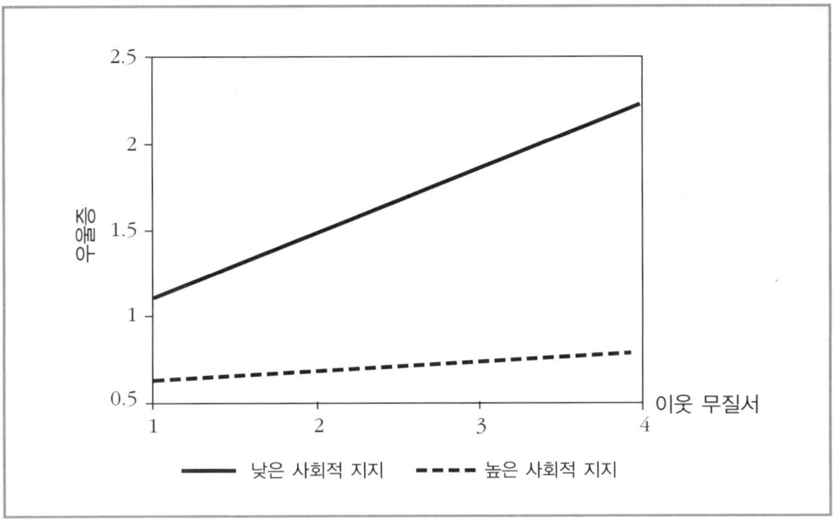

4. 자 살

사회적 관계와 스트레스의 논의에서 자살은 빠질 수 없는 주제이다. 자살의 연구는 사회학의 태동 시기부터 이미 시도되었다. 뒤르켐은 사회적 통합의 정도와 규범의 부재를 자살의 사회적 원인으로 제시하면서 자살을 사회적 사실로 보았다(뒤르켐, 2008). 그리고 사회적 관계의 구속 정도로 이기적 자살과 이타적 자살을 설명하였다. 비록 이러한 뒤르켐의 시각과 연구의 엄밀성에 대한 비판은 그 이후 계속해서 제기되어 왔지만 여전히 뒤르켐의 논리는 자살을 설명하는 중요한 이론적 틀로 자리 잡고 있다. 우리나라의 자살률은 세계에서 가장 높은 수준이다. 2010년 현재 10만 명당 33.5명으로 OECD 가입 국가 가운데 8년째 1위를 기록하고 있다. 연령별로 나누어 본다면 10~30대의 사망원인 1위에 해당되며, 80대 이상은 121

명을 기록할 정도로 자살의 현황은 특히 청년층과 고령층에서 심각하다고 하겠다. 자살을 사회적 병리현상을 나타내는 지표로 이해한다면 우리나라는 세계에서 사회적으로 가장 병들어 있는 국가라고 할 수 있다. 그렇다면 왜 사람들은 스스로 생을 마감하려 하는 것인가?

2011년에 자살의 사회학적 연구경향을 리뷰한 논문에서는 자살의 원인을 크게 사회경제적 측면, 인종이나 성별로 나타나는 인구학적 측면, 종교적 측면, 사회적 통합과 규제적 측면, 그리고 문화적인 측면으로 나누어 제시하고 있다(Wray, Colen, and Pescosolido, 2011). 자살의 원인을 밝힌다는 것은 사실 매우 어려운 작업이다. 왜냐하면 자살 대상자에 대한 실증자료를 수집하여 자살의 사회적 맥락을 살펴보는 것이 쉽지 않기 때문이다. 따라서 자살에 대한 사회과학적 연구는 주로 거시적 통계자료를 사용한 흐름의 파악과 자살에 대한 생각이나 시도의 분석에 집중되어 있다. 먼저 자살의 원인을 거시적인 시각에서 보아 실업률이나 소득분배지수, 혹은 경제성장률과 같은 사회경제적 맥락의 측면에서 보려는 연구가 있다. 이러한 연구결과들은 일반적으로 양극화가 증가하거나 경제적 곤란함을 나타내는 지표와 자살률의 변화에 관심을 가지며 자살을 사회경제적 변동의 결과로 설명하고 있다(김기원 · 김한곤, 2011; 유정균, 2008; 은기수, 2005; 한승용, 2008). 또한 자살을 연령별 · 코호트별 특성의 차원으로 보아 자살의 리스크가 높을 것으로 예측되는 코호트에 대한 분석도 시행되었다(이지연 · 김소현, 2010). 거시적 통계자료들을 사용한 자살 연구들은 자살률 변화의 사회적 맥락을 파악할 수 있다는 함의가 있으나 자살을 예방하는 역할을 담당하게 되는 사회적 자원의 논의는 부족한 단점을 가진다.

자살에 대한 사회적 관심이 높아지면서 한국사회조사를 비롯한 최근의 설문조사 자료들은 자살과 관련된 여러 가지 질문을 포함시키고 있다. 그리고 이러한 자료를 이용하여 자살을 미시적 차원에서 바라보려는 연구들이 점차 축적되고 있다. 스트레스이론은 자살 생각, 시도 연구의 중요한 한

부분을 차지한다. 스트레스 관점에 따르면 적응이 요구되는 사회환경적 요구나 목적을 달성하려는 수단의 부재에서 기인되는 상태인 스트레스와 이에 따르는 우울증을 자살의 핵심 원인으로 간주한다. 이러한 논의의 틀은 자살의 원인을 구체적으로 제시할 수 있다는 이점 이외에도 자살을 줄이거나 예방할 수 있는 사회적 자원이 무엇인지 파악할 수 있는 효과도 가진다. 자살 생각, 시도, 충동 혹은 계획은 비록 자살행위를 의미하지는 않지만 자살시도와 실제로 높은 연관성을 보여주기 때문에 이에 대한 연구는 자살의 예측과 설명에 중요한 의미를 가진다.

먼저 성인남녀를 대상으로 자살행동을 설명하는 원인을 포괄적으로 바라보는 연구에 따르면 일반적으로 스트레스, 우울, 경제상태가 자살행동의 사회적 차이를 가져옴을 보여준다(모지환 · 배진희, 2011). 특히 주목할 만한 점들은 자살행동 혹은 자살시도의 사회적 분포가 일정한 것이 아니라 사회적 관계로 대표되는 사회적 자원을 가진 집단에게서는 덜 나타난다는 점이다. 자살이 사망원인인 청소년을 대상으로 한 연구 가운데, 친구 · 교사 · 가족들로부터 받는 사회적 지지나 관계 만족도가 높을수록 청소년의 자살충동이 감소한다는 연구결과가 있다(김현주 · 노자은, 2011; 박재산 · 문재우, 2010). 또한 자살에 특히 취약한 노인계층을 대상으로 하는 연구는 자아존중감이나 사회적 지지와 같은 사회심리적 자원, 그리고 배우자로 나타나는 관계적, 정서적 자원이 자살충동을 감소시키는 효과가 있음을 밝히고 있다(배지연 · 김원형 · 윤경아, 2005; 이민아 · 김석호 · 박재현 · 심은정, 2010; 최인 · 김영숙 · 서경현, 2009; 한삼성 · 강성욱 · 유왕근 · 피영규, 2009; 황미구 · 김은주, 2008). 이러한 연구결과로 보았을 때 뒤르켐이 처음 제시한 사회적 관계와 자살의 관계는 우리 사회의 경우 여전히 어느 정도 존재함을 알 수 있으며 전통적으로 집단 내 유대관계가 강했던 한국의 공동체 문화를 감안해 보았을 때 한국의 사회적 공동체 해체를 가져온 사회적 맥락과 변동에 대한 연구가 필요하다고 하겠다.

5. 나오며

스트레스와 사회적 관계는 건강의 불평등 연구에서 매우 중요한 의미를 가진다. 왜냐하면 건강의 불평등을 가져오는 원인은 물론 건강불평등을 개선하는 데 필요한 자원의 측면까지 설명할 수 있기 때문이다. 또한 스트레스 요인은 매우 다양한 형태로 사회구조 안에서 발견되기 때문에 건강불평등의 사회학적 설명의 확장에 도움을 준다. 이러한 점들을 고려해 보았을 때 향후 추가연구가 필요한 영역을 제시하면서 이 글을 마치고자 한다.

사회적 관계가 건강의 개선에 기여하는 사회적 자원으로서 위치를 차지하고 있지만 이와는 반대로 건강이 좋은 사람이 더 넓고 강한 사회적 관계를 가지고 있을 가능성을 배제할 수 없다. 즉 인과관계(causal relationship)가 아닌 역인과관계(reverse causal relationship)가 존재할 수도 있으며, 만약 역인과관계가 성립된다면 사회적 관계가 건강에 긍정적인 효과를 미친다는 연구결과는 한계를 가지게 된다. 가령 사회적 관계를 가진 사람이 좋은 건강수준을 보일 수 있으나 이와 반대로 좋은 건강수준을 나타내는 사람이 사회적 관계가 넓고 강할 수도 있는 것이다. 따라서 최근에 축적되고 있는 종단면자료를 이용한 분석을 시도하거나 의사실험(quasi-experiment) 등을 통해서 사회적 관계와 건강 사이의 인과관계를 분석하고 이를 이론적으로 뒷받침하는 연구를 수행하는 것이 필요하다(Thoits, 2011).

또한 사회적 관계라는 개념 자체가 서구식 인간관계에서 출발하였는데 우리나라에서 사람들 사이에 관계맺음의 방식과 관계의 의미는 서구의 그것과는 다르다. 따라서 우리 상황에 맞는 사회적 관계의 측정방식을 고안해 내는 것이 필요하다. 우리나라의 경우 여전히 전통적 인간관계에서 완전히 벗어나지 못한 상황에서 사회조직 내에서 지위와 나이, 그리고 남녀 성별을 통한 수직적 인간관계가 맺어져 있는 것이 일반적인 상황이다. 이는 상호작용의 존재나 사회적 네트워크의 존재 자체가 언제나 사회적 지지로 인지되고 작용하지 않을 수도 있음을 의미한다. 이러한 문제점을 극복하기 위해서는 사회적 관계를 형성하는 사회적 맥락을 감안하여 사회적 관계의 의미를 이해해야 하며, 궁극적으로는 이러한 측면을 반영하는 한국적 상황의 사회적 관계를 측정하는 개념과 지표가 만들어져야 할 것이다. 이러한 노력이 결실을 맺을 때 스트레스이론의 한국적 재탄생이 가능할 것이라 생각한다.

참고문헌

제1장

권태환 · 김두섭. 2002.『인구의 이해』. 개정판. 서울대출판부.

권태환 · 김태헌 · 김두섭 · 전광희 · 은기수. 1997.『한국출산력 변천의 이해』. 일신사.

김두섭. 2007.『IMF 경제위기와 한국 출산력의 변화』. 집문당.

리비-바치, 마시모. 2009.『세계인구의 역사』. 송병건 · 허은경 역. 해남.

배은경. 2012.『현대한국의 인간재생산-여성, 모성, 가족계획사업』. 시간여행.

성낙일 · 박선권. 2012. "우리나라 지역별 자녀 양육환경과 출산율에 관한 실증분석."『한국인구학』 35(2): 73-101.

이철희. 2012. "한국의 합계출산율 변화요인 분해: 혼인과 유배우 출산율 변화의 효과."『한국인구학』 35(3): 117-144.

통계청. 2013.『한국의 주요지표』. http://kosis.kr/nsportalStats/nsportalStats_0102Body.jsp?menuId=1&NUM=13

Becker, Gary S. 1960. "An Economic Analysis of Fertility." pp.209-240 in *Demographic and Economic Change in Developed Countries*. edited by National Bureau of Economic Research. Princeton: Princeton University Press.

Bengtsson, Tommy, Cameron Campbell, and James Lee. 2004. *Life under Pressure: Mortality and Living Standards in Europe and Asia, 1700-1900*. The MIT Press.

Bongaarts, John. 1978. "A Framework for Analyzing the Proximate Determinants of Fertility." *Population and Development Review* 4(1): 105-131.

―――――――――. 2003. "Completing the Fertility Transition in the Developing World: The Role of Educational Differences and Fertility Preferences." *Population Studies* 57(3): 321-335.

Bongaarts, John and Griffith Feeney. 1998. "On the Quantum and Tempo of Fertility." *Population and Development Review* 24(2): 271-291.

Budig, Michelle J. 2003. "Are Women' S Employment and Fertility Histories Interdependent? An Examination of Causal Order Using Event History Analysis." *Social Science Research* 32(3): 376-401.

Cleland, John and Christopher Wilson. 1987. "Demand Theories of the Fertility Transition: An Iconoclastic View." *Population Studies* 41(1): 5-30.

Coale, Ansely and Susan Watkins(eds). 1986. *The Decline of Fertility in Europe*. Princeton: Princeton University Press.

Easterlin, Richard A. 1975. "An Economic Framework for Fertility Analysis." *Studies in Family Planning* 6(3): 54-63.

Easterlin, Richard A. and Eileen M. Crimmins. 1985. *The Fertility Revolution*. Chicago: The University of Chicago Press.

Fienberg, Stephen and William. M. Mason. 1979." Identification and Estimation of Age-Period-Cohort Models in the Analysis Of Discrete Archival Data." *Sociological Methodology* 10: 1-67.

――――――――――――――――――.1985. "Specification and Implementation of Age, Period And Cohort Models." pp.25-88 in *Cohort Analysis in Social Research*. edited by Mason, William M. and Stephen Fienberg. New York: Springer-Verlag.

Fischer, Claude S., Martín Sánchez Jankowski, Samuel R. Lucas, Ann Swidler, and Kim Voss. 1996. *Inequality by Design: Cracking the Bell Curve Myth*. Princeton: Princeton University Press.

Foster, Andrew. 1990. "Cohort Analysis and Demographic Translation: A Comparative Study of Recent Trends in Age Specific Fertility Rates from Europe and North America." *Population Studies* 44(2): 287-315.

Glenn, Noval D. 2005. *Cohort Analysis*. 2nd edition. Thousand Oaks: Sage

Publication.

Guo, Guang and Leah K. VanWey. 1999. "Sibship Size and Intellectual Development: Is the Relationship Causal?" *American Sociological Review* 64(2): 169-187.

Herrnstein, Richard J. and Charles Murray. 1994. *The Bell Curve: Intelligence and Class Structure in American Life*. New York: Free Press.

Hilgeman, Christin and Carter T. Butts. 2009. "Women' s Employment and Fertility: A Welfare Regime Paradox." *Social Science Research* 38(1): 103-117.

Jejeebhoy, Shireen. 1995. *Women' s Education, Autonomy, and Reproductive Behaviour: Experiences from Developing Countries*. Oxford: Clarendon Press.

Kim, Keuntae and Hyunjoon Park. 2009. "Landholding and Fertility in Korea: 1914-1925." *Journal of Family History* 34(3): 275-291.

Kim, Won-Nyon. 1982. "A Economic Analysis of Fertility Transition in the Context of Development and Family Planning Program." *The Journal of Population of Korea* 5(1): 79-98.

Kirk, Dudley. 1996. "Demographic Transition Theory." *Population Studies* 50(3): 361-387.

Kuk, Minho. 1988. "Do Economic Variables Affect Fertility? A Critical Review on the Income Theory and Relative Economic Theory." *The Journal of Population of Korea* 11(1): 131-145.

Kye, Bongoh. 2011. "Intergenerational Transmission of Women' s Educational Attainments in South Korea-An Application of Multi-group Projection Model to Social Mobility." *Demographic Research* 24: 79-112.

————. 2012. "Cohort Effects or Period Effects? Fertility Decline in South Korea in the Twentieth Century." *Population Research and Policy Review* 31(3): 387-415.

Lee, Ronald D. and Lawrence R. Carter. 1992. "Modeling and Forecasting U.S. Mortality." *Journal of the American Statistical Association* 87:

659-671.

Li, Nan and Ronald D. Lee. 2005. "Coherent Mortality Forecasts for a Group of Populations: An Extension of the Lee-Carter Method." *Demography* 42(3): 575-594.

Mare, Robert D. 1997. "Differential Fertility, Intergenerational Educational Mobility, and Racial Inequality." *Social Science Research* 26(3): 263-291.

Martin, Linda G. 2011. "Demography and Aging." pp.33-45 in *Handbook of Aging and the Social Sciences*. 7th edition. edited by Binstock, Robert H. and Linda K. George. U.K.: Elsevier.

Mason, Oppenheimer K. 1997. "Explaining Fertility Transition." *Demography* 34(4): 443-454.

Morgan, S. Philips. 1996. "Characteristic Features of Modern American Fertility." *Population and Development Review* 22: 19-63.

Ní Bhrolcháin, Máire. 1992. "Period Paramount? A Critique of the Cohort Approach to Fertility." *Population and Development Review* 18(4): 599-629.

Notestein, Frank W. 1945. "PopulationThe Long View." pp.36-57 in *Food for the World*. edited by Schultz, Theodore W. Chicago: University of Chicago Press.

O' Brien, Robert M. 2000. "Age Period Cohort Characteristic Models." *Social Science Research* 29(1): 123-139.

O' Brien, Robert M., Kenneth Hudson, and Jean Stockard. 2008. "A Mixed Model Estimation of Age, Period, and Cohort Effects." *Sociological Methods and Research* 36(3): 402-428.

Palmore, James A. and Robert W. Gardner. 1994. *Measuring Mortality, Fertility, and Natural Increase: A Self-Teaching Guide to Elementary Measures*. Honolulu: East-West Center.

Park, Hyunjoon, Jae Kyung Lee, and Inkyung Jo. 2013. "Changing Relationship between Education and Marriage among Korean Women." *Korean Journal of Sociology* 47(3): 51-76.

Preston, Samuel, Patrick Heuveline, and Michele Guillot. 2001. *Demography: Measuring and Modeling Population Process*. Oxford: Blackwell Publishers.

Pullum, Thomas W. 1980. "Separating Age, Period, and Cohort Effects in White U.S. Fertility 1920-1970." *Social Science Research* 9: 225-244.

Ryder, Norman. 1965. "The Cohort as a Concept in the Study of Social Change." *American Sociological Review* 30(6): 843-861.

_______________. 1986. "Observations on the History of Cohort Fertility in the United States." *Population and Development Review* 12(4): 617-643.

Schoen, Robert. 2004. "Timing Effects and the Interpretation of Period Fertility." *Demography* 41(4): 810-819.

Schultz, Theodore W. 1973. "The Value of Children: An Economic Perspective." *Journal of Political Economy* 81(2): S2-S13.

Skirbekk, Vegard. 2008. "Fertility Trends by Social Status." *Demographic Research* 18: 145-180.

Yang, Yang. 2008. "Trends in U.S. Adult Chronic Disease Mortality, 1960-1999: Age, Period, and Cohort Variations." *Demography* 45(2): 387-416.

Yang, Yang, Wenjiang. J. Fu, and Kenneth C. Land. 2004. "A Methodological Comparison of Age-Period-Cohort Models: Intrinsic Estimator and Conventional Generalized Linear Models." *Sociological Methodology* 34: 75-110.

제2장

권태환 · 김두섭. 2002.『인구의 이해』. 개정판. 서울대출판부.

김영미 · 신광영. 2008. "기혼여성 노동시장 양극화와 가구소득 불평등의 변화."『경제와사회』77: 79-106.

김혜숙. 2013.『한국 이혼가정 아동의 성장: 위험과 자원』. 집문당.

박경숙 · 김영혜 · 김현숙. 2005. "남녀 결혼시기 연장의 주요원인: 계층혼, 성역할 분리규범, 경제조정의 우발적 결합." 『한국인구학』 28(2): 33-62.

박현준 · 김경근. 2011. "한국 사회의 교육적 동질혼: 시계열 추세 및 그 함의." 『교육사회학연구』 21(3): 51-76.

은기수. 1995. "결혼으로 이행에 있어서 연령규범과 순서규범." 『한국인구학』 18(1): 89-117.

이철희. 2012. "한국의 합계출산율 변화요인 분해: 혼인과 유배우 출산율 변화의 효과." 『한국인구학』 35(3): 117-144.

조주은. 2012. 『기획된 가족』 서해문집.

통계청. 2013. 『혼인상태생명표』. (http://kostat.go.kr/portal/korea/kor_nw/2/1/index.board?bmode=read&aSeq=271983)

통계청 인구동향과. 2013. 『인구통계 기초와 응용』. 통계교육원.

허수연. 2008. "맞벌이가구 여성과 남성의 가사노동시간에 관한 연구." 『한국여성학』 24(3): 177-210.

Becker, Gary S. 1974. "A Theory of Marriage." pp.299-344 in *Economics of the Family: Marriage, Children, and Human Capital*. edited by Schultz, Theodore W. Chicago: University of Chicago Press.

Bengtsson, Tommy, Cameron Campbell, and James Lee. 2004. *Life under Pressure: Mortality and Living Standards in Europe and Asia, 1700-1900*. The MIT Press.

Bianchi, Susan M., M. A. Milkie, L. C. Sayer, and J. P. Robinson. 2000. "Is Anyone Doing the Housework? Trends in the Gender Division of Household Labor." *Social Forces* 79(1): 191-228.

Blair-Loy, Mary. 2003. *Competing Devotion: Career and Family among Women Executives*. Cambridge: Harvard University Press.

Cherlin, Andrew J. 2004. "The Deinstitutionalization of American Marriage." *Journal of Marriage and Family* 66(4): 848-861.

Coale, Ansely and Susan Watkins(eds). 1986. *The Decline of Fertility in Europe*. Princeton: Princeton University Press.

Goldstein, Joshusa. 1999. "Kinship Networks that across Racial Lines: the Exception or the Rule?" *Demography* 36(3): 399-407.

Hörkönen, Juho and Jaap Dronkers. 2007. "Stability and Change in the Educational Gradient of Divorce. A Comparison of Seventeen Countries." *European Sociological Review* 22(5): 501-517.

Hochschild, Arlie and Anne Machung. 1990. *The Second Shift*. Piatkus.

Hook, Jennifer. 2010. "Gender Inequality in the Welfare State: Sex Segregation in Housework, 1965-2003." *American Journal of Sociology* 115(5): 1480-1523.

Hout, Michael. 1983. *Mobility Tables*. Thousand Oaks: Sage Publication.

Johnson, Robert. 1980. *Religious Assortative Marriage in the United States*. Academic.

Kalmijn, Matthijs. 1991. "Status Homogamy in the United States." *American Journal of Sociology* 97(2): 496-532.

Kim, Hyun Sik. 2011. "Consequences of Parental Divorce for Child Development." *American Sociological Review* 76(3): 487-511.

Kye, Bongoh and Robert D. Mare. 2012. "Intergenerational Effects of Shifts in Women's Educational Distribution in South Korea: Transmission, Differential Fertility, and Assortative Mating." *Social Science Research* 41(6): 1495-1514.

Maralani, Vida. 2013. "The Demography of Social Mobility: Black-White Differences in the Process of Educational Reproduction." *American Journal of Sociology* 118(6): 1509-1958.

Mare, Robert D. 1991. "Five Decades of Educational Assortative Mating." *American Sociological Review* 56(1): 15-32.

Mare, Robert D. and Vida Maralani. 2006. "The Intergenerational Effects of Changes in Women's Educational Attainments." *American Sociological Review* 71(4): 542-564.

Mason, Karen O. 1984. *The Status of Women: A Review of Its Relationships to Fertility and Mortality*. New York: The Rockefeller Foundation.

McLanahan, Sara. 2004. "Diverging Destines: How Children are Faring under the Second Demographic Transition." *Demography* 41(3): 607-627.

Oppenheimer, Valerie K. 1988 "A Theory of Marriage Timing." American *Journal of Sociology* 94(3): 563-591.

Palloni, Albert. 2001. "Increment-Decrement Life Tables." pp.256-272 in Preston, Samuel, Patrick Heuveline, and Michele Guillot. *Demography: Measuring and Modeling Population Process.* Oxford: Blackwell Publishers.

Park, Hyunjoon. 2008. "Effects of Single Parenthood on Educational Aspiration and Student Disengagement in Korea." *Demographic Research* 13: 377-408.

Park, Hyunjoon and Jeroen Smits 2005. "Educational Assortative Mating in South Korea: Trends 1930-1998." *Research in Social Stratification and Mobility* 23: 103-127.

Park, Hyunjoon, Jae Kyung Lee, and Inkyung Jo. 2013. "Changing Relationship between Education and Marriage among Korean Women." *Korean Journal of Sociology* 47(3): 51-76.

Parkin, Frank. 1971. *Class Inequality and Political Order*. McGibbon & Kee.

Schultz, Theodore W. 1973. "The Value of Children: An Economic Perspective." *Journal of Political Economy* 81(2): S2-S13.

Schwartz, Christine. 2010. "Earnings Inequality and the Changing Association between Spouses' Earnings." *American Journal of Sociology* 115(5): 1524-1557.

Schwartz, Christine and Robert Mare. 2005. "Trends in Educational Assortative Marriage from 1940-2003." *Demography* 42(4): 621-646.

Smits, Jeroen, Wout Utlee, and Jan Lammers. 1998. "Educational Homogamy in 65 Countries: An Explanation of Differences in Openness Using Country-Level Explanatory Variables." *American Sociological Review* 63(2): 264-285.

Sweeney, Megan. 2002. "Two Decades of Family Change: The Shifting Economic Foundations of Marriage." *American Sociological Review* 67(1): 132-147.

Tsutsui, Junya. 2013. "The Transitional Phase of Mate Selection in East Asian

Countries." *International Sociology* 28(3): 257-276.

제3장

권태환 · 김두섭. 2002. 『인구의 이해』. 서울대학교출판부.

김두섭. 2002. "인구의 성장과 변천." 김두섭 · 박상태 · 은기수 편. 『한국의 인구 1』. 계영사. pp.49-80.

김두섭 · 박효준. 2003. "사망력 수준의 시·군별 편차 및 그 변화 추이, 1990-2000." 『한국인구학』 26(1): 1-30.

김상미 · 김동식. 2012. "부모의 사회경제적 지위가 출산결과 및 영아사망에 미치는 영향: 2000년대 초반과 후반을 중심으로." 『한국인구학』 35(1): 131-149.

김상미 · 조영태. 2011. "사회경제적 수준에 따른 산모의 고연령이 영아 사망에 미치는 영향: 교육 수준을 중심으로." 『보건과 사회과학』 29(6): 69-97.

박경애. 2003. "시도의 사망원인별 사망력." 『한국인구학』 26(2): 1-32.

전광희 · 김태헌 · 조영태. 2005. 『장래인구추계를 위한 출산 · 사망 예측모형의 개발에 관한 연구』. 통계청 · 한국인구학회.

정최경희. 2009. "한국의 사회경제적 사망 불평등 실태와 과제." 『보건복지포럼』 3: 5-14.

통계청. 2009. 2008 생명표. http://kosis.kr/에서 2013년 7월 인출

———. 2011. 2010년 사망원인 통계결과. http://kosis.kr/에서 2013년 7월 인출

———. 2013. 각종 사망 관련 자료들. http://kosis.kr/index/index.jsp에서 2013년 7월 인출.

Adler, Nancy E., Thomas Boyce, Margaret A. Chesney, Sheldon Cohen, Susan Folkman, Robert L. Kahn, and S. Leonard Syme. 1994. "Socioeconomic Status and Health: The Challenge of the Gradient." *American Psychologist* 49: 15-24.

Eberstein, Issac, W., Charles B. Nam, and Kathleen M. Heyman. 2008. "Causes of Death and Mortality Crossovers by Race." *Biodemography and Social Biology* 54: 214-228.

Frisbie, W. Parker. 2006. "Infant Mortality." pp. 251-282 in *Handbook of*

Population, edited by Dudley L. Poston and Michael Micklin. New York: Springer.

Horiuchi, Shiro. 1999. "Epidemiological Transitions in Human History." pp. 54-71 in *Health and Mortality: Issues of Global Concern*. edited by United Nations. New York: United Nations.

Kwon, Tai-Hwan. 2003. "The Transformation of Korean Life: Demographic Trends and Their Social Implications." *Social Indicators Research* 62: 19-38.

Kwon, Tai Hwan, Hae Young Lee, Yunshik Chang, and Eui-Young Yu. 1975. *The Population of Korea*. Seoul: The Population and Development Studies Center, Seoul National University.

Kim, Sooyoung. 2011. "Mortality Forecasting for the Republic of Korea: the Coherent Lee-Carter Model." 『한국인구학』 34(3): 157-177.

Kim, Tai-Hun. 2004. "Mortality." pp.90-120 in *The Population of Korea*. edited by Kim, Doo-Sub and Cheong-Seok Kim. Seoul: Korea National Statistical Office.

McKeown, Thomas. 1979. *The Role of Medicine: Dream, Mirage, or Nemesis?* 2nd ed. Princeton, NJ: Princeton University Press.

Omran, Abdel R. 1971. "The Epidemiological Transition: A Theory of the Epidemiology of Population Change." *Milbank Memorial Fund Quarterly* 49: 509-538.

Preston, Samuel H. 1980. "Causes and Consequences of Mortality Declines in Less Developed Countries during the Twentieth Century." pp. 289-360 in *Population and Economic Change in Developing Countries*. edited by R.A. Easterlin. Chicago: University of Chicago Press.

Preston, Samuel H. and Etienne van de Walle. 1978. "Urban French Mortality in the Nineteenth Century." *Population Studies* 32: 275-297.

Preston, Samuel H. and Michael Haines. 1991. *Fatal Years: Child Mortality in Late Nineteenth Century America*. Princeton, NJ.: Princeton University Press.

Preston, Samuel H., Patrick Heuveline, and Michel Guillot. 2001.

Demography: Measuring and Modeling Population Processes. Malden, MA: Blackwell Publishers.

Rogers, Richard G., Robert A. Hummer, and Patrick M. Kruger. 2006. "Adult Mortality." pp.283-309 in *Handbook of Population*. edited by Dudley L. Poston and Michael Micklin. New York: Springer.

Shkolnikov, Vladimir, Martin McKee, and David A. Leon. 2001. "Changes in Life Expectancy in Russia in the mid-1990s." *Lancet* 24: 917-921.

Son, Mia, Yang-Tae Cho, Jun-Won Oh, Ichiro Kawachi, Jun-Hyeok Yi, and Soon-Man Kwon. 2012. "Social Inequalities in Life Expectancy and Mortality during the Transition Period of Economic Crisis (1993-2010) in Korea." *International Journal for Equity in Health* 11: 71.

Weeks, John R. 1999. *Population: An Introduction to Concepts and Issues*. 7th ed. Belmont, CA: Wadsworth Publishing Company.

Wilkinson, Richard. G. 1992. "Income Distribution and Life Expectancy." *BMJ: British Medical Journal* 304(6820): 165-168.

제4장

강은정 · 조영태 · 김나연 · 신호성. 2008. 『건강수명의 사회계층간 형평성 및 정책과제』. 한국보건사회연구원 연구보고서 2008-01. 한국보건사회연구원.

권태환 · 김두섭. 2002. 『인구의 이해』. 서울대학교출판부.

김두섭 · 박경숙 · 이세용. 2000. "중년층과 노부모의 세대관계와 중년층의 노후부양관." 『한국인구학』 23(1): 55-89.

김문길 · 김태완 · 우선희 · 이서현. 2012. 『2012 빈곤통계연보』. 한국보건사회연구원 연구보고서 2012-37. 한국보건사회연구원.

김성용 · 김기환 · 박유성. 2011. "우리나라 초고령 사망률의 확장에 대한 연구." 『조사연구』 12(2): 1-26.

김은혜 · 강종혁. 2011. "노인일자리사업이 노인의 우울감 변화에 미치는 효과 분석." 『한국사회와 행정연구』 22(3): 363-378.

김정석. 2005. "한국노부모들의 노후부양관 변화, 1994-2004년." 『한국노년학』

25(4): 1-11.

김현식 · 황선재 · 김윤희. 2012. 『저출산 · 고령화에 따른 유산상속 동기변화 전망과 정책과제』. 한국보건사회연구원 연구보고서 2012-47-11. 한국보건사회연구원.

김희삼. 2006. "인구구조 고령화와 소득이전: 미시적 접근." 한국개발연구원 편. 『인구구조 고령화와 소득이전』. 경제 · 인문사회연구회 협동연구 총서 06-05-03, 세부과제보고서(2). 서울: 한국개발연구원. pp. 7-70.

박경숙. 2002. "고령화와 노인인구." 김두섭 · 박상태 · 은기수 편. 『한국의 인구 2』. 서울: 계영사. pp. 429-459.

박명선. 2002. "여성노인의 일과 빈곤: 전북지역을 중심으로." 『한국사회학』 36(2): 175-204.

윤석명. 2011. "인구고령화를 반영한 공적연금 재정전망과 정책과제: 국민연금과 기초노령연금 중심으로." 『보건복지포럼』 8: 16-27.

윤홍식 · 안세아. 2010. "노인일자리사업과 가족생활: 돌봄, 사적 소득이전, 가족관계, 젠더 인식." 『상황과 복지』 30: 79-123.

이상림. 2012. "저출산 고령화에 따른 노동력 부족 전망과 정책적 함의." 『한국인구학』 35(2): 1-28.

이윤경 · 정경희 · 염지혜 · 오영희 · 유혜영 · 이은진. 2010. 『한국 노인의 삶의 변화 분석 및 전망』. 한국보건사회연구원 연구보고서 2010-25. 한국보건사회연구원.

이찬영 · 태원유 · 김정근 · 손민중. 2011. 『인구고령화의 경제적 파장: 성장잠재력, 생산성, 세대 간 일자리 대체를 중심으로』. 삼성경제연구소 연구보고서. 삼성경제연구소.

정경희 · 오영희 · 이윤경 · 손창균 · 박보미 · 이수연 · 이지현 · 권중돈 · 김수봉 · 이소정 · 이용식 · 이윤환 · 최성재 · 김소영. 2012. 『2011년도 노인실태조사』. 한국보건사회연구원 연구보고서 2012-04. 서울: 한국보건사회연구원.

통계청. 2013a. 각종 통계자료. http://kosis.kr에서 2013년 7월 인출.

———. 2013b. 각종 통계정의. http://kosis.kr에서 2013년 7월 인출.

초의수 · 강수영. 2008. "노인일자리사업 참여자의 자아존중감 · 자기효능감 영향요인에 대한 연구: 부산지역 노인복지기관 프로그램 참여자를 중심으로." 『지역사회연구』 16(3): 15-35.

최재헌 · 윤현위. 2012. "한국 인구고령화의 지역적 전개 양상." 『대한지리학회지』 47(3): 359-374.

한소현 · 이성국. 2012. "우리나라 지역별 건강수명과 관련요인." 『한국인구학』 35(2): 209-232.

황명진 · 정승환. 2011. "우리나라 고령화 현상과 베이비붐 세대의 인구추계." 『한국인구학』 34(2): 113-133.

Cox, Donald and Oded Stark. 2005. "On the Demand for Grandchildren: Tied Transfers and the Demonstration Effect." *Journal of Public Economics* 89: 1665-1697.

Crimmins, Eileen M. and Hiram Beltrán-Sánchez. 2010. "Mortality and Morbidity Trends: Is There Compression of Morbidity?" *Journal of Gerontology: Social Sciences* 66B(1): 75-86.

Gavrilov, Leonid A. and Gavrilova Natalia S. 2011. "Mortality Measurement at Advanced Ages: A Study of the Social Security Administration Death Master File." *North American Actuarial Journal* 15(3): 432-447.

Howse, Kenneth. 2006. "Increasing Life Expectancy and the Compression of Morbidity: A Critical Review of the Debate." Working Paper Number 206. Oxford Institute of Ageing Working Papers. Retrieved July, 2013 from www.ageing.ox.ac.uk/files/workingpaper_206.pdf

Kim, Hyun Sik. 2013. Active Life Expectancy in South Korea, 1994-2011. Unpublished Manuscript.

Lee, Ronald and Yi Zhou. 2013. "Does Fertility or Mortality Drive Contemporary Population Aging? The Revisionist View Revisited." A Draft for the Annual Meeting of the Population Association of America. Retrieved July, 2013 from paa2013.princeton.edu/papers/132147.

Preston, Samuel H. and Andrew Stokes. 2012. "Sources of Population Aging in More and Less Developed Countries." *Population and Development Review* 38(2): 221-236.

Preston, Samuel H., Patrick Heuveline, and Michel Guillot. 2001.

Demography: Measuring and Modeling Population Processes. Malden, MA: Blackwell Publishers.

Salomon, Joshua A., Haidong Wang, Michael K. Freeman, Theo Vos, Abraham D. Flaxman, Alan D. Lopez, and Christopher J. Murray. 2012. "Healthy Life Expectancy for 187 Countries, 1990-2010: A Systematic Analysis for the Global Burden of Disease Study 2010." *Lancet* 380: 2144-2162.

Silverstein, Merril, Stephen J. Conroy, Haitao Wang, Roseann Giarrusso, and Vern L. Bengtson. 2002. "Reciprocity in Parent-Child Relations over the Adult Life Course." *Journal of Gerontology: Social Sciences* 57B(1): S3-S13.

Thatcher, A.R. 1999. "The Long-Term Pattern of Adult Mortality and the Highest Attained Age." *Journal of the Royal Statistical Society, Series A(Statistics in Society)* 162(1): 5-43.

Uhlenberg, P. 2006. "Demography of Aging." pp. 143-167 in *Handbook of Population*, edited by Poston, D.L. and Michael Micklin. New York: Springer.

United Nations. 2001. *Replacement Migration: Is It a Solution to Declining and Ageing Population?* New York: United Nations Publication.

__________. 2009. *World Population Ageing 2009*. New York: United Nations Publication.

Wilmoth, John R. and Shiro Horiuchi. 1999. "Rectangularization Revisited: Variability of Age at Death within Human Populations." *Demography* 36(4): 475-495.

제5장

국토해양부. 2013. 『2013년도 국토의 계획 및 이용에 관한 연차보고서』.

김두섭. 2006. "한국인 국제결혼의 설명틀과 혼인 및 이혼신고자료의 분석." 『한국인구학』 29(1): 25-56.

김두섭 · 권태환. 2002. “인구이동.” 『인구의 이해』. 서울대학교 출판부. pp.167-202.

김두섭 · 박효준. 2005. “『한국인구학』 게재물의 구성과 변화, 1977~2004,” 『한국인구학』 28(2): 219-243.

유길상 외. 2004. 『저숙련 외국인력 노동시장 분석』. 노동연구원.

윤종주. 1991. “해방 후의 인구 이동과 도시화.” 『한국의 사회와 문화』 15: 1-67. 한국정신문화연구원.

이상림. 2009. “연령이 인구이동에 미치는 영향: 최초이동, 계속이동, 귀환이동.” 『한국인구학』 32(3): 43-72.

장세훈. 2002. “도시화.” 김두섭 · 박상태 · 은기수 편. 『한국의 인구』 2: 495-523. 통계청.

최진호. 1994. “한국의 인구이동 패턴의 변화와 수도권의 인구이동.” 『한국인구학』 17: 1-20.

———. 1997. “인구이동패턴의 변화, 1960~1990.” 한국인구학회 편. 『인구변화와 삶의 질』. 일산사. pp.63-89.

Baines, D. E. 1972. “The Use of Published Census Data in Migration Studies.” pp.311-335 in *Nineteenth Century Society: Essays in the Use of Quantitative Methods for the Study of Social Data*. edited by E. A. Wrigley. Cambridge.

Borjas, George J. 1989. “Economic Theory and International Migration.” *International Migration Review* 23(3): 457-485.

Champion, A. G. 1989. “Counterurbarnization in Europe.” *Geographical Journal* 155(1): 52-59.

DaVanzo, Julie S. and Peter A. Morrrison. 1981. “Return and Other Sequences of Migration in the United States.” *Demography* 18(1): 85-101.

Détang-Dessendre, Cécile, Virginie Piguet, and Bertrand Schmitt. 2002. “Life Cycle Variability in the Microeconomic Determinants of Urban-Rural Migration.” *Population (English edition)* 57(1): 31-56.

Goldstein, Sidney and Alice Goldstein. 1981. “The Impact of Migration on Fertility: An ‘Own Children’ Analysis for Thailand.” *Population*

Studies 35: 265-284.

Gosnell, Hannah and Jesse Abrams. 2011. "Amenity Migration: Diverse Conceptualizations of Drivers, Socioeconomic Dimensions, and Emerging Challenges." *GeoJournal* 76: 303-332.

Hamilton, C. Horace and F. M. Henderson. 1944. "Use of the Survival Rate and Method in Measuring Net Migration." *Journal of the American Statistical Association* 39: 197-206.

Jones, Huw. 1990. "The Analysis of Migration." *Population Geography*. Second Edition. London: Paul Chapman. pp. 178-206.

Lawton, R. 1968. "Population Changes in England and Wales in the Late Nineteenth Century." *Transactions of Institute of British Geographers* 44: 55-74.

Lee, Everett S. 1966. "A Theory of Migration." *Demography* 3(1): 47-57.

Lewis, W. Arthur. 1954. "Economic Development with Unlimited Supplies of Labour." *Manchester School of Economic and Social Studies* 22(2): 139-191.

Long, Larry E. 1988. *Migration and Residential Mobility in the United States*, Russell Sage, New York.

Long, Larry H. 1973. "Migration Differentials by Education and Occupation: Trends and Variations." *Demography* 10:243-58.

Massey, Douglas S., Joaquin Arango, Graeme Hugo, Ali Kouaouci, Adela Pellegrino, and J. Edward. Taylor. 1994. "An Evaluation of International Migration Theory: The North America Case." *Population and Development Review* 20(4): 699-752.

Nelson, Peter B. 2005. "Migration, the Regional Redistribution of Nonearnings Income in the United States: Metropolitan, Nonmetropolitan Perspectives from 1975 to 2000." *Environment and Planning A*, 37(9): 1613-1636.

Nelson, Peter B., James P. Nicholson, and E. Hope Stege. 2004. "The Baby Boom and Nonmetropolitan Population Change, 1975-1990." *Growth and Change* 35(4): 525-544.

Pandit, Kavita. 1997. "Cohort and Period Effects in U.S. Migration: How Demographic and Economic Cycles Influence the Migration Schedule." *Annals of the Association of American Geographers* 87(3): 439-450.

Petras, Elizabeth M. 1981. "The Global Labor Market in the Modern World-economy." in Mary M. Kritz, Charles B. Keely, and Silvano M. Tomasi(eds.). *Global Trends in Migration: Theory and Research on International Population Movements*. Staten Island, N.Y.: Center for Migration Studies: 44-63.

Ranis, Gustav and John C. Fei. 1961. "A Theory of Economic Development." *American Economics Review* 51(4): 533-565.

Raudenbush, Stephen W. and Anthony S. Bryk. 2002. *Hierarchical Linear Models: Applications and Data Analysis Methods*. Thousands Oaks: Sage.

Ravenstein, E. G. 1885. "The Laws of Migration." *Journal of the Statistical Society* 48:167-227.

Schachter, Jason. 2004. "Geographical Mobility: 2002-2003." *Current Population Reports*. pp.203-204.

Schiller, Nina G., Linda Basch, and Cristina S. Blanc. 1995. "From Immigrant to Transmigrant: Theorizing Transnational Migration." *Anthropological Quarterly* 68(1): 48-63.

Stark, Oded and David E. Bloom. 1985. "The New Economics of Labor Migration." *The American Economic Review* 75(2): 173-178.

Stark, Oded and J. Edward Taylor. 1991. "Migration Incentives, Migration Types: The Role of Relative Deprivation." *Economic Journal* 101: 1163-1178.

Taylor, J Edward., Philip L. Martin, and Michael Fix. 1997. *Poverty amid Prosperity: Immigration and the Changing Face of Rural California*. Washington D.C.: Urban Institute Press.

Todaro, Michael P. 1969. "A Model for Labor Migration and Urban Unemployment in Less Developed Countries." *American Economic Review* 59(1): 138-148.

Tolbert, Charles, Patrick M. Horan, and E. M. Beck. 1980. "The Structure of Economic Segmentation: A Dual Economy Approach." *American Journal of Sociology* 85(5): 1095-1116.

White, Michael J. and David P. Lindstrom. 2006. "Internal Migration." pp.311-346 in *Handbook of Migration*, edited by Dudley L. Poston and Michael Micklin. Springer: New York.

Zachariah, K. C. 1962. A Note on the Census Survival Ration Method of Estimating Net Migration. *Journal of the American Statistical Association* 57: 175-183.

유엔난민기구(UNHCR). http://www.unhcr.org/pages/49c3646c4d6.html.

제6장

김두섭. 2006. "한국인 국제결혼의 설명틀과 혼인 및 이혼신고자료의 분석." 『한국인구학』 29(1): 25-56.

김석호 · 신인철 · 하상응 · 정기선. 2013. "지식공간이론을 이용한 사회적 거리감 척도의 한국사회에서의 적용가능성." 『한국인구학』 36(1): 1-20.

김정석. 2009a. "필리핀신부의 결혼관과 국제결혼 사례연구." 『한국인구학』 32(2): 1-27.

———. 2009b. "필리핀 국제결혼여성의 이주흐름." 『한국인구학』 32(3): 127-144.

김혜순. 2008. "결혼이주여성과 한국의 다문화사회 실험." 『한국사회학』 42(2): 36-71.

민무숙 · 안상수 · 김이선 · 김금미 · 조영기 · 류정아. 2010. 『한국형 다문화수용성 진단도구 개발 연구』. 사회통합위원회.

박세훈 · 이영아 · 김은란 · 정소양. 2009. 『다문화사회에 대응하는 도시정책 연구(I): 외국인 밀집지역의 현황과 정책과제』. 국토연구원 연구보고서.

법무부 출입국 · 외국인정책본부. 2013. 『2012 출입국 외국인 정책 통계연보』.

설동훈. 2004. "외국인 노동자 문제의 배경." 『실천문학』 74: 220-230.

———. 2008. "한국의 외국인노동자 운동, 1992-2002년." 김진균 편. 『저항, 연대, 기억의 정치2: 한국사회운동의 흐름과 지형』. 문화과학사. pp.76-99.

설동훈 · 김명아. 2008. 『한국의 이민자 사회통합 지표 및 지수 개발에 대한 연구』. 법무부.

안전행정부. 2013. 『2013 지방자치단체 외국인주민 현황 통계』.

윤인진 · 송영호. 2011. "한국인의 국민정체성과 다문화수용성." 통일문제연구 23(1): 143-192.

이혜경. 2008. "한국 이민정책의 수렴현상: 확대와 포섭의 방향으로." 『한국사회학』 42(2): 140-137.

———. 2011. "한국 이민정책사." 정기선 편. 『한국 이민정책의 이해』. IOM 이민정책연구원 이민정책 연구총서. 백산서당: 19-49.

이상림. 2013. "혼인이주 현상에 대한 인구학적 조망." 『한국인구학』 36(2): 105-127.

황정미 · 김이선 · 이명진 · 최현 · 이동주. 2007. 『한국사회의 다민족 · 다문화 지향성에 대한 조사연구』. 한국여성정책연구원.

IOM 이민정책연구원. 2011. 『이주용어사전』.

Battistella, Graziano. 2003. "International Migration in Asia." in *Asian Population*. Series No 160, UN ESCAP, Bangkok.

Borjas, George J. 1983. "The Substitutability of Black, Hispanic and White Labor." *Economic Inquiry* 21: 93-106.

Brown, Susan K. and Frank D. Bean. 2006 "International Migration." pp.347-382 in *Handbook of Population*, edited by Dudley L. Poston and Michael Micklin. New York: Springer Publisher.

Card, David. 1990. "The Impact of the Mariel Boatlift on the Miami Labor Market." *Industrial and Labor Relations Review* 43: 245-57.

Castles, Stephen and Mark J. Miller. 2003. *The Age of Migration*. Third Edition. New York: The Guilford Press.

Castles, S., M. Kalantzis, B. Cope, and M. Morrissey. 1992. *Mistaken Identity: Multicultralism and the Demise of Nationalism in Australia*. 3rd edition. Sydney: Pluto Press.

Coleman, David and Robert Rowthorn. 2004. "The Economic Effects of Immigration into the United Kingdom." *Population and Development Review* (30)4: 579-624.

Enchautegui, Maria E. 1998. "Low-Skilled Immigrants and the Changing American Labor Market." *Population and Development Review* 24(4): 811-824.

Fitzgerald, Keith. 1996. *The Face of the Nation: Immigration, the State, and the National Identity*. Stanford, CA: Stanford University Press.

Freeman, Gary. 1995. "Modes of Immigration Politics in Liberal Democratic States." *International Migration Review* 19(4): 881-908.

Gellner, Ernest. 1983. *Nations and Nationalism*. Oxford, England: Blakwell.

Hugo, Graeme. 2004. "International Migration in the Asia-Pacific Region: Emerging Trends and Issues" in *International Migration: Prospects and Policies in a Global Market(International Studies in Demography)*, edited by Douglas S. Massey and J. Edward Taylor(editor). pp.77-102.

____________. 2006. "Improving Statistics on International Migration in Asia." *International Statistical Review* 74(3): 335-355.

Kanaiaupuni, Shawn M. and Katharine M. Donato. 1999. "Migradollars and Mortality: The Effects of Migration on Infant Survival in Mexico." *Demography* 36(3): 339-353.

Keely, Charles. 2002. "Replacement Migration: The Wave of the Future?" *International Migration* 39(6): 103-110.

Kraly, Ellen P. and Robert Warren. 1992. "Estimates of Long-term Immigration to the United States: Moving US Statistics toward United Nations Concepts." *Demography* 29(4): 613-626.

Massey, D. S. and N. A. Denton. 1993. *American Apartheid: Segregation and the Making of the Underclass*. Cambridge, Mass.: Harvard University Press.

Menz, Georg. 2009. *The Political Economy of Managed Migration: Nonstate Actors, Europeanization, and the Politics of Designing Migration Policies*. Oxford University Press.

Morgan, S. Phillip. 2003. "Is Low Fertility a Twenty-First-Century Demographic Crisis?" *Demography* 40(4): 589-603.

Moore, Joan. 1989. "Is There A Hispanic Underclass?" *Social Science*

Quarterly 70: 265-283.

OECD. 2010. *International Migration Outlook*. SOPEMI 2010.

Ogbu, John U. 1974. *The Next Genration: An Ethnography of Education in an Urban Neighborhood*. New York: Academic Press.

————. 1983. "Schooling the Inner City." *Society* 21(Nov.-Dec.). pp.75-79.

Portes, Alejandro and Min Zhou. 1993. "The New Second Generation: Segmented Assimilation and Its Variants among Post 1965 Immigrant Youth." *Annals of the American Academy of Political and Social Science* 530: 74-96.

Portes, Alejandro and Rubén G. Rumbaut. 2001. Legacies: *The Stories of the Immigrant Second Generation*. Berkeley and Los Angeles: University of California Press.

————. 2006. *Immigrant America: A Portrait*, Third Edition. Berkeley: University of California Press.

Roy, Arun S. 1997. "Job Displacement Effects of Canadian Immigrants by Country of Origin and Occupation." *International Migration Review* 31(1): 150-161.

Smith, Anthony. 1991. *National Identity*. Penguin Books, London.

Stark, Oded and Robert Lucas. 1988. "Migration, Remittances, and the Family." *Economic Development and Cultural Change* 36(3): 465-481.

Stycos, J. Mayone. 1987. "Demography as an Interdiscipline." *Sociological Forum* 2(4): 616-618.

Tabutin, Dominique. 2007. "Whither Demography? Strengths and Weaknesses of the Discipline over Fifty Years of Change." *Population* 62(1): 15-32.

United Nations. 2000. *Replacement Migration: Is it a Solution to Declining and Ageing Populations?* New York: UN Population Division, Department of Economic and Social Affairs, ESA/P/WP.160.

————. 2011. *International Migration Report 2009: A Global Assessment*. New York: UN Population Division, Department of

Economic and Social Affairs, ST/ESA/SER.A/316.

UN Population Division. 2000. *Replacement Migration*. New York: United States.

Wilson, William J. 1987. *The Truely Disadvantaged: The Inner City Inner Clas, and Public Policy*. Chicago: University of Chicago Press.

Winter-Ebmer, Rudolf and Josef Zweimüller. 1999. "Do Immigrants Displace Young Native Workers: The Austrian Experience." *Journal of Population Economics* 12(2): 327-340.

제7장

김정규. 2009. "청소년 음주에 관한 원인 분석." 『한국사회학』 43(5): 245-274.

김주현 · 한경혜. 2012. "베이비붐 세대의 건강상태에 대한 잠재유형." 『한국인구학』 35(3): 57-85.

김진영 · 송예리아. 2012. "고용형태와 주관적 경제수준에 따른 대인갈등의 차이와 심리적 안녕." 『한국사회학』 46(1): 101-129.

김진영 · 임인숙 · 송예리아 · 한신원. 2012. "고용형태와 성별에 따른 주관적 건강에서의 격차." 『한국인구학』 35(1): 181-209.

남은영 · 최유정. 2008. "사회계층 변수에 따른 여가 격차." 『한국인구학』 31(3): 57-84.

박수미 · 한성현. 2004. "기혼 여성노동자의 건강에 미치는 직업특성과 가족특성." 『한국인구학』 27(2): 155-175.

손정연 · 한경혜. 2012. "노년기 여성의 결혼지위와 건강에 관한 종단 연구." 『한국인구학』 35(1): 211-238.

송리라 · 이민아. 2012. "성역할 태도와 우울." 『한국인구학』 35(3): 87-116.

송지은 · F. M. Nadine. 2007. "결혼 및 은퇴 상태가 노년기 정신건강에 미치는 영향." 『한국인구학』 30(1): 25-47.

이미숙. 2012. "노인인구의 결혼관계와 우울증세." 『한국사회학』 46(4): 176-204.

이민아. 2010. "결혼상태에 따른 노인의 우울도와 성차." 『한국사회학』 44(4): 32-62.

이윤석. 2012. "혼인상태에 따른 중년남녀의 건강행위와 건강상태." 『한국인구학』 35(2): 103-131.

차승은 · 한경혜. 2006. "남녀의 가족 역할 점유와 건강 문제." 『한국인구학』 29(2): 167-194.

허종호 · 조영태 · 권순만. 2010. "사회경제적 박탈이 건강에 미치는 영향." 『한국사회학』 44(2): 93-120.

Amato, Paul R. 1991. "Parental Absence During Childhood and Depression in Later Life." *Sociological Quarterly* 32(4): 543-556.

Aseltine, Robert H. 1996. "Pathways Linking Parental Divorce with Adolescent Depression." *Journal of Health and Social Behavior* 37(2): 133-148.

Barr, David. A. 2008. *Health Disparities in the United States*. Baltimore: The Johns Hopkins University Press.

Benjamins, Maureen R., Robert A. Hummer, Issac W. Eberstein, and Charles B. Nam. 2004. "Self-Reported Health and Adult Mortality Risk: An Analysis of Cause-Specific Mortality." *Social Science & Medicine* 59(6): 1297-1306.

Browning, Christopher R. and Kathleen A. Cagney. 2002. "Neighborhood Structural Disadvantage, Collective Efficacy, and Self-Rated Physical Health in an Urban Setting." *Journal of Health and Social Behavior* 43(4): 383-399.

Carr, Deborah and Michael A. Friedman. 2005. "Is Obesity Stigmatizing? Body Weight, Perceived Discrimination, and Psychological Well-being in the United States." *Journal of Health and Social Behavior* 46(3): 244-259.

Crosnoe, Robert and C. Riegle-Crumb. 2007. "A Life Course Model of Education and Alcohol Use." *Journal of Health and Social Behavior* 48(3): 267-282.

Gorman, Bridget K. and Jen'Nan Ghazal Read. 2006. "Gender Disparities in Adult Health: An Examination of Three Measures of Morbidity." *Journal of Health and Social Behavior* 47(2): 95-110.

Hill, Terrence D., Amy M. Burdette, Christopher G. Ellison, and Marc A. Musick. 2006. "Religious Attendance and the Health Behaviors of Texas Adults." *Preventive Medicine* 42(4): 309-312.

Hill, Terrence D., Catherine E. Ross, and Ronald J. Angel. 2005. "Neighborhood Disorder, Psychophysiological Distress, and Health." *Journal of Health and Social Behavior* 46(2): 170-186.

House, James S., James M. Lepkowski, Ann M. Kinney, Richard P. Mero, Ronald C. Kessler, and A. Regula Herzog. 1994. "The Social-Stratification of Aging and Health." *Journal of Health and Social Behavior* 35(3): 213-234.

House, James S., James M. Lepkowski, David R. Williams, Richard P. Mero, Paula M. Lanz, Stephanie A. Robert *et al.* 2000. "Excess Mortality among Urban Residents: How Much, for Whom, and Why?" *American Journal of Public Health* 90(12): 1898-1904.

Idler, Ellen L. and Yael Benyamini. 1997. "Self-Rated Health and Mortality: A Review of Twenty-Seven Community Studies." *Journal of Health and Social Behavior* 38(1): 21-37.

Kim, Joongbaeck. 2010. "Neighborhood Disadvantage and Mental Health: The Role of Neighborhood Disorder and Social Relationships." *Social Science Research* 39(2): 260-271.

Kim, Joongbaeck and Hyeyoung Woo. 2011. "The Complex Relationship Between Parental Divorce and the Sense of Control." *Journal of Family Issues*, 32(8): 1050-1072.

Kim, Joongbaeck. and Manacy Pai. 2010. "Volunteering and Trajectories of Depression." *Journal of Aging and Health* 22(1): 84-105.

Lantz, Paula M., James S. House, James M. Lepkowski, David R. Williams, Richard P. Mero, and Jieming M. Chen. 1998. "Socioeconomic Factors, Health Behaviors, and Mortality-Results from a Nationally Representative Prospective Study of US Adults." *Jama-Journal of the American Medical Association* 279(21): 1703-1708.

Lantz, Paula M., James S. House, Richard P. Mero, and David R.

Williams. 2005. "Stress, Life Events, and Socioeconomic Disparities in Health: Results from the Americans' Changing Lives Study." *Journal of Health and Social Behavior* 46(3): 274-288.

Li, Yunquing and Kenneth F. Ferraro. 2006. "Volunteering in Middle and Later Life: Is Health a Benefit, Barrier or Both?" *Social Forces* 85(1): 497-519.

Lin, Nan, Xiaolan L. Ye, and Walter M. Ensel. 1999. "Social Support and Depressed Mood: A Structural Analysis." *Journal of Health and Social Behavior* 40(4): 344-359.

Mills, C. Wright. 1959. *The Sociological Imagination*, London: Oxford University Press.

Mirowsky, John and Catherine E. Ross. 1990. "Control or Defense-Depression and the Sense of Control over Good and Bad Outcomes." *Journal of Health and Social Behavior* 31(1): 71-86.

————————————. 2001. "Age and the Effect of Economic Hardship on Depression." *Journal of Health and Social Behavior* 42(2): 132-150.

————————————. 2003. *Social Causes of Psychological Distress*. Baltimore, MD: Aldine De Gruyer.

————————————. 2008. "Education and Self-Rated Health-Cumulative Advantage and Its Rising Importance." *Research on Aging* 30(1): 93-122.

Musick, Marc A., John W. Traphagan, Harold G. Koenig, and David B. Larson. 2000. "Spirituality in Physical Health and Aging." *Journal of Adult Development* 7(2): 73-86.

Needham, Belinda L. 2007. "Gender Differences in Trajectories of Depressive Symptomatology and Substance Use during the Transition from Adolescence to Young Adulthood." *Social Science & Medicine* 65(6): 1166-1179.

Parson, Talcott. 1951. *The Social Systems*. New Jersey: Free Press.

————. 1971. *The System of Modern Societies*. New Jersey: Prentice-

Hall.

Pavalko, Eliza K., Fang Gong, and J. Scoft Long. 2007. "Women' s Work, Cohort Change, and Health." *Journal of Health and Social Behavior* 48(4): 352-368.

Radloff, Lenore S. 1977. "The CES-D Scale: A Self-Report Depression Scale for Research in the General Population." *Applied Psychological Measurement* 1(3): 385-401.

Robert, Stephanie A. and Eric N. Reither. 2004. "A Multilevel Analysis of Race, Community Disadvantage, and Body Mass Index among Adults in the US." *Social Science & Medicine* 59(12): 2421-2434.

Ross, Catherine E. 1994. "Overweight and Depression." Journal of Health and Social Behavior 35(1): 63-79.

―――――――. 2000. "Walking, Exercising, and Smoking: Does Neighborhood Matter?" *Social Science & Medicine* 51(2): 265-274.

Schieman, Scott and Gabriele Plickert. 2007. "Functional Limitations and Changes in Levels of Depression among Older Adults: A Multiple-Hierarchy Stratification Perspective." *Journals of Gerontology Series B-Psychological Sciences and Social Sciences* 62(1): S36-S42.

Thomas, Patricia A. 2011. "Trajectories of Social Engagement and Limitations in Late Life." *Journal of Health and Social Behavior* 52(4): 430-443.

Turner, R. J. and Donald A. Lloyd. 1999. "The Stress Process and the Social Distribution of Depression." *Journal of Health and Social Behavior* 40(4): 374-404.

Umberson, Debra, Robert Crosnoe, and Corinne Reczek. 2010. "Social Relationships and Health Behavior Across the Life Course." in K.S. Cook and D.S. Massey(eds.). *Annual Review of Sociology* 36: 139-157.

Umberson, Debra, Kristi Williams, Daniel A. Powers, Hui Liu, and Belinda Needham. 2006. "You Make Me Sick: Marital Quality and Health over the Life Course." *Journal of Health and Social Behavior* 47(1): 1-16.

Yang, Yang. 2007. "Is Old Age Depressing? Growth Trajectories and Cohort Variations in Late-Life Depression." *Journal of Health and Social* Behavior 48(1): 16-32.

제8장

강영호. 2004. "사망률에서의 사회경제적 불평등: 한국노동패널 조사의 사망추적 결과(1998-2002)." 『제5회 한국노동패널학술대회 논문집』 pp.45-71.

강영호 · 김혜련. 2006. "우리나라의 사회경제적 사망률 불평등: 1998년도 국민건강영양조사 자료의 사망추적 결과." 『예방의학회지』 39(2): 115-122.

강은정 · 조영태. 2009. "성별 교육수준별 건강수명의 형평성과 정책과제." 『보건복지포럼』 149: 15-25.

강현주 · 노충래. 2012. "청소년 자아개념에 대한 지역효과연구." 『한국청소년연구』 23(4): 101-129.

강혜원 · 조영태. 2007. "서울시 남녀노인의 건강불평등: 사회경제적 지위와 사회통합 요소를 중심으로." 『한국사회학』 41(4): 164-201.

기든스, 앤서니. 2009. 『현대사회학』. 김미숙 외 역. 을유문화사.

김상미 · 김동식. 2012. "부모의 사회경제적 지위가 출산결과 및 영아사망에 미치는 영향." 『한국인구학』 35(1): 131-149.

김상미 · 조영태. 2011. "사회경제적 수준에 따른 산모의 고연령이 영아 사망에 미치는 영향." 『보건과 사회과학』 29: 69-97.

김승곤. 2004. "사회경제적 지위와 노인의 만성질환 유병율." 『보건과 사회과학』 16:155-278. 조맹제 · 성수정 · 신서연 · 김진선 · 전승범 · 김민정. 2011. 『2011년도 정신질환실태 역학조사』.

김윤희 · 조영태. 2008. "지역특성이 취약집단 건강에 미치는 영향 분석." 『한국인구학』 31(1): 1-26.

김진영. 2007. "사회경제적 지위와 건강의 관계: 연령에 따른 변화를 중심으로." 『한국사회학』 41(3): 127-153.

네틀턴, 사라. 1995. 『건강과 질병의 사회학』. 조효제 역. 한울아카데미.

부르디외, 피에르. 1995[1979]. 『구별짓기: 문화와 취향의 사회학』. 최종철 역. 새물결.

손미아. 2002. “직업, 교육수준 그리고 물질적 결핍이 사망률에 미치는 영향.” 『예방의학회지』 31(1): 76-82.

신광영. 2004. 『한국의 계급과 불평등』. 을유문화사.

———. 2009. “세대, 계급가 불평등.” 『경제와 사회』 81:35-60.

아스타나 · 할리데이(Asthana, Sheena and Joyce Halliday). 2009[2006]. 『건강불평등을 어떻게 해결할까?』 신영전 · 김유미 · 김기랑 · 홍서아 역. 한울아카데미.

우해봉. 2009. “한국 중고령층의 성별 · 교육수준별 건강기대여명 차이.” 『한국사회학』 43(1): 165-187.

우해봉 · 윤인진. 2001. “한국노인의 인구사회학적 특성별 건강지위의 차이.” 『보건과 사회과학』 9: 67-106.

윌킨슨, 리처드. 2004. 『건강불평등, 사회는 어떻게 죽이는가?』 정연복 역. 당대.

———. 2008. 『평등해야 건강하다: 불평등은 어떻게 사회를 병들게 하는가』. 김홍수영 역. 후마니타스.

이경환 · 안건혁. 2008. “근린 환경이 지역주민의 건강에 미치는 영향.” 『국토계획』 43(3): 249-261.

이상이 · 홍성철. 2003. “우리나라 사회계층별 저체중아 출생률의 차이.” 『보건과 사회과학』 13: 61-79.

통계청. 2012. 『2011년 사망원인통계』.

한국노동연구원. 2007. 『2006년 고령화연구패널조사 사용자 안내서』.

Beckfield, Jason. 2004. “Does Income Inequality Harm Health?” *Journal of Health and Social Behavior* 45: 231-248.

Boudieu, Pierre. 1983. “The Forms of Capital.” pp.241-258. in *Handbook of Theory and Resaerch for the Sociology of Education* edited by Richardson, J. G. Greenwood Press, Westport. CT.

Cockerham, William C. 2012. *Medical Sociology*. NJ: Pearson.

———. 2013. *Social Causes of Health and Disease*. Cambridge: Polity Press.

Courtenay, Will H. 2000. “Constructions of Masculinity and Their Influence on Men' s Well-being: A Theory of Gender and Health.” *Social Science*

& Medicine 50: 1385-1401.

Ferraro, Kenneth F. and Jessica A. Kelly-Moore. 2001. "Self-Rated Health and Mortality among Black and White Adults: Examining the Dynamic Evaluation Thesis." *Journal of Gerontology: Social Sciences* 56B: S195-S205.

Gray, Anne. 2009. "The Social Capital of Older People." *Aging & Society* 29: 5-31.

Jackson, S., R. Anderson, N. Johnson, and P. D. Sorlie. 2000. "The Relation of Residential Segregation to All-Cause Mortality: A Study in Black and White." *American Journal of Public Health.* 90: 615-617.

Krause, Neal, Benjamin Shaw, and John Cairney. 2004. "A Descriptive Epidemiology of Lifetime Trauma and the Physical Health Status of Older Adults." *Psychology and Aging* 19: 637-648.

Lantz, Paula M., James S. House, Richard P. Mero, and David R. Williams. 2005. "Stress, Life Events, and Socioeconomic Disparities in Health: Results from the Americans' Changing Lives Study." *Journal of Health and Social Behavior* 46:274-288.

Lee, Min-Ah. 2011. "Differential Effects of Educational Attainment on Chronic Diseases with Age." 『한국인구학』 34(1): 179-198.

Lindstrom, Martin and Mohabbat Mohseni. 2009. "Social Capital, Political Trust and Self-reported Psychological Health: A Population-based Study." *Social Science & Medicine* 68: 436-443.

Link, Bruce G. and Jo Phelan. 1995. "Social Conditions as Fundamental Causes of Disease." *Journal of Health and Social Behavior.* Extra Issue: 80-94.

Link, Bruce G., Jo Phelan, Richard Miech, and Emily Leckman Westin. 2008. "The Resources that Matter: Fundamental Social Causes of Health Disparities and the Challenge of Intelligence." *Journal of Health and Social Behavior* 49: 72-91.

Marmot, M., G. Dawey Smith, S. Stansfield, C. Patel, G. North, J. Head, L. White, E. Brunner, and A. Feeney. 1991. "Health Inequalities among British Civil Servants: The Whitehall II Study." *Lancetvol* 337: 1367-1393.

Marmot, M., M. Shipley, and G. Rose. 1984. "Inequalities in Death" *Lancetvol* 323: 1003-1006.

Matthews, Karen A. and Brooks B. Gump. 2002. "Chronic Work Stress and Marital Dissolution Increase Risk of Posttrial Mortality in Men from the Multiple Risk Factor Intervention Trial." *Archieves of Internal Medicine* 162: 309-315.

McLeod, Jane D., James M. Nonnemaker, and Katheleen Theide Call. 2004. "Income Inequality, Race and Child Well-being: An Aggregate Analysis in the 50 United States." *Journal of Health and Social Behavior*. 45: 249-264.

O'Connor, Meredith, Mary T. Hawkins, John W. Toumbourou, Ann Sanson, Primrose Letcher, and Craig A. Olsson. 2011. "The Relationship between Social Capital and Depression during the Transition to Adulthood." *Australian Journal of Psychology* 63: 26-35.

Putnam, Robert D. 1993. "The Prosperous Community: Social Capital and Public Life." *The American Prospect* 13: 35-42.

Ross, Catherine E. and Chia-ling Wu. 1996. "Education, Age, and the Cumulative Advantage in Health." *Journal of Health and Social Behavior* 37: 104-120.

Ross, Catherine E. and John Mirowsky. 2001. "Neighborhood Disadvantage, Disorder, and Health." *Journal of Health and Social Behavior* 42: 258-276.

WHO. 2013. WHO Fact Sheets. (http://who.int/mediacentre/factsheets/en/)

제9장

강월숙 · 문재우 · 박재산. 2011. "노인학대, 자아존중감, 일상생활수행능력(ADL) 및 정신사회적 요인과 노인 우울 간의 관련성." 『보건과 사회과학』 29:

153-183.

권중돈 · 김동기 · 김기수 · 박수진. 2012. “노인의 가족응집력, 스트레스, 우울 및 문제음주의 구조적 관계에 대한 연구.” 『사회과학연구』 23(3): 3-25.

김수정. 2008. “빈곤의 여성화 재검토: 지표의 사실과 허구.” 『젠더와 사회』 12: 183-211.

김유심 · 곽지영. 2010. “빈곤여성가장의 생활사건 스트레스, 사회적 지지, 가족응집력이 우울에 미치는 영향: 서울시 거주 18세 미만 자녀를 둔 여성을 중심으로.” 『서울도시연구』 11(1): 161-179.

김증임 · 박영숙 · 이명선 · 배정이 · 이숙희 · 허명행 · 안경애 · 김혜원 · 안숙희. 2007. 『여성 건강 문제의 재조명』. 엘스비어 코리아.

김진영 · 임인숙 · 송예리아 · 한신원. 2012. “고용형태와 성별에 따른 주관적 건강에서의 격차: 건강자원과의 상호작용 효과를 중심으로.” 『한국인구학』 35(1): 181-209.

김혜영 · 이은주 · 윤홍식. 2005. “여성빈곤의 구조적 요인과 빈곤의 여성화.” 『아시아여성연구』 44(1): 5-51.

네틀턴, 사라. 1995. 『건강과 질병의 사회학』. 조효제 역. 한울아카데미.

뒤르켐, 에밀. 2008[1897]. 『자살론』. 황보종우 역. 청아출판사.

랜들리, 알랜. 2004. 『질병의 사회심리학』. 조병희 · 전신현 역. 나남.

보건복지부. 2010. 『2009 국민건강통계: 국민건강영양조사 제4기 3차년도』.

이미숙. 2012. “노인인구의 결혼관계와 우울증세.” 『한국사회학』 46(4): 176-204.

이민아. 2010. “결혼상태에 따른 한국노인의 우울도와 성차.” 『한국사회학』 44(4): 32-62.

이민아 · 김지범 · 강정한. 2011. “동거형태와 한국노인의 삶의 질 만족도: 자녀와의 관계 만족도가 갖는 매개효과.” 『보건과 사회과학』 29: 41-67.

최연희 · 김수현. 2008. “재가 노인의 우울에 따른 자살생각과 관련요인.” 『한국노년학』 28(2): 345-355.

최인 · 김영숙 · 서경현. 2009. “노인의 자살충동에 영향을 미치는 심리사회적 요인.” 『보건과 사회과학』 25: 33-56.

통계청. 2012. 『사망원인통계』.

———. 각 연도. 『생명표』.

———. 각 연도. 『인구주택총조사』.

Aldwin, Carolyn M. and Diane F. Gilmer. 2004. *Health, Illness and Opimal Aging*. CA: Sage.

Alwin, D. F., P. E. Converse, and S. S. Martin. 1985. "Living Arrangements and Social Integration." *Journal of Marriage and The Family* 47:319-334.

Barnett, Rosalind C. and Janet S. Hyde. 2001. "Women, Men, Work, and Family: An Expansionist Theory." *American Psychologist* 56(10): 781-796.

Barrett, A. 2005. "The Influence of Early Family Context on Family Relationships and Mental Health in Midlife." *Gerontologist* 45(2): 302-303.

Bell, Linda and David Bell. 2012. "Positive Relationships that Support Elder Health and Well-being are Grounded in Midlife/Adolescent Family." *Family & Community Health* 35(4): 276-286.

Bird, Chloe E. 1999. "Gender, Household Labor, and Pyshcological Distress: The Impact of the Amount and Division of Housework." *Journal of Health and Social Behavior* 40: 32-45.

Cockerham, William C. 2012. *Medical Sociology*. NJ: Pearson.

Coverman, Shelly. 1989. "Role Overload, Role Conflict, and Stress: Addressing Consequences of Multiple Role Demands." *Social Forces* 67(4): 965-982.

Gove, Walther R. 1984. "Gender Differences in Mental and Physical Illness: The Effects of Fixed Roles and Nurturant Roles." *Social Science & Medicine* 19: 77-84.

Guarino, Leticia and Victor Sojo. 2011. "Social Support as Moderator of the Stress on Unemployed People' s Health." *Universitas Psychologica* 10(3): 867-879.

Han, Changsu, Sangmee Ahn Jo, Ji-Hyun Kwak, Chi-Un Pae, David Steffens, Inho Jo and Moon Ho Park. 2008. "Validation of the Patient Health Questionnaire-9 Korean Version in the Elderly Population: the Ansan Geriatric Study." *Comprehensive Psychiatry* 29:

218-223.

Lee, Min-Ah and Deborah Carr. 2009. "Does the Context of Spousal Loss Affect the Physical Functioning of Older Widowed Persons? A Longitudinal Analysis." *Research on Aging* 29(5): 457-487.

Litwack, Eugene and Petter Messeri. 1989. "Organizational Theory, Social Supports, and Mortality Rates: A Theoretical Convergence." *American Sociological Review* 54: 49-66.

Lundberg, Ulf. 2005. "Stress Hormones in Health and Illness: The Roles of Work and Gender." *Psychoneuroendocrinology* 30: 1017-1021.

MacFarlane, A. 1990. "Official Statistics and Women's Health." in *Women's Health Counts*. edited by H. Roberts. London: Routledge.

Meadows, Sarah O. 2009. "Family Structure and Fathers' Well-Being: Trajectories of Mental Health and Self-rated Health." *Journal of Health and Social Behavior* 50: 115-131.

Mirowsky, John and Caterine E. Ross. 1989. *Social Causes of Psychological Distress*. New York: Aldine-de Gruyter.

OECD. 2009. Society at a Glance 2009. (http://www.oecd-ilibrary.org/social-issues-migration-health/society-at-a-glance-2009_soc_glance-2008-en)

Rogers, Richard. 1996. "The Effects of Family Composition, Health and Social Support Linkages on Mortality." *Journal of Health and Social Behavior*. 37: 326-338.

Rook, Karen S. 1984. "The Negative Side of Social Interaction: Impact on Psychological Well-being." *Journal of Personality and Social Psychology* 46(5): 1097-1108.

Ross, Catherine E., John Mirowsky, and Karen Goldsteen. 1990. "The Impact of the Family on Health: The Decade in Review." *Journal of Marriage and Family*. 52(4): 1059-1078.

Seccombe, Karen. 2008. *Families and Their Social Worlds*. Boston: Pearson Education, INC.

Turner, Heather A. and R. Jay Turner. 1999. "Gender, Social Status, and Emotional Reliance." *Journal of Health and Social Behavior* 40: 360-

373.

Verbrugge, Lois M. 1983. "Multiple Roles and Physical Health of Women and Men." *Journal of Health and Social Behavior* 24:16-30.

Waite, Linda J. and Maggie Gallaher. 2000. *The Case for Marriage*. New York: Random House.

제10장

고진영 · 이경화. 2003. "유아 · 아동기 자아존중감의 발달적 특성 탐색." 『한국영유아보육학』 25: 327-351.

김상미 · 김동식. 2012. "부모의 사회경제적 지위가 출산결과 및 영아사망에 미치는 영향." 『한국인구학』 35(1): 131-149.

김상미 · 조영태. 2011. "사회경제적 수준에 따른 산모의 고연령이 영아 사망에 미치는 영향." 『보건과 사회과학』 29: 69-97.

김진영. 2007. "사회경제적 지위와 건강의 관계" 『한국사회학』 41(3): 127-153.

박경애. 1999. "한미일 노인의 기대여명과 사망원인." 『한국인구학』 22(2): 97-119.

박아청. 2010. 『에릭슨의 인간이해』. 교육과학사.

보건복지부 · 서울대학교 산학협력단. 2009. 한국 아동청소년종합실태보고서.

신경림 · 김정선. 2003. "노인여성의 스트레스와 우울간의 관계 연구." 『노인간호학회지』 5(1): 29-37.

아스타나 · 할리데이(Asthana, Sheena and Joyce Halliday). 2009[2006]. 『건강불평등을 어떻게 해결할까?』 신영전 · 김유미 · 김기랑 · 홍서아 역. 한울아카데미.

에릭슨, 조앤. 2008[1991]. 『감각의 매혹』. 박종성 역. 에코의 서재.

이민아. 2010. "결혼상태에 따른 한국노인의 우울도와 성차." 『한국사회학』 44(4): 32-62.

이상이 · 홍성철. 2003. "우리나라 사회계층별 저체중아 출생률의 차이." 『보건과 사회과학』 13: 61-79.

최인재 · 모상현 · 강지현 · 김윤희 · 이재연. 2011. 『아동 · 청소년 정신건강 증진을 위한 지원방안 연구』 한국청소년정책연구원, 한국청소년개발원 연구보고서.

한겨레신문. 2012년 12월 13일자.

한국보건사회연구원. 2009. "국제비교를 통해 살펴본 한국노인의 소득 및 빈곤실태." 『보건복지 Issue & Focus』 1:1-8.

Bauldry, Shawn, Muchael J. Shanahan, Jason D. Boardman, Richard A. Miech, and Ross Macmillan. 2012. "A Life Course Model of Self-rated Health through Adolescence and Young Adulthood." *Social Science & Medicine* 75: 1311-1320.

Beckett, Megan. 2000. "Converging Health Inequalities in Later Life-An Artifact of Mortality Selection?" *Journal of Health and Social Behavior* 41: 106-119.

Bowen, Mary Elizabeth. 2009. "Childhood Socioeconomic Status and Racial Differences in Disability: Evidence from the Health and Retirement Study(1998-2006)." *Social Science & Medicine* 69: 433-441.

Dannefer, Dale. 1987. "Aging as Intracohort Differentiation: Accentuation, the Matthew Effect, and the Life Course." *Sociological Forum* 2: 211-236.

DiPrete, Thomas A. and Gregory M. Eirich. 2005. "Cumulative Advantage as a Mechanism for Inequality: A Review of Theoretical and Empirical Developments." *Annual Review of Sociology*. 39: 271-297.

Elder. Glen H., Jr. 1985. "Perspectives on the Life Course." pp.23-49 in *Life Course Dynamics*. edited by Glen H. Elder Jr. Ithaca: Cornell University Press.

Elder, Glen H. Jr. and Janet Z. Giele. 2009. "Life Course Studies. An Evolving Field." pp.1-24 in *The Craft of Life Course Research*. edited by Glen H. Elder Jr. and Janet Z. Giele. New York: The Guilford Press.

Elder, Glen H. Jr., Monica Kirkpatrick Johnson, and Robert Crosnoe. 2004. "The Emergence and Development of Life Course Theory." pp.3-22 in *Handbook of the Life Course*. edited by Jeylan T. Mortimer and Michael J. Shanahan. New York: Springer.

Ferraro, Kenneth F. and Jessica A. Kelley-Moore. 2001. "Self-rated Health and Mortality among Black and White Adults: Examining the Dynamic Evaluation Thesis." *Journals of Gerontology: Social Sciences* 56:195-205.

Ferraro, Kenneth F. and Tetyana Pylypiv Shippee. 2009. "Aging and Cumulative Inequality: How Does Inequality Get Under the Skin?" 49(3): 333-343.

Ferraro, Kenneth F., Tetyana Pylypiv Shippee, and Markus H. Schafer. 2009. "Cumulative Inequality Theory for Research on Aging and the Life Course." pp.413-433 in *Handbook of Theories of Aging*. Second Edition edited by Vern L. Bengtson, Daphna Gans, Norella M. Putney, and Merril Silverstein. New York: Springer Publishing.

Franzini, L. and W. Spears. 2003. "Contributions of Social Context to Inequalities in Years of Life Lost to Heart Disease in Texas, USA." *Social Science & Medicine* 57: 1847-1861.

House, James S., James M. Lepkowski, Ann M. Kinney, Richard P. Mero, Ronald C. Kessler, and A. Regula Herzog. 1994. "The Social Stratification of Aging and Health." *Journal of Health and Social* Behavior 35: 213-234.

Hunt, Stephen. 2005. *The Life Course: A Sociological Introduction*. New York: Palgrave MacMillan.

Johnson, Rucker, Robert F. Schoeni, and Jeannette A. Rogowski. 2012. "Health Disparities in Mid-to-late Life: The Role of Earlier Life Family and Neighborhood Socioeconomic Conditions." *Social Science & Medicine* 74: 625-636.

Keddie, A. M., M. K. Peek, and K. S. Markides. 2005."Variation in the Associations of Education, Occupation, Income, and Assets with Functional Limitations in Older Mexican Americans." *Annals of Epidemiology* 15: 579-589.

McLeod, Jane D. and Elbert P. Almazan. 2004. "Connections between Childhood and Adulthood." pp. 391-411 in *Handbook of the Life Course*. edited by Mortimer, Jeylan T. and Michael J. Shanahan. New York: Springer.

Merton, Robert K. 1973. "The Matthew Effect in Science." pp.439-459 in *The Sociology of Science*. edited by N. Storer. Chicago: The University of Chicago Press.

O' Rand, Angela. M. 1996. "The Precious and The Precocious: Understanding Cumulative Disadvantage and Cumulative Advantage over the Life Course." *The Gerontologist* 36: 230-238.

――――――――――. 2006. "Stratification and the Life Course: Life Course Capital, Life Course Risks, and Social Inequality." pp.145-162 in *Handbook of Aging and the Social Sciences*. edited by Binstock, R. H. and L. K. George. Boston: Academic Press.

――――――――――. 2009. "Cumulative Processes in the Life Course." pp.121-140 in *The Craft of Life Course Research*. edited by Glen H. Elder, Jr. and Janet Z. Giele. New York: The Guilford Press.

Palloni, Alberto. 2006. "Reproducing Inequalities: Luck, Wallets, and the Enduring Effects of Childhood Health." *Demography* 43(4): 587-615.

Putney, Norella M. and Vern L. Bengtson. 2004. "Intergenerational Relations in Changing Times." pp.149-164 in *Handbook of Aging and the Social Sciences*. edited by Binstock, R. H. and L. K. George. Boston: Academic Press.

Schafer, Markus H. and Kenneth F. Ferraro. 2013. "Childhood Misfortune and Adult Health: Enduring and Cascadic Effects on Somatic and Psychological Symptoms?" *Journal of Aging and Health* 25(1): 3-28.

Thomas, William I. and Florian Znaniecki. 1918-1920. *The Polish Peasant in Europe and America: Monograph of an Immigrant Group*(Vol. 1-5). Chicago: University of Chicago Press.

Uhlenberg, Peter and Margaret Mueller. 2004. "Family Context and Individual Well-being: Patterns and Mechanisms in Life Course Perspective." pp.123-148 in *Handbook of the Life Course*. edited by Mortimer, Jeylan T. and Michael J. Shanahan. New York: Springer.

Winkleby, M. A. and C. Cubbin. 2003. "Influence of Individual and Neighbourhood Socioeconomic Status on Mortality among Black,

Mexican-American, and White Women and Men in the Unites States." *Journal of Epidemiology and Community Health* 57: 444-452.

제11장

강민정 · 이명순. 2011. "시민들의 암검진 실천 단계변화와 영향요인: 예방책 채택 과정 모형 및 건강믿음모형의 통합적 활용." 『보건교육 · 건강증진학회지』 28: 83-98.

김도영. 2012. "소득수준별 보건의료서비스 이용 형평성 변화 분석." 『사회과학연구』 23: 105-125.

김순양 · 윤기찬. 2011. "지방자치단체의 규모별 건강불평등 및 그 영향요인에 관한 연구." 『지방정부연구』 15: 31-57.

김진현 · 이재희 · 이진희. 2010. "KTX 도입 이후 암환자의 의료이용 변화." 『한국철도학회논문집』 13: 236-243.

박형존 · 박수지. 2012. "건강관련 삶의 질에 대한 의료서비스 접근성의 영향과 소득수준의 조절효과." 『보건과 사회과학』 31: 107-125.

법무부. 2013. 『2012 출입국 · 외국인정책통계연보』.

오영호. 2011. "의료인력 수급의 문제점과 개선방안." 『HIRA 정책동향』 5: 12-20.

———. 2012. "2012년 보건의료정책의 변화와 전망." 『보건복지포럼』 183: 7-20.

———. 2013. "우리나라 공공보건의료의 문제점과 정책방향." 『보건복지포럼』 200: 62-82.

윤태호. 2010. "지역 간 건강 불평등의 현황과 정책과제." 『비판사회정책』 37: 367-400.

조영태 · 강초록 · 라채린. 2011. 『이주자 사회통합 정책교육: 이주와 건강-이론과 실제』. IOM 이민정책연구원.

조영태 · 박상민 · 라채린 · 고기동 · 신상수 · 강초록 · 김가은. 2012. 『이주자 감염병 관리를 위한 기초 연구 및 지원방안 연구』 질병관리본부 학술용역사업 최종결과보고서. 질병관리본부.

최령 · 황병덕. 2011. "건강보험 건강검진 대상자들의 예방적 의료서비스 이용 특성." 『한국콘텐츠학회논문지』 11: 331-340.

Aday, Lu A. 1993. "Access to What and Why? Toward a New Generation of Access Indicators." *Proceedings of the Public Health Conference on Records and Statistics*. Washington, D.C.: U.S. Government Printing Office.

Andersen, Ronald M. 1968. *Behavioral Model of Families' Use of Health Services*. Research Series No. 25. Chicago, IL: Center for Health Administration Studies, University of Chicago.

―――――――――. 1995. "Revisiting the Behavioral Model and Access to Medical Care: Does it Matter?" *Journal of Health and Social Behavior* 36: 1-10.

Andersen, Ronald M., Pamela Davidson, and Patricia Ganz. 1994. "Symbiotic Relationships of Quality of Life, Health Services Research and Other Health Research." *Quality of Life Research* 3: 365-371.

Cockerham, William. 2011. "Health Care in Former Socialist, Socialist, and Developing Countries." in *Medical Sociology*(chapter 16). Princeton Hall.

Goddard, Maria and Peter Smith. 2001. "Equity of Access to Health Care Services: Theory and Evidence from the UK." *Social Science & Medicine* 53: 1149-1162.

Hsieh, Vivian Chia-Rong, Jennifer Chun-Il Wu, Trong-Neng Wu, and Tung-liang Chiang. 2013. "Universal Coverage for Primary Health Care is a Wise Investment: Evidence from 102 Low-and Middle-Income Countries." *Asia-Pacific Journal of Public Health*(forthcoming, DOI: 10.1177/1010539513492562).

제12장

권태환 · 홍두승 · 설동훈. 2009. 『사회학의 이해』. 다산출판사.

김기원 · 김한곤. 2011. "노인자살률에 영향을 미치는 요인에 대한 거시적 분석." 『한국인구학』 34(3): 31-54.

김두환 · 김지혜. 2011. “부모 · 친구 · 교사와의 사회적 관계와 고등학생의 학교생활만족도.”『한국사회학』45(4): 128-168.

김왕배 · 이경용 · 이가람. 2012. “감정노동자의 직무환경과 스트레스.”『한국사회학』46(2): 123-149.

김윤희 · 조영태. 2008. “지역특성이 취약집단 건강에 미치는 영향 분석.”『한국인구학』31(1): 5-30.

김현주 · 노자은. 2011. “부모, 친구, 교사, 지역사회 지지와 청소년의 자살충동간 인과관계 분석.”『한국인구학』34(2): 135-162.

뒤르켐, 에밀(Durkheim, Émile). 2008.『자살론』. 황보종우 역. 청아출판사.

―――――――――――. 2012.『사회분업론』. 민문홍 역. 아카넷.

모지환 · 배진희. 2011. “자살행동 영향 요인: 성별, 연령별 집단 비교를 중심으로.”『보건사회연구』31(2): 121-145.

박수미 · 한성현. 2004. “기혼 여성노동자의 건강에 미치는 직업특성과 가족특성.”『한국인구학』27(2): 155-175.

박재산 · 문재우. 2010. “우리나라 중 · 고등학생의 자살 생각에 영향을 미치는 요인.”『보건과 사회과학』27: 105-131.

배지연 · 김원형 · 윤경아. 2005. “노인의 우울 및 자살생각에 있어서 사회적 지지의 완충효과.”『한국노년학』25(3): 59-73.

손정연 · 한경혜. 2012. “노년기 여성의 결혼지위와 건강에 관한 종단 연구.”『한국인구학』35(1): 211-238.

송리라 · 이민아. 2012. “성역할 태도와 우울.”『한국인구학』35(3): 87-116.

신상진 · 조영태. 2007. “사회적 자본과 자살충동.”『보건교육』24(3): 35-49.

유정균. 2008. “노인자살률의 지역별 편차.”『한국인구학』31(2): 21-44.

은기수. 2005. “경제적 양극화와 자살의 상관성: 1997년 외환위기를 전후하여.”『한국인구학』28(2): 97-129.

이미숙. 2012. “노인인구의 결혼관계와 우울증세.”『한국사회학』46(4): 176-204.

이민아. 2010. “결혼상태에 따른 노인의 우울도와 성차.”『한국사회학』44(4): 32-62.

이민아 · 김석호 · 박재현 · 심은정. 2010. “사회적 관계 내 자살경험과 가족이 자살생각 및 자살행동에 미치는 영향.”『한국인구학』33(2): 61-84.

이지연 · 김소현. 2010. “한국의 자살.”『한국사회학』44(4): 63-94.

최인 · 김영숙 · 서경현. 2009. "노인의 자살충동에 영향을 미치는 심리사회적 요인." 『보건과 사회과학』 25: 33-56.

최해경. 2006. "조손가족에 대한 사회적 지지 실태와 조부모의 신체적 건강과 정신건강에 미치는 영향." 『한국인구학』 29(2): 115-142.

한삼성 · 강성욱 · 유왕근 · 피영규. 2009. "노인의 자살생각 결정요인에 관한 연구." 『보건사회연구』 29(1): 192-212.

한승용. 2008. "사회적 통합과 자살: 연휴가 자살자수 감소에 미치는 영향." 『한국인구학』 31(1): 169-198.

황미구 · 김은주. 2008. "노인의 주관적인 삶의 질과 자아존중감이 자살사고에 미치는 영향: 우울을 매개변인으로 하여." 『한국노년학』 28(4): 865-885.

Amato, P. R. and J. M. Sobolewski. 2001. "The Effects of Divorce and Marital Discord on Adult Children's Psychological Well-being." *American Sociological Review* 66(6): 900-921.

Aneshensel, C. S. 1992. "Social Stress-Theory and Research." *Annual Review of Sociology* 18: 15-38.

Avison, W. R. and D. D. McAlpine. 1992. "Gender Differences in Symptoms of Depression among Adolescents." *Journal of Health and Social Behavior* 33(2): 77-96.

Avison, W. R. and R. J. Turner. 1988. "Stressful Life Events and Depressive Symptoms–Disaggregating the Effects of Acute Stressors and Chronic Strains." *Journal of Health and Social Behavior* 29(3): 253-264.

Burr, J. A., J. Tavares, and J. E. Mutchler. 2011. "Volunteering and Hypertension Risk in Later Life." *Journal of Aging and Health* 23(1): 24-51.

Carpiano, R. M. and R. T. Kimbro. 2012. "Neighborhood Social Capital, Parenting Strain, and Personal Mastery among Female Primary Caregivers of Children." *Journal of Health and Social Behavior* 53(2): 232-247.

Cohen, S. and T. A. Wills. 1985. "Stress, Social Support, and the Buffering Hypothesis." *Psychological Bulletin* 98(2): 310-357.

Ellison, C. G., J. D. Boardman, D. R. Williams, and J. S. Jackson. 2001.

"Religious Involvement, Stress, and Mental Health: Findings from the 1995 Detroit Area Study." *Social Forces* 80(1): 215-249.

Ensel, W. M. and N. Lin. 1991. "The Life Stress Paradigm and Psychological Distress." *Journal of Health and Social Behavior* 32(4): 321-341.

Grzywacz, J. G., D. M. Almeida, S. D. Neupert, and S. L. Ettner. 2004. "Socioeconomic Status and Health: A Micro-Level Analysis of Exposure and Vulnerability to Daily Stressors." *Journal of Health and Social Behavior* 45(1): 1-16.

House, J. S., D. Umberson, and K. R. Landis. 1988. "Structures and Processes of Social Support." *Annual Review of Sociology* 14: 293-318.

House, J. S., K. R. Landis, and D. Umberson. 1988. "Social Relationships and Health." *Science* 241(4865): 540-545.

Kawachi, I. and L. F. Berkman. 2001. "Social Ties and Mental Health." *Journal of Urban Health-Bulletin of the New York Academy of Medicine* 78(3): 458-467.

Kawachi, I., B. P. Kennedy, K. Lochner, and D. Prothrow-Stith. 1997. "Social Capital, Income Inequality, and Mortality." *American Journal of Public Health* 87(9): 1491-1498.

Kessler, R. C., J. S. House, and J. B. Turner. 1987. "Unemployment and Health in a Community Sample." *Journal of Health and Social Behavior* 28(1): 51-59.

Kim, J. 2010. "Neighborhood Disadvantage and Mental Health: The Role of Neighborhood Disorder and Social Relationships." *Social Science Research* 39(2): 260-271.

Kim, J. and C. E. Ross. 2009. "Neighborhood-Specific and General Social Support: Which Buffers the Effect of Neighborhood Disorder on Depression?" *Journal of Community Psychology* 37(6): 725-736.

Lantz, P. M, J. S. House, R. P. Mero, and D. R. Williams. 2005. "Stress, Life Events, and Socioeconomic Disparities in Health: Results from the Americans' Changing Lives Study." *Journal of Health and Social Behavior* 46(3): 274-288.

Lin, N. and W. M. Ensel. 1984. "Depression-Mobility and Its Social Etiology-The Role of Life Events and Social Support." *Journal of Health and Social Behavior* 25(2): 176-188.

————————. 1989. "Life Stress and Health-Stressors and Resources." *American Sociological Review* 54(3): 382-399.

Lin, N., X. L. Ye, and W. M. Ensel. 1999. "Social Support and Depressed Mood: A Structural Analysis." *Journal of Health and Social Behavior* 40(4): 344-359.

Pearlin, L. I. 1989. "The Socialogical-Study of Stress." *Journal of Health and Social Behavior* 30(3): 241-256.

Ross, C. E. and J. Mirowsky. 2009. "Neighborhood Disorder, Subjective Alienation, and Distress." *Journal of Health and Social Behavior* 50(1): 49-64.

Schieman, S. and S. C. Meersman. 2004. "Neighborhood Problems and Health among Older Adults: Received and Donated Social Support and the Sense of Mastery as Effect Modifiers." *Journals of Gerontology Series B-Psychological Sciences and Social Sciences* 59(2): S89-S97.

Seeman, M. and A. Z. Seeman. 1992. "Life Strains, Alienation, and Drinking Behavior." *Alcoholism-Clinical and Experimental Research* 16(2): 199-205.

Song, L. J. 2011. "Social Capital and Psychological Distress." *Journal of Health and Social Behavior* 52(4): 478-492.

Taylor, S. E., R. L. Repetti, and T. Seeman. 1997. "Health Psychology: What is an Unhealthy Environment and How Does it Get under the Skin?" *Annual Review of Psychology* 48: 411-447.

Thoits, P. A. 1995. "Stress, Coping, and Social Support Processes–Where are We–What Nnxt." *Journal of Health and Social Behavior* 53-79.

————. 2010. "Stress and Health: Major Findings and Policy Implications." *Journal of Health and Social Behavior* 51: S41-S53.

————. 2011. "Mechanisms Linking Social Ties and Support to Physical and Mental Health." *Journal of Health and Social Behavior* 52(2): 145-

161.

Turner, R. Jay, Blair Wheaton, and Donald A. Lloyd. 1995. "The Epidemiology of Social Stress." *American Sociological Review* 60(1): 104-125.

Wheaton, B. 1985. "Models for the Stress-Buffering Functions of Coping Resources." *Journal of Health and Social Behavior* 26(4): 352-364.

Wray, M., C. Colen, and B. Pescosolido. 2011. "The Sociology of Suicide." in K. S. Cook and D. S. Massey(eds.). *Annual Review of Sociology* 37: 505-528.

〔저 자 약 력〕

계봉오

미국 캘리포니아 주립대학교(University of California at Los Angeles)에서 사회학 박사를 취득하였으며, 현재 국민대학교 사회학과 교수로 재직하고 있다. 주요 논문으로는 "Intergenerational Effects of Shifts in Women's Educational Distribution in South Korea: Transmission, Differential Fertility, and Assortative Mating" *Social Science Research*(2012, Robert D. Mare와 공저), "Cohort Effects or Period Effects? Fertility Decline in South Korea in the Twentieth Century" *Population Research and Policy Review*(2012) 등이 있다. 현재 사회계층, 출산, 가족 형성 등의 주제를 연구하고 있다.

김중백

미국 테네시 주립대학(University of Tennesseee at Knoxville)에서 조교수를 역임하였고, 현재 경희대학교 사회학과 교수로 재직하고 있다. 주요 저서로는 『현대사회와 가족』(공저)이 있으며 최근 논문으로는 "미혼남녀의 결혼의향 차이에 미치는 조절변수의 연구", "취업이 결혼희망연령에 미치는 영향" 등이 있다. 건강불평등, 혼인문화, 일탈행위 등의 주제에 관심을 갖고 연구를 진행하고 있다.

김현식

미국 위스컨신대학교(University of Wisconsin-Madison)에서 사회학 박사를 취득하였으며 현재 경희대학교 사회학과 조교수로 재직하고 있다. 주요 논문으로는 "부모동거가 첫째 자녀 출산에 미치는 영향" 『보건사회연구』(2013, 공저), "Consequences of Parental Divorce for Child Development" *American Sociological Review*(2011) 등이 있다. 현재 저출산과 고령화에 관한 인구학과 교육사회학 등의 주제에 관심을 갖고 연구를 진행하고 있다.

이민아

미국 퍼듀(Purdue)대학교에서 사회학 박사를 취득하였으며 코넬(Cornell)대학에서 박사 후 연구원을 지낸 후 2010년부터 중앙대학교 사회학과 교수로 재직하고 있다. 최근 논문으로는 "계획적 무자녀 가족: 한국사회에서 아이 갖기의 의미와 가족주의의 역설" 『한국사회학』(2013), "Exposure to suicide and suicidality in Korea" *International Journal of Social Psychiatry*(2013) 등이 있다. 건강불평등, 정신건강, 저출산, 자살 등의 주제에 관심을 갖고 연구를 진행하고 있다.

이상림

미국 유타주립대학교(Utah State University)에서 사회학 박사 학위(인구학, 공중보건학)를 취득 후, IOM 이민정책연구원에서 재직하였고, 현재 한국보건사회연구원에 재직 중이다. 혼인 및 출산 지원 정책, 인구구조 변화와 국제이동, 건강증진 등에 관한 연구를 수행하고 있다. 주요 연구성과로는 연구보고서로 "혼인이주여성 건강장애요인과 건강정책 제안" (2010, 공저), 연구논문 "혼인이주 현상에 대한 인구학적 조망: 전망과 과제"『한국인구학』(2013) 등이 있다.

조영태

미국 텍사스대학교(Univ. of Texas-Austin)에서 인구학 박사를 취득하였고, 현재 서울대학교 보건대학원 교수로 재직하고 있다. 주요 논문으로는 "Differentiated effect of social participation components on suicidal ideation across age groups in South Korea" *BMC Public Health*(2013), "Widening social disparities in alcohol-attributable deaths among middle-aged Korean men." *International Journal of Public Health*(2013) 등이 있다. 현재 사회적 특성과 과학기술이 건강과 사망에 미치는 영향에 대한 연구를 진행하고 있다.

사회학총서 6

인구와 보건의 사회학 : 건강한 사회를 위하여

2013년 12월 15일 제1판 1쇄 인쇄
2013년 12월 19일 제1판 1쇄 발행

저 자 계 봉 오 외
발행인 강 희 일 · 박 은 자
행처 **다 산 출 판 사**
서울특별시 마포구 용강동 494 - 85
등 록 1979. 6. 5. 제 3-86 호(윤)
전 화 717-3661~2, 718-1751~2
FAX 716-9945
조 판 민 하 디 지 탈 아 트

정가 16,000원 파본은 바꾸어 드립니다.

http://www.dasanbooks.co.kr

ISBN 978-89-7110-413-2 94330
ISBN 978-89-7110-412-5(세트)